信息素养教育的理论与实践

XINXI SUYANG JIAOYU DE LILUN YU SHIJIAN

赵文芳　李　兰　主编

江西高校出版社
JIANGXI UNIVERSITIES AND COLLEGES PRESS

图书在版编目（CIP）数据

信息素养教育的理论与实践 / 赵文芳，李兰主编 . —南昌：江西高校出版社，2020.9

ISBN 978-7-5493-8929-2

Ⅰ . ①信… Ⅱ . ①赵… ②李… Ⅲ . ①信息素养—高等学校—教材 Ⅳ . ① G254.97

中国版本图书馆 CIP 数据核字（2019）第 181193 号

出版发行	江西高校出版社
社址	江西省南昌市洪都北大道 96 号
总编室电话	（0791）88504319
销售电话	（0791）88517295
网址	www.juacp.com
印刷	武汉市卓源印务有限公司
经销	全国新华书店
开本	700 mm×1000 mm 1/16
印张	18
字数	305 千字
版次	2020 年 9 月第 1 版
印次	2020 年 9 月第 1 次印刷
书号	ISBN 978-7-5493-8929-2
定价	65.00 元

赣版权登字 -07-2019-684

编委会

主　编：赵文芳　李　兰

编　委：蒋　嫱　马　慧　任亚肃　沈奎林　薛春燕

（编委姓名按拼音字母顺序排列）

前　言

IT基础设施的广泛建设，可携带多功能信息终端的海量普及，Wi-Fi和移动网络的无处不在，微博、微信等社交平台的蓬勃发展，短视频交流平台的迎头赶上，可穿戴设备所记录数据的飞速增长，各行各业宣传平台中“两微一端”的综合发展，等等，使得我们完全置身于信息的包围圈中。信息超载的大数据时代已然来临。这个时代是知识经济的时代，是人类几千年来经济和科技发展最迅速的时代，是人类追求自身发展的黄金时代。这个时代最显著的特征就是人才和创新。

作为信息时代的弄潮儿，具备怎样的素质才能够适应迅捷多变的数字化生活？在我们看来，这个需要具备的基本素质就是永远充满对新知识的渴望，并且能够有效甄别信息，高效处理数据，积极汲取知识，善于创新思想。而这一基本素质，就是信息素养。

信息素养是一种知识管理能力，能够帮助人们有效查询、选择与评估数字资源。在信息技术高速发展的时代，公众所具备的信息素养程度，直接关系到国家在科技应用方面的综合实力。信息素养教育是大学生素质教育的重要组成部分。为适应新时代对人才提出的新要求，当代大学生应该具备较强的信息素养、数据素养。如何从纷繁的信息中分辨出有益的信息，如何获取有价值的信息，如何不轻易被虚假信息诓骗，这些都应当成为大学生在信息社会生存的必备技能。信息素养作为个人素养的重要组成部分，也已成为信息社会个人生存和发展的重要素质，它影响着个体终身学习的能力和创新的能力。

本教材的出版，正逢其时。本教材从当下信息超载的现象讲起，介绍了我们所处的真实世界的现状，提出了本书所要解决的问题，并指出了全书的指导思想，即通过信息素养教育的相关知识，结合信息传播的时代特点，将最新的媒介知识、信息检索方法和海量信息收集途径介绍给读者。本书重点内容包括对媒介的理解、媒介如何进行传播、媒体伦理、媒介素养教育、专业学习信息的获取、文献资源的检索和利用、文献检索工具和数据库资源，以及常见的在线学习平台。其中涉及了很多有用的知识，比如人类的传播发展史，信息用户在传播中的作用，信息超载时代媒介的特征，媒介中的真假新闻，媒介中的广告，媒介中的虚假信息、丑闻八卦和谣言，更是讲到了大众传播中媒体的责任、媒体责任的缺失、大学生媒介素养的养成指南等知识。教材第二部分，详细介绍了很多实用知识和资料，比如图书、期刊、特种文献、古籍、电子书、学术资源数据库等，并以海量的中外文数据库为例，介绍了各种工具的使用方法和获取途径。

本教材不仅可以作为大学信息素养教育的指导用书，也可成为新时代公民借鉴的信息社会生存指南。

沈奎林

2018 年 9 月 7 日

目　录

引论　信息超载的世界

从20世纪80年代开始，“信息素养”理论逐步从国外传播到国内，在高等院校图书馆开展信息素养教育，以学科服务理念和学科馆员制度的推广为主要措施，逐渐提高到培养学生创新素养的层面，信息素养教育成了高校图书馆的基本职能之一，也为大学生提供了创新发展的平台。在21世纪，每一个大学生都必须具备的能力素质包括基本学习技能（指读、写、算）、信息素养、创新思维能力、人际交往与合作精神、实践能力。其中“信息素养”就是一个重要方面，它涉及信息的意识、信息的能力和信息的应用。

第一节　信息社会基础

在信息社会中，每一个人都生活在信息的海洋中，每个人的思想和行动都由大量的信息影响着，信息素养的能力也就成为人们的基本生存能力。高校作为培养大学生学习能力的场所，必须重视对大学生信息素养的培养，才能跟上快速发展的信息社会的步伐。

一、信息

（一）信息的界定

《辞源》对信息的解释：消息。唐李中《碧云集》中《暮春怀故人》诗：“梦断美人沉信息，目穿长路倚楼台。”[①]《辞海》对“信息”做出如下解释：信息。如：

① 《辞源》，北京：商务印书馆，2009年，第0231页。

通风报信。[①] 美国数学家、信息论的创始人香农（C.E.Shanon）在 1948 年提出：信息是组织程度，它是能使系统的有序性增强、不确定性减少或消除的知识。自然界与人类社会存在的事实与变化及人类对它们形式的认识和创造是信息的内容组成；载体记录和媒体传播是信息的存在形式，它们构成了信息及其基本属性。[②] 信息的概念非常广泛，从不同的角度、不同的学科、不同的领域、不同的层次对信息都有不同的解释。

关于什么是信息，在 2018 年 7 月 9 日搜狗网址导航（123.sogou.com）中搜索，得到约 1,943,562 条相关结果。

在现代科学上，信息是指事物发出的消息、指令、数据、符号等所包括的内容。人通过获得、识别自然界和社会的不同信息来区别不同事物，得以认识和改造世界。在一切通信和控制系统中，信息是一种普遍联系的形式。[③]

综上所述，对信息的含义可归纳为：信息可以改变事物的不确定性；信息是交流的内容；信息是事物关系的体现；信息是与精神和物质并列；信息是物质的属性。

（二）信息的特征

（1）信息的可储存性。信息是可以通过各种方法进行储存的。信息可以通过符号表现，而符号可以依附在一定的载体之上有效地保存。

（2）信息的客观真实性。信息是事物存在方式和运动变化的客观反映。客观、真实是信息最重要的本质特征。[④]

（3）信息的可识别性。信息是可以识别的，识别又可分为直接识别和间接识别。直接识别是指通过感官的识别，间接识别是指通过各种测试手段的识别，不同的信息源有不同的识别方法。

（4）信息的时效性。信息在特定的范围内是有效的。特定范围、时间过后可能会转化为无效信息。

（5）信息的可扩充与可压缩性。人们对信息可以进行加工、整理、概括、归

---

① 《辞海》，上海：上海辞书出版社，1979 年缩印本，第 247 页。

② 翁菊梅：《大学生信息素养》，广州：华南理工大学出版社，2011 年，第 1 页。

③ 鲍甬婵：《信息素养论》，徐州：中国矿业大学出版社，2011 年，第 1 页。

④ 李贵成，张金刚：《信息素养与信息检索教程》，武汉：华中科技大学出版社，2016 年，第 1 页。

纳并浓缩。

（6）信息的可传递性与可扩散性。信息可以在时间或空间上从一点转移到另一点，可以由一种形态转换成另一种形态。信息只有借助于一定的媒介，经过传递才能为人们所感知和接受。没有传递就没有信息。

（7）信息的共享性。这是信息最显著的特征，它不同于其他物质资源有特定的占有对象，它可为众多的人所共同享用。它不因一方的信息交流与共享而使信息量减少，反而有可能还会使信息量增加。

二、信息社会概述

（一）信息社会的含义

信息社会（Information Society）也称信息化社会（Information-based Society），是脱离工业化社会以后，信息将起主要作用的社会。也可以说信息社会是以电子信息技术为基础，以信息资源为基本发展资源，以信息服务性产业为基本社会产业，以数字化和网络化为基本社会交往方式的新型社会。

“信息化”的概念是在 20 世纪 60 年代初提出的。一般认为，信息化是指信息技术和信息产业在经济和社会发展中的作用日益加强，并发挥主导作用的动态发展过程。它以信息产业在国民经济中的比重、信息技术在传统产业中的应用程度和信息基础设施建设水平为主要标志。

信息化定义：利用现代信息技术对人类社会的信息和知识的生产、传播和利用进行全面的改造，并因而导致人类社会生产体系的组织结构和经济结构发生飞跃的一个过程，是一个推动人类社会从工业社会向信息社会转变的社会转型的过程。信息化使人类社会的政治、经济、军事、科技、文化、社会等各个方面发生了深刻的变化，因而推动着人类社会的进步。[①]

（二）信息社会的特点

互联网技术的发展带来了社会生产方式和生活方式的深刻变化。从 1946 年美国 IBM 公司制造出世界上第一台计算机后，全球信息化的进程可以用三句话来概括：信息技术的产生演变成一场全球性的信息革命；信息革命推向全世界演变成全球的信息化浪潮；信息化的结果将使人类社会进入信息社会。信息社会最主要

① 周宏仁：《信息化概论》，北京：电子工业出版社，2009 年，第 71 页。

的特征：① 信息记录方式发生深刻变化；② 信息传播发生重大变化；③ 信息传输能力速度空前提高；④ 全球化日益加深，成为地球村；⑤ 虚拟世界的形成和发展；⑥ 改变了人们生活、工作、学习方式；⑦ 信息时代创新成为崭新的动力。[①]

在信息社会中，信息、知识成为重要的生产力要素，和物质、能量一起构成社会赖以生存的三大资源。信息社会的经济是以信息经济、知识经济为主导的经济，它有别于农业社会和工业社会，农业社会以农业经济为主导，工业社会以工业经济为主导。在信息社会，劳动者的知识获取成为基本要求，科技与人文在信息、知识的作用下更加紧密地结合起来，人类生活不断趋向和谐，社会可持续发展[②]。

三、信息环境

（一）信息环境的定义

信息环境主要指一个社会中由个人或群体接触可能的信息及其传播活动的总体所构成的环境。构成信息环境的基本要素是具有特定的语言、文字、声音、图画、影像等信息符号。一系列信息符号按照一定的结构相互组合便构成具有完整意义的信息，大部分信息传达的并不仅仅是信息或知识，而且具有指示性，因而包含着特定的观念和价值，它们不仅仅是告知性的，而且是指示性的，因而对人的行为具有制约作用。当某类信息的传播达到一定规模时，便形成该时期和该社会信息环境的特色和潮流。因此，信息环境具有社会控制的功能，是制约人的行为的重要因素。[③]

（二）信息环境的特征

在信息环境中，全球的信息资源极其丰富，人们的视野得到了前所未有的开拓，信息技术迅猛发展，社会信息化程度日益高涨，在家办公、在虚拟世界做买卖、在图书馆里听音乐和看体育比赛、在任何时间任意地方选择和接受全世界著名大学教授的课堂教学……人们的生存方式、学习方式甚至生活方式都发生了巨

① 陈泉，郭立伟，周妍，杨菲：《信息素养与信息检索》，北京：清华大学出版社，2017 年，第 3 页。

② 李兴国：《信息管理学》，北京：高等教育出版社，2007 年，第 16—17 页。

③ 陈泉，郭立伟，周妍，杨菲：《信息素养与信息检索》，北京：清华大学出版社，2017 年，第 15 页。

大的改变。信息交流及传播渠道、信息获取与利用、信息沟通与流动方式等，都呈现出多样化、直面化、虚拟化、便利化状态。所有这一切都给人们的工作、学习、研究及生活提供了更多的机会与便利，但同时也使人们明显地感受到社会信息流动总量大大超出人们对信息接收和处理的能力。另外，信息内容的复杂性也大大超过了人们对信息的判断能力，由此带来的全球信息冲突更加激烈，争夺信息控制权白热化。社会信息环境等问题日益突出并日趋严重，现已成为全球性问题。

（三）信息环境存在的问题

信息超载、信息爆炸。在信息时代，伴随着科学技术的迅速发展出现了数据爆炸，人们无法根据自己的需要来选择信息；信息的迅速发展，信息过多重复、过于复杂，而人们在大量信息面前又显得无能为力。人们经常处在信息的压力下，产生信息焦虑、信息紧张、信息孤独等症状。信息分布不对称，不同地区受到经济水平、科技水平的制约，使得信息资源分布不均，信息的两极分化。加之信息污染严重，陈旧信息、重复信息、干扰信息、虚假信息、错误信息、有害信息等充斥着人们的工作、学习和生活，危害了人类信息环境，影响了人们对有效信息的利用。

（四）信息环境的治理对策

现代信息环境，首先要通过制定法规来完善管理。在宣传教育上树立正确的伦理观，树立正确的信息伦理和信息道德观念。要强化技术手段，以保障信息安全及净化信息环境，利用高新技术使信息环境存在的问题得到有效的预防和治理。

第二节 信息素养概述

信息素养教育是培养大学生具备终身学习能力、竞争能力和创新能力的重要手段，在培养高层次创新型人才方面发挥着重要作用。目前，信息素养教育在国内高校已普遍开展，信息素养教育的重要性也为越来越多的人所认知。在目前新的信息环境下，高校图书馆信息素养教育要不断创新和发展，根据大学生的不同特点开展个性化服务，构建全新的信息素养教育知识和内容以及教学方法，对学生进行信息意识、信息知识、信息技能、信息道德等方面的教育，推进图书馆信息素养教育计划，全面提升信息素养教育的水平。

一、信息素养的含义

素养在《辞海》中的解释为经常修习的涵养，也指平日的素养，如艺术素养、文学素养等。素养的形成有一个变化过程，即从低到高逐步发展的过程。

元素养（Meta Literacy）是指学生作为信息消费者以及信息创造者的一组综合能力。元认识是指对自己思考过程的认识和理解。元素养要求从行为上、情感上、认知上以及元认识上参与到信息生态环境中，扩展传统信息技能的范畴（即确定、获取、定位、了解和使用信息），把参与式数字环境（协作、生产和共享）中的协助生产和信息共享整合吸纳。这就需要人们不断去适应新兴技术，理解如何作为生产者、合作者和分配者参与研究。这些都需要批判性思考和反思。（邓景康）

（一）国外关于信息素养的认识

信息素养概念的酝酿始于美国图书检索技能的演变。信息素养，也称为信息素质（Information Literacy），这一术语最早由美国教育家、美国信息产业协会主席保罗・泽考斯基（Paul Zurkowski）在其 1974 年的《信息服务环境、关系和优先权》的报告中首次使用。他提出：所有经过训练并在工作中能善于运用信息资源的人被称为具有信息素养的人，信息素养就是利用多种信息工具及主要信息资源来解答问题的技术和技能。[①] 归纳信息素养为：利用大量的信息工具及主要信息源使问题得到解答的技能。信息素养概念一经提出，便得到广泛传播和使用。世界各国的研究机构纷纷围绕如何提高信息素养展开了广泛的探索和深入的研究，对信息素养概念的界定、内涵和评价标准等提出了一系列新的见解。

1987 年信息学家帕特里亚・布里维克（Patrieia Breivik）将信息素养概括为一种"了解提供信息的系统并能鉴别信息价值、选择获取信息的最佳渠道，掌握获取和存储信息的基本技能"。

美国图书馆协会和美国教育传播与技术协会于 1989 年提交一份《关于信息素养的总结报告》，提出有信息素养的人必须能够认识到何时需要信息，能够评价和

---

① 周健，张静波：《高校信息素养教学模式探讨》，《情报杂志》，2006 年第 10 期，第 133—135 页。

使用所要的信息，有效地利用所需的信息。有信息素养的人最终是指那些懂得如何学习的人，懂得如何学习是因为他们知道如何组织知识，如何找到信息，知道如何利用信息。[①]

1992 年，道伊尔（Doyle）在《信息素养全美论坛的终结报告》中将信息素养定义为：一个具有信息素养的人，他能够认识到精确和完整的信息是做出合理决策的基础，确定对信息的需求，形成基于信息需求的问题，确定潜在的信息源，制定成功的检索方案，从包括基于计算机和其他信息源获取信息、评价信息、组织信息用于实际的应用，将新信息与原有的知识体系进行融合以及在批判性思考和问题解决的过程中使用信息。

1992 年，美国图书馆协会（ALA）将信息素养定义为：信息素养是人们能够判断何时需要信息，并能够对信息进行检索、评价和有效利用的能力。

（二）国内关于信息素养的认识

为提高大学生的信息素养，1981 年 10 月国家教委颁发的《中华人民共和国高等学校图书馆工作条例》为在我国高等院校中顺利开展图书馆用户教育奠定了基础，首次把文献检索与利用的教育任务赋予了高校图书馆。[②]

教育部于 1984 年颁发了“印发《关于在高等学校开设‘文献检索与利用’课的意见》的通知”，要求凡是有条件的学校可作必修课，不具备条件的学校可作选修课或先开设专题讲座，然后逐步发展完善。2000 年，全国高校图书馆将不定期召开的“文献检索课研讨会”改名为“信息素质教育研究会”。2002 年教育部颁布的《普通高等学校图书馆规程》中明确指出，高校图书馆是“学校信息化和社会信息化的重要基地”，其中第三条中规定，高等学校图书馆五项主要任务之一是“开展信息素质教育，培养读者的信息意识和获取、利用文献信息的能力”，进一步明确了高校图书馆信息素养教育的任务。武汉大学于 2002 年年底成立了国内第一家信息素质教研室，初步开发了针对该校各个校区的课程体系，可谓是中国信息素养教育课程的雏形。 教育部于 2015 年 12 月 31 日颁布新修订的《普通高等学校图书馆规程》（教高〔2015〕14 号），第二条：高等学校图书馆（以下简称“图书馆”）是学校的文献信息资源中心，是为人才培养和科学研究服务的学术性机

---

① 李卫星，何飞：《现代信息素养与文献检索》，武汉：湖北人民出版社，2010 年，第 7 页。

② 陈泉，郭立伟，周妍，杨菲：《信息素养与信息检索》，北京：清华大学出版社，2017 年，第 28 页。

构，是学校信息化建设的重要组成部分，是校园文化和社会文化建设的重要基地。图书馆的建设和发展应与学校的建设和发展相适应，其水平是学校总体水平的重要标志。第三条：图书馆的主要职能是教育职能和信息服务职能。图书馆应充分发挥在学校人才培养、科学研究、社会服务和文化传承创新中的作用。第三十一条：图书馆应全面参与学校人才培养工作，充分发挥第二课堂的作用，采取多种形式提高学生综合素质。图书馆应重视开展信息素质教育，采用现代教育技术，加强信息素质课程体系建设，完善和创新新生培训、专题讲座的形式和内容。所以，全民信息素养教育被认真地提上了议事日程。

李克东提出信息素养应当包括三个最基本的要点：① 信息技术的应用能力；② 对信息内容的批判与理解能力；③ 能够运用信息并具有融入信息社会的态度和能力。

吴建中认为：信息素养不只是目录查询加上键盘操作的组合技能，它是一种解决信息问题的能力。[①]

也有人将信息素养描述为八个方面的能力：运用信息工具、获取信息、处理信息、生成信息、创造信息、发挥信息的效益、信息协作、信息免疫。

综上所述，信息素养的含义是一个综合性的概念，基本内容为信息意识、信息能力等。随着社会、信息技术、创新行为、自主学习能力等的变化，信息素养的内涵是基于时代特征对人的基本要求而定的，信息素养的内涵也随着时代的发展不断地被赋予新的要求。信息素养包含了技术和人文两个层面的意义：从技术层面来讲，信息素养反映的是人们利用信息的意识和能力；从人文层面来讲，信息素养也反映了人们面对信息的心理状态。提高信息素养，是全球信息化条件下人们必须具备的一种基本能力。

信息素养涉及各方面的知识，是一个特殊的、涵盖面很宽的能力，它包含人文的、技术的、经济的、法律的诸多因素，和许多学科有着紧密的联系。信息素养的重点是内容、传播、分析，包括信息检索以及评价，涉及更宽的方面。它是一种了解、搜集、评估和利用信息的知识结构，既需要通过熟练的信息技术，也需要通过完善的调查方法以及鉴别和推理来完成。

---

① 吴建中：《21 世纪图书馆新论》，上海：上海科学技术文献出版社，2003 年，第 191 页。

（三）信息素养的内容

信息素质教育的总体目标是培养现代社会接班人的信息素养。

信息素养的具体内涵包括：

（1）信息意识。信息教育最重要的一点是培养学生的信息意识，即要求受教育者具有一种使用计算机与其他信息技术来解决自己工作、生活中问题的意识。这是想不想得到和敢不敢用信息技术的问题。

（2）信息伦理道德修养。必须培养学生正确的信息伦理道德修养，使他们能够遵循信息应用人员的伦理道德规范，不从事非法活动，同时也知道如何防止计算机病毒和其他计算机犯罪活动。应用信息技术时，需要遵循一定的伦理道德规范。

（3）信息科学技术常识。对于信息技术的原理、名词术语是否明白，对于其发展与作用是否了解。应该使学生具有一定的信息科学技术常识，能够阅读有关的一般性通俗科普信息文章和参加有关的讨论，谈论信息技术的发展与应用。

（4）具有一定的操纵、利用与开发信息的能力。会不会与能不能利用信息技术，获取自己所需要的信息，评价和分析所得到的信息，并且开发与传播信息，这包括几个层次。基本的信息能力有信息系统（计算机系统）的操作能力、简单的文字处理能力等；进一步的要求包括有信息采集的能力、信息通信的能力、信息组织与表达的能力、信息加工处理的能力、信息系统的分析与查错能力、对于信息系统与信息进行评价的能力、信息结果的分析与报告能力等，而这些能力又可以进一步分为若干层次的要求。

（四）我国信息素养发展的四个阶段

第一阶段：信息素养被称为图书馆素养，强调图书馆手工文献检索技能。以图书馆资源与服务的介绍宣传和充分利用为核心，主要形式是文献检索课教学，是单一的、单向的课堂式、讲座式教学模式，很难针对性地解决科研或学习过程中的问题。

第二阶段：随着计算机等信息技术的快速发展，信息素养的内涵开始强调利用计算机进行检索的技能（信息处理）、对检索的信息进行评价，并重视了人的属性（态度和意识），这时称为计算机素养。

第三阶段：随着网络的发展和信息环境的变化，信息素养的内涵开始强调信息素养中人的社会属性（如交流信息、传播信息的能力），充分重视了人的批判性思维能力和评价信息能力，并且强调信息素养是终身学习的必然要求。

第四阶段：数据素养强调的是对获取信息的进一步处理，通过对数据的分析、存储、处理从而得到相应的结论。在大数据环境下，数据素养教育日益重要和紧迫，它是让读者在大量无规律的数据中辨别自己所需的数据，并能根据所掌握的知识、技能和工具，迅速有效地获取、利用数据，并创造出新数据的必经之路。

二、大学生信息素养能力标准

（一）国外信息素养能力标准

1998 年，美国图书馆协会和教育传播协会制定了学生学习的九大信息素养标准，概括了信息素养的具体内容。

标准一：具有信息素养的学生能够有效和高效地获取信息。

标准二：具有信息素养的学生能够熟练和批判地评价信息。

标准三：具有信息素养的学生能够精确地、有创造性地使用信息。

标准四：作为一个独立学习者的学生具有信息素养，并能探求与个人兴趣有关的信息。

标准五：作为一个独立学习者的学生具有信息素养，并能欣赏文学作品和其他对信息进行创造性表达的内容。

标准六：作为一个独立学习者的学生具有信息素养，并能力争在信息查询和知识创新中做得最好。

标准七：对学习社区和社会有积极贡献的学生具有信息素养，并能认识信息对民主化社会的重要性。

标准八：对学习社区和社会有积极贡献的学生具有信息素养，并能实行与信息和信息技术相关的符合伦理道德的行为。

标准九：对学习社区和社会有积极贡献的学生具有信息素养，并能积极参与小组探求和创建信息的活动。

2000 年 1 月 18 日，美国大学与研究图书馆协会（Association of College and Research Libraries，简称 ACRL）在得克萨斯州的圣安·东尼召开了美国图书协会仲冬会议。会上审议并通过了《高等教育信息素养能力标准》（Information Literacy

Competency Standards for Higher Education，简称 ACRL《标准》），并在 ALA 网站上发布。

ACRL《标准》的五条标准如下：

（1）有信息素养的学生有能力决定所需信息的性质和范围；

（2）有信息素养的学生可以有效地获得所需的信息；

（3）有信息素养的学生能评估信息和它的出处，然后把挑选的信息融合到他（她）们的知识库和价值体系中；

（4）不管是个人还是作为一个团体的成员，有信息素养的学生能够有效地利用信息来实现特定的目的；

（5）有信息素养的学生要熟悉许多与信息使用有关的经济、法律和社会问题，并能合理合法地获取信息。

（二）国内信息素养能力标准

我国高等学校的信息素质教育可以追溯到 1984 年，教育部规定在全国有条件的高校广泛开展文献检索与利用课教育，目的是提高大学生的情报意识和文献检索技能。2002 年教育部首次将文献检索课改成信息素质教育。

但随着美国 ACRL《标准》的出台，我国的信息素养教育在以下几个方面也亟须改进。信息素养教育侧重点应当从对学生"信息获得"的培养转变到"信息社会生存能力"的培养；信息素养教育者应当从"传授者"向"交流者"转变；信息素养教育师资队伍应当从单一由图书馆教育向联合相关专业共同教育进行转变；信息素养教育活动应当从信息检索向信息应用多样化转变。

1. 北京市文献检索研究会 2005 年制定了《北京地区高校信息素质能力指标体系》，该体系认为：

具备信息素质的学生：能够了解信息以及信息素质能力在现代社会中的作用、价值与力量；能够确定所需信息的性质与范围；能够有效地获取所需要的信息；能够正确地评价信息及其信息源，并且把选择的信息融入自身的知识体系中，重构新的知识体系；能够有效地管理、组织与交流信息；作为个人或群体的一员能够有效地利用信息来完成一项具体的任务；了解与信息检索、利用相关的法律、伦理和社会经济问题，能够合理、合法地检索和利用信息。

2. 中国科学技术信息研究所 2005 年制定了《高校学生信息素质综合水平评价

指标体系》，该体系认为具备信息素质的学生：有信息意识、信息能力、信息观念与伦理。

3. 高校图书馆工作委员会信息素质教育工作组 2008 年制定了《高校大学生信息素质指标体系（讨论稿）》，该体系认为具备信息素质的学生：能够了解信息以及信息素质能力在现代社会中的作用；能够确定所需信息的性质与范围；能够有效地获取所需要的信息；能够正确地评价信息及其信息源，并能够有效利用；能够有效地管理、组织与交流信息；能够独立或是合作完成一项具体的信息检索和利用任务。

4. 教育部高等学校图书情报工作指导委员会信息素养教育工作组人员 2016 年拟定《关于进一步加强高校信息素养教育的指导意见》草案；2017 年又在上海同济大学制定《从“信息素养教育”到“创新素养教育”》的指导意见。

三、大学生信息素养能力培养

在信息迅猛发展的社会中，信息素养教育成为学校教育和终身教育的基本构成部分，成为科学技术和知识经济发展的基础。信息素养教育直接关系到人们如何立足于社会、建设信息社会的基本点。只有加强信息素养教育，教育的职能才能充分发挥，信息社会才能得以全面的实现。加强大学生信息素养教育不仅可以培养大学生的文献信息检索技能和计算机应用技术，也能够培养大学生对现代信息环境的理解能力、应变能力和运用信息的自觉性、预见性和独立性。培养大学生获取信息、加工信息和处理信息能力的教育活动，最终目的是培养大学生利用信息解决实际问题的能力。

（一）大学生信息素养教育的意义及作用

信息素养是一个帮助大学生读懂媒体、使用媒体的过程，是帮助大学生认清媒体特性、媒体传播技巧和媒体传播效果的手段。

2001 年美国教育技术 CEO 论坛第 4 年度报告中，已将信息素养能力列为 21 世纪重要能力素养之一（其他有基本学习技能、创新思维能力、人际交往与合作精神、实践能力）。发达国家对提升人们信息获取技能和终身学习能力高度重视，开展了大量与信息素养教育相关的研究。[①]创新能力也是高校学生最重要的素养之一，信息素养是大学生具备创新能力的基本要素。它与创新能力的培养之间存在着密切的联系，创新意识是信息意识的源泉，是发挥信息能力的动力，信息意识是创新意识的加速器。信息能力是创新能力的重要组成部分，信息素质集中发挥和体现在创新过程中。[②]图书馆馆员的信息素养不只是简单咨询技能，必须具有解决信息问题的能力。图书馆馆员要继续扮演帮助大学生提高信息素养的重要角色。

1. 提高学生信息素养是信息时代的迫切要求

大学开展信息素养教育活动首先要通过有关信息知识的传授来启发和培养大学生的信息意识。人们首先有了“信息”的意识，才会有要去寻找、利用、学习和掌握信息的需求和行为。人们信息意识的强弱会直接影响其对信息的渴求以及掌握信息的程度和效果。在信息成为当今社会的重要资源的时代里，有着强烈的信息意识才能引导人们努力学习掌握信息，成为信息强者，进而成为社会竞争中的优胜者。

全球信息化正在引发当今世界的深刻变革，一个国家的国民素养水平是评价该国信息化水平的重要指标，也是影响该国国际竞争力的最终因素。网络化的市场经济，人才资源已成为可持续发展的根本。只有具有信息素养的创新型人才，才能不断捕获有价值的新信息，不断获取新知识，通过创新不断发展。因此，在高校对学生进行信息素养教育，已成为信息时代发展的必然需求。

2. 高校进行信息素养教育是大学生自我发展的需要

随着社会化进程的加快和现代科技高速发展，各学科相互交叉渗透，新兴学科、边缘学科不断涌现。为适应这种既高度分化又高度综合的发展需要，要求当代大学生必须具备“一专多能”的复合型知识结构，具有广博的多学科知识，而且要不断接受教育，具有终身学习的能力。具有良好的信息素养是培养自学能力的基础，自学能力的获得要求学习者有积极主动获取信息的意识，了解自己的信息需求；承认准确和完整的信息是制定明智决策的基础；能在信息需求的基础上系统地阐述问题；具有识别潜在信息源的能力；能制定成功的检索策略；能检索计算机和其他技术为基础的信息源；具有评价信息的能力；能为实际应用对信息

① 吴正荆，孙成江：《国外信息素养研究的发展轨迹及主要成果》，《图书情报工作》，2006年第4期，第60—63页。

② 邢燕丽：《信息素质教育改革与大学生创新能力培养》，《图书馆工作与研究》，2009年第3期，第93—96页。

进行组织；具有将新信息整合到现存的知识体系中的能力；能采用批判性思维利用信息并解决问题。所有这些构成了主动学习者的必备条件。可以说，对大学生信息素养的培养就是赋予他们一个获取自学能力的优良武器。

3. 高校进行信息素养教育有利于培养学生的创新能力

高校是国家培养创新人才的重要基地，是国家培养高素质人才的摇篮。学生创新能力的培养必须以信息素养为前提，没有良好的信息素养，就不可能实现创新。所有的创新，诸如理论创新、技术创新、制度创新等都必须在了解现状并深入考察已有技术、理论、制度等的基础上才能实现，否则便只能是毫无根据的妄断。只有具备良好的信息素养，才能少走弯路，避免重复研究。

所以，对学生信息素养的培养一定程度上是培养他们将创造性思维变成现实的能力，信息素养的培养在创新能力的培养中发挥着不可替代的作用。

4. 高校进行信息素养教育有利于提高学生的思想政治素质

要应对这个挑战，一方面要加强正面宣传，另一方面要增强大学生自身的免疫力。培养大学生信息道德可以使他们学会正确看待信息的价值和负面效应，并学会如何应对恶意信息和不良信息。更重要的是，对大学生信息道德的培养可以使他们树立与信息社会相适应的人生观、价值观和世界观。所以，加强对大学生信息素养尤其是信息道德方面的培养是新时代提高大学生思想素质的重要途径。

（二）培养大学生信息素养的形式

（1）学分课程。大学生通过系统的学习和训练，能熟练地运用各种信息工具，特别是网络传播工具，提高大学生的文献信息检索技能和计算机技术。现在国内高校都是以选修课居多，有条件的高校可作为必修课程，提高课程与实习课时的比例，学生可根据自己的学习目标有效地收集各种学习资料与信息，熟练地运用阅读、访问、讨论、参观、实验、检索等获取信息的方法。

（2）新生培训。针对不同类型的新生分层次开展，使新生具备初步的信息素养水平和学习能力。浩瀚的信息资源往往良莠不齐，需要有正确的人生观、价值观、甄别能力以及自控、自律和自我调节能力，能自觉抵御和消除垃圾信息及有害信息的干扰和侵蚀，并且完善合乎时代的信息伦理素养。

（3）专题讲座。围绕大学生学习和学术研究开展，发挥图书馆第二课堂作用。嵌入式教学，可以更有针对性地提升大学生信息素养水平；善于运用接收的信息解决问题，让信息发挥最大的社会效益和经济效益。

（4）在线教育。提供一种全新的知识传播模式和学习方法。

（5）教育联盟。秉承合作开放的理念，加强信息素养课程与资源共建共享，使信息和信息工具作为跨越时空的、“零距离”的交往和合作中介，从而成为延伸自己的高效手段，同外界建立多种和谐的合作关系。

（三）信息素养实践案例

案例一　上海交通大学图书馆

上海交通大学图书馆“基于研究型人才培养的本科生文献检索课的探索与实践”的信息素养教育案例。2016 年图书馆学科服务团队拜访农业与生物学院时，正值学院重新制定本科生培养方案，并向学科馆员提出需要在学院重新开设文献信息检索课程，把该课程纳入到培养计划并设立为专业选修课。此课程以本科生在四年学习期间必须完成的科研创新实践项目为牵引，从文献检索的基础知识与技能出发，以学生的创新实践项目为实习操作案例，利用思维导图激发学生的创新思想，学会利用图书馆的信息资源和文献管理软件等进行创新实践项目的文献调研、文献分析、研究前沿获取和学术论文撰写及投稿等学习。本科生通过系统的学习和实践能够顺利地确定研究方向、完成项目申请和学术论文撰写等工作，切实提高学生自身的信息素养能力，也助力学生有效地应对未来的科学研究任务。

案例二　杭州师范大学图书馆

杭州师范大学图书馆“翻转课堂应用于信息素养教学的案例分享”的教学案例，首先从教学目标、教学内容、教学方法及教学设计等方面介绍了在翻转课堂理论支撑下的教学要素；其次，按课前作业准备、课中知识内化及小组成果展示和课后效果评价等方面介绍了课程实施的流程；最后，介绍了存在的问题及不足的方面。该案例受到会议代表、专家的广泛认可。

案例三　上海交通大学图书馆

上海交通大学图书馆是国内较早开展大学生信息素养的高校图书馆，他们在学科服务的 IC^2 创新服务模式下，进行信息素养教育的创新。IC^2 创新服务模式，主张“信息共享空间”（Information Commons）与“创新社区”（Innovation

Community）两种理念的职能互补和整体优化[①]，以读者需求为导向，提倡信息素养教育的多层次、多维度的拓展与创新。从培养基本信息技能出发，立足启迪学生的创新思维，上海交大图书馆在实践中进行着信息素养教育内容与模式的转变和探索，逐渐形成了“普及——拓展——深入”三大层面的信息素养教育规划，如图 0-1 所示。[②]

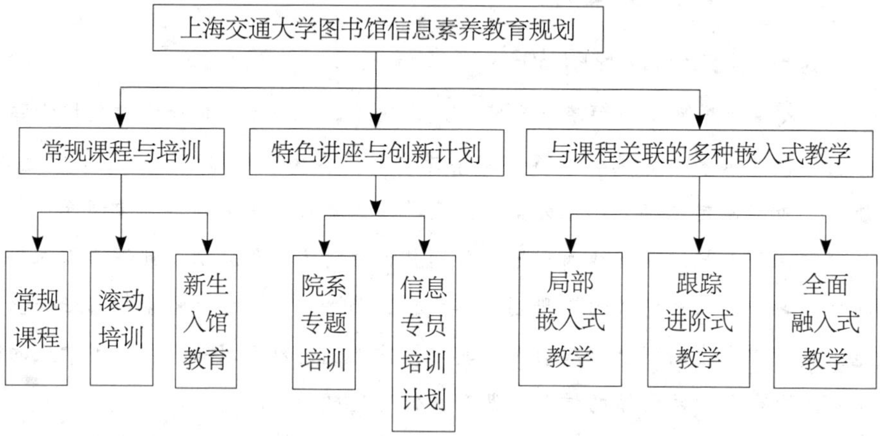

图 0-1　IC² 创新服务模式下的信息素养教育规划

案例四　中科院图书馆

嵌入式信息素质教育在教育内容、教育方式、教育手段等方面，都有更进一步的要求，国家科学图书馆结合学科馆员学科与技能的优势特长，有部署、有要求地培养学科馆员的特殊技能，深入学科专业研究，融入科研项目进程，契合用户学习进度，灵活使用各种新型网络技术和交互工具，将嵌入式信息素质教育学科化、个性化、知识化、技术化的需求与学科馆员能力发展建设工作结合起来，培养学科馆员成为“学习通”“工具通”“专有知识通”“专有技能通”等，联合数据资源提供商，挖掘和汇聚科研专业人员的智慧，促进（使）科研人员参与到教育培训工作当中，以团队的力量应对嵌入式信息素质教育的复杂需求和深度需

① 郭晶，黄敏，陈进，郑巧英：《上海交通大学图书馆学科服务创新的特色》，《图书馆杂志》，2010 年第 4 期，第 32—34 页。

② 《图书情报工作》杂志社：《信息素养的研究与实践进展》，北京：海洋出版社，2014 年，第 30 页。

求。[①]

案例五　四川师范大学图书馆

四川师范大学图书馆开展的“信息素养教育MOOC的案例设计与呈现”，分别从设计目标、案例选取、内容录制、心得体会等几个方面详细介绍了信息素养教育慕课——“信息素养：效率提升与终身学习的新引擎”。作为高校图书馆进行新信息与技术环境下信息素养教育的尝试，这门慕课一上线就赢得了广大学习者和同行的推崇，首次上线吸引了16,000多名学习者选修。该慕课设计秉承着提升学习者的学习效率与学习能力的宗旨，选取了将近90个生活化的案例，以通过信息检索来评价信息并解决问题的逻辑来呈现这些案例，将探究精神与终身学习嵌入到生活中。为大学生确定信息、检索信息、获取信息、评价信息、管理信息、应用信息指出了一条很好的路径。

案例六　南京大学金陵学院图书馆

南京大学金陵学院图书馆为学生开设了“新媒体环境下大学生信息素养的培养”课程。这门基于信息素养概念，并遵照美国（ACRL）制定的高等教育信息素养标准而开设的学分式信息素养课程，教学目标是提高学生的分析、统计能力和数据素养，使学生能够创造性地开展自己的科研创新和实践活动。课程包括信息资源的获取、利用和分析，信息素养—互动讨论，信息素养—时间与调研。教学采用课堂讲授、分组讨论、上机操作和实践调研的方式。每学期的选课名额都是满满的。图书馆也通过这个阵地有效地和同学们联系在一起。

虽然我国大多数高等院校开设了信息素养教育课，但到目前为止，我国高校还未建立专门的信息素养评价体系，只是在国家部委文件里面有所涉及，没有专门的标准体系，可操作性更是无从谈起。这使得高校对大学生信息素养的培养比较盲目，缺乏针对性，对信息素养教育培养目标也缺乏统一的要求，对教学方法、教学内容、教师素质、教学效果没有评估标准。这些都制约着信息素养教育的发展。

高等教育的目标十分明确，就是培养出具有创新精神与创新能力的高素质人才，在这个过程中，提高高校学生群体的信息素养水平是实现这一目标的重要保

---

① 《图书情报工作》杂志社：《信息素养的研究与实践进展》，北京：海洋出版社，2014年，第14页。

证。各高校应根据自己的实际情况，制定出切实可行的信息素养评估标准，以确保信息素养的教学质量和教学效果，满足网络时代对高素质人才的需求。

进入21世纪以来，美国图书馆学会大力推进信息素养教育，已规划了上百万美元的项目，并提出“信息素养是终身学习的一种基本人权”“信息素养是人们投身信息社会的一个先决条件”等论断。面对信息时代发展的挑战，我国高等院校也必须高度重视信息素养教育和创新人才的培养。

总之，一个国家和民族任何意义上的现代化，其核心是人的现代化。不论我们引进多么现代的科学技术和管理方法，如果没有人的现代化，我们的国家仍然还是无法跨入拥有可持续发展能力的现代化国家行列。在信息社会里，现代化人的一个培养目标就是现代信息人。大学生是跨世纪的中坚力量，重视对大学生信息素养的培养必将对我国的科学研究工作与现代化建设产生深远的影响。

（四）大学生信息素养教育的缺失现象

信息网络化在给我们带来机遇的同时，也带来了挑战。互联网上信息的无限扩展导致了信息泛滥、信息超载、信息迷航等问题。此外，由于信息监控的困难和网上信息审查机制的不完善，产生了大量虚假、色情、暴力以及封建迷信、流言蜚语等有害信息。科技进步的同时，犯罪手段也更加先进，许多利用计算机网络的犯罪行为也变得屡见不鲜。大学生由于人生观、价值观、世界观尚未成熟，政治辨别率较低，加之青春期好奇心旺盛，他们极易受到非主流文化的影响，导致一些大学生主动接触不健康的信息，甚至制造不良信息。信息素养不高，信息意识不强，对信息只接受、少思考，缺乏主动探索的创造性思维，面对复杂信息评估意识不强。

我国的信息素养教育在以下几个方面也亟须进行改进：信息素养教育侧重点应当从对学生“信息获得”的培养转变到“信息社会生存能力”的培养；信息素养教育者应当从“传授者”向“交流者”转变；信息素养教育师资队伍应当从单一由图书馆教育向联合相关专业共同教育进行转变；信息素养教育活动应当从信息检索向信息应用多样化转变。

我国目前进行信息素养教育最普遍的方式是通过计算机学科教育，即计算机的必修课、选修课或活动课。这对于形成教师队伍、组织教材建设、保证一定的教学活动是有必要的，但是由于信息技术的迅速发展，学科内容必须不断地变化和发展，而且作为一般社会成员所需的信息能力不必与未来的信息工程师一致，因此在确定计算机学科教学内容和编写教材时，必须掌握好分寸和尺度。

应该注意的是，通过计算机辅助教育进行教学活动，它一方面将计算机和其他信息技术应用于教学，成为教学改革的重要手段；另一方面让学习者也学习各种信息技术的应用与操作，因而应该是信息教育的最重要部分。要做好这一点，就需要把信息技术与学科课程的开发结合起来，这就是人们所说的把信息技术整合到课程中。例如在文科课程的开发时，把计算机文字处理的内容结合到教学中去，等等。

（五）大学生信息素养教育的内容

1. 信息意识

信息意识是指人们对信息的敏感程度，人们从信息的角度对自然界与社会中各种现象与行为的感受。信息意识与情感的标准是难以评价的问题，但是作为信息素养的一个重要部分，又必须予以评价。而目前，还没有专门的讨论涉及信息意识与情感的评价问题。笔者认为信息意识的评价必须通过实践才能真正实现，但是作为学生素质的一部分，考虑到学习周期比较短的关系，可以通过观察学生应用信息技术的积极性、记录学生上机次数、能不能主动应用信息技术解决其他学科学习问题等来判断与衡量。这里一部分评价工作可以靠学校校园网的使用记录来进行分析，而许多判断需要教师日常观察与调查。

2. 信息能力

信息能力指人们收集开发信息的能力，从了解信息源到获取信息、处理信息、利用信息和创新的能力。目前，对于信息能力的判断主要还是通过笔试进行，我们国家的一部分省市还配合使用了上机操作考试来判断学生的信息能力，这样可以比较客观地评价学生使用信息系统完成一定工作的能力水平。问题是，这种测试的要求条件比较高一些，解决办法有如下两种：一种是准备几套试卷，所有参加测验的学生分为几组，学生使用信息技术回答，而由计算机根据标准答案进行判卷记分，现在随着网络建设的不断发展，测试条件已经大大改善；另一种则可以利用项目反应理论（Item Responce Theory，IRT）的程序化实现，我们可以以比较小的数量的问题测试出学生某种能力达到的程度。由于信息素养的操作性特点，因此信息能力是信息素养评价中最有必要考虑的部分。但是对于信息能力认识的不一致，导致对信息能力评价标准的项目拟订十分困难。总的来说，它可以进一步分解为：信息系统的操作能力、信息查找能力、信息组织存储能力、信息组合编辑与表达的能力，同时也包括一定的程序设计能力，等等。

3. 信息伦理道德

信息伦理道德是指在整个信息活动中，调节创造者、服务者和使用者关系的行为规范。与信息意识相类似，信息伦理道德的水平判断主要依靠教师的观察与调查。当然一部分理论上的认识可以靠笔试测验结果分析，例如，提出一些个案研究来分析学生如何对待典型的信息技术应用中的伦理道德问题。每一个人都应遵守信息伦理道德和法制观念，认真用法制来规范自身的信息行为和信息活动，不受不良信息、虚假信息的蒙蔽。

信息伦理道德的素养也是现代人必须具备的信息素养的一部分，在制定评价指标体系时必须要考虑它。

第三节　培养大学生的数据素养

国内外都呼吁高校图书馆承担起对大学生进行数据素养教育的使命。从信息素养到数据素养教育的跨越已经成为大数据时代大学生信息素养教育的趋势和方向。

要培养大学生成为数据科学家，数据思维与数据素养的培训和学习都十分必要。比如在人文社会科学领域，现代人文社会科学是近代西方自然科学复兴和科技革命推动的产物，在发育生成过程中不可避免地融入了因果、结构、功能、规律等自然科学研究主张，形成了实证主义与自然主义相结合的研究体系和思维模式，也就是说，现代人文社会科学是理论或现象驱动问题的认知。而大数据方法或数据思维则提供了一种新的叙事方式和诠释手法，它利用数据分析一步步去驱动认知和分析，将更深刻的理解建立在更高维或更海量的数据分析上，这种方式被称为“数据密集型知识发现”，它提供了一种更加直观和真实的研究方法。这种方法是革命性的，现在我们很多的研究活动、管理活动，都在慢慢引入这种依托数据解析、数据循证的理念和思维。因此，大家在学习中，可以更多地尝试用数据分析的思路去理解你们的专业认知。

一、数据素养的含义

数据素养是指在大数据时代背景下产生的对大数据进行处理和研究的个人素养，它与目前高校普遍的信息素养、信息检索有着明显的区别。有学者专家认为“数据素养”(Data Literacy)，也常叫作“数据信息素养”(Data Information Literacy)，主要指研究者在科学数据的采集、组织和管理、处理和分析、共享与协同创新利用等方面的能力，以及研究者在数据的生产、管理和发布过程中的道德与行为规范。[①] 数据素养是一种对数据能够客观认识和科学管理与应用的能力，是大数据时代高校师生必须具备的一种基本素养，对师生的数据素养教育也是大数据时代高校图书馆的一项职能和职责。

数据素养虽然是一个全新的概念，但它并不是凭空出现的，而是在我们过去长期研究的统计素养和信息素养概念的基础上，经过外延的扩展和内容的重新定位而形成的关于人的素养的新概念，强调的是大数据环境下对数据的理解、交流、获取、分析及运用的能力。在现代信息环境下，它已成为影响人们科研能力、科研水平的重要因素。数据素养主要包括数据意识、数据知识、数据技能、数据能力四个方面，其中能力层面的数据素养培养是数据素养教育的重点，包括数据基本能力、数据获取能力、数据评估能力、数据管理能力、数据使用能力、数据表达能力。

数据素养的定义在不同环境和不同领域中均存在差异。数据素养一词是一个组合词，由数据和素养两个词组合而成。一般而言，素养指人们通过学习、训练和培养后天获得的知识、技巧或能力；而数据字面的理解就是数值或数量，在此则指广义上的数据，包括各种数字、文字、视频等各种信息甚至符号。综合目前国内外的相关研究，笔者认为，数据素养应该主要包含以下几个方面内容：一是正确地认识数据，并运用正确的方法获取数据；二是以数据分析为基础对数据做出正确的判断和解释；三是科学地管理数据，使之成为可获取、利用的资源；四是准确地评估数据，在此基础上做出正确的决策。

高校图书馆在大数据时代应该转变职能，通过制定具体培训计划，将数据素养嵌入到服务和有关课程中，并开展数据素养教育活动来实现数据素养教育的目标。

---

① 张静波：《大数据时代的数据素养教育》，《科学》，2013 年第 4 期，第 29—32 页。

二、如何培养学生的数据素养

高校图书馆自身开展数据素养教育受人力和技术水平的限制，因此必须和学校其他部门以及有技术水平的数据库商相互合作。一方面，数据素养教育的对象是学生，如何有效地组织学生并把数据素养教育融入课程中是直接关系到数据素养教育效果的重要因素，这就需要和学校其他部门如教务处、各院系、信息中心等通力合作，制定合理的教学计划，提供技术支持，全校统筹安排。另一方面，和图书馆合作的数据库商，他们在数据的统计、获取和处理方面有着明显的技术优势。如我们可以从中国知网（CNKI）的“指数”检索功能中获得某个关键词的关注度，从万方数据知识服务平台的“知识脉络分析”分析知识点、领域的研究趋势及热点变迁，这都是系统基于大数据分析统计后提供的结果。而数据素养教育中就包含了这方面内容，图书馆可以通过与数据库商协商合作，由数据库商提供相关的专门技术人员进行服务，开展有针对性的培训课程。

数据意识主要包括数据主体意识、数据获取意识、数据共享意识、数据更新意识、数据安全意识以及数据人才意识等。在高校图书馆，读者对象是师生，其中学生读者占绝大多数，对学生读者的数据素养教育应该要贯穿整个大学过程。首先最重要的就是培养他们的数据意识，数据意识是数据素养的先决条件。读者对这些数据的敏感程度，对数据中能够反映出来的问题的洞察力和判断力直接决定了对数据进行下一步处理的自觉程度。

目前来说，可以从以下几个方面进行数据素养的培养和教育。

（1）建立一支高校数据素养教育的师资队伍。近几年，不管是国内教育界还是图书馆界都开始研究数据素养教育。读者要具备这样的素质，就必须由图书馆对其进行数据素养教育。然而数据素养教育在我国起步发展时间尚短，绝大多数图书馆员的思维还停留在文献检索和传统信息素养教育上面，其数据意识和认知并没有跟上大数据发展的趋势，馆员的数据知识和数据管理技能匮乏，数据素养水平整体较低下，已不再能满足大数据时代对数据应用的要求。图书馆作为数据素养教育的主要实施机构，应组织专门的教育团队，根据本校自身情况开设数据素养教育课程，推进和落实数据素养教育。图书馆员要增进与大学生的沟通，提高自身对数据素养教育的认识理解，认真探讨数据素养教育与其他课程协同增效的途径和方法，对数据素养教育进行深入研究，从整体上设计数据素养教育课程，不断完善和创新教学内容和教学方法，使数据素养教育成为有深度、系统完整的学习项目。高校图书馆要传承自身原有的对读者进行信息素养教育的责任，在面对新动态时，对读者的素养教育不能仅仅停留在原来的如何获取、获取途径、使用什么样的检索词和检索式的信息素养教育模式上。

（2）数据素养教育要注意空间再造与教学实施的改进。学校要加强大学生的顺应现代化高校师生多样化、个性化的需求特点的能力，建立适用不同需求的大型多媒体培训教室、小课堂研讨空间和个性化学习辅导空间。

（3）数据素养教育内容的丰富和完善。要在数据素养教学教育实践中加大教学素材库及在线教育平台建设，形成一套以应用能力培养为主的教学素材库，也利用高校或商业化在线教育平台，或自建在线教育平台教学数据素养教育。信息素养和信息检索的课程体系发展到现在已经非常完善，而数据素养教育在国内尚属新概念，目前在高校中主要还是教授信息检索课程，只有北京大学图书馆、浙江大学图书馆和上海交通大学图书馆有数据素养的相关培训课程，真正的数据素养课程完全没有开展。而国外很多高校目前已经开展了针对读者的数据素养课程。

三、建立多方合作的读者数据素养教育模式

图书馆要结合我国信息素养教育的实际情况，在现有信息检索课程体系的基础上，参考目前国内部分高校数据素养教育培训课程模式，吸取国外大学数据素养的先进经验，在高校中构建一个动态的、开放的数据素养教育课程体系，培养和提升学生的数据素养。

通过图书馆自身数据素养责任意识的提升和数据素养馆员的培养，培养学生读者的数据素养意识，将数据素养教育和学生读者课程教育紧密结合，开展数据素养工具和学生读者的交互式培训，形成多方合作的学生读者数据素养教育模式。构建高校学生读者数据素养的课程体系，最终的目的就是形成读者的数据技能。数据技能是数据素养的保证，它是数据素养最重要的一个方面，包括获取、处理、利用、展示、评价以及再创造数据的能力，等等。①

有一类特殊人才，应该是具备将现实需求转化为数据或计算场景的能力，并能在计算空间予以实现的专业人才。他需要具备基础的技术开发能力，也需要具

① 雷红刚：《大数据时代高校图书馆数据素养教育研究》，《新世纪图书馆》，2016 年第 9 期，第 41—43 页。

有一定的数据理解和分析能力，甚至需要一定的业务分析和管理能力，这样的角色我们称为“数据科学家”。数据科学家的角色，决定了这类人才应该是具有交叉的学科背景，能够与不同学科背景的人直接对话，并能快速协同、合作完成任务的专业人才。所以，具备有广阔视野的、技术和管理交叉复合的人才，应该是未来社会广泛需要的人才。

目前国内高校图书馆在数据素养方面无论是理论研究还是实践探索都处于起步阶段，相关研究要么是对国外理论、方法与实践项目的介绍，要么是从图书馆视角做一些研究与思考，没有研究现代信息环境下数据素养教育的内容、方式、特点、实施策略以及如何与当前我国的信息素养教育对接进而获得发展的。主要表现在：一是对数据管理、数据素养教育的认识与理解不够深入；二是对数据素养教育缺乏相应的政策设计和服务支持；三是没有形成科学系统的数据素养教育模式。

高校图书馆作为信息素养教育的主要执行机构，理应全力以赴地投入到数据素养教育的理论研究与实践中去，积极探索数据密集型科研范式环境下，将数据素养教育与培训渗透到用户的工作、学习和生活空间，提供一种到身边、到桌面、随时随地、无处不在的主动服务，将这些教育与服务实时地、动态地融入用户的学习、工作和生活中，并与用户实现良性的互动与沟通。大数据环境下高校图书馆的数据素养教育并不是图书馆能独立完成的，合作是开展数据素养教育的必由之路，必须寻求与高校教师、学生及科研人员的合作，包括与专业教师合作，嵌入课程和网络教学平台；与学生合作，通过图书馆的学习共享空间和信息共享空间嵌入学习环境；与科研人员合作，嵌入科研课题的全过程，协助数据管理。

（一）与专业教师合作，嵌入课程和网络数学平台

在高校的专业课教学过程中，图书馆由学科馆员、技术人员、数据管理人员组成的团队提供相关支持，全程参与教师的课程设计和教学实践活动。图书馆团队要与教师预先做好课程设计，共同完成教学目标的制定、教学内容的选择，并将数据素养的相关理论、方法有机地嵌入到课程中，让学生在掌握专业知识的同时也学会与之相关联的数据处理技能及应用数据环境。除了传统的课堂教学之外，网络在线课程也是图书馆提供数据素养教育的一种重要方式，图书馆可以通过已经建成的网络教学平台，将数据素养教育的概念、理论、方法、案例等以专题讲

座或视频甚至是动漫的方式制作成专门的课件供学生学习，还可以通过现有的图书馆导航系统或专题网页建立相关的数据资源导航，提供图书馆现有的数据服务信息及数据服务工具等。如美国的一些高校图书馆就在自己的资源导航中提供了数据资源列表、常用数据集、研究数据仓储等栏目，还有图书馆的特色数据、新购数据资源、数据馆员的联系方式等。

（二）与学生合作，嵌入学习环境

目前我国高校正在积极探索与实践创新性教育，尝试各种创新性学习方式。学生们在专业教师的带领下借助各种学习资源，采取多种多样的学习方式将新知识灵活应用，以解决实际问题。在这个过程中，学生们通过对特定问题相关知识、信息、数据的收集、分析、整合来完成全新的知识建构，在解决问题的过程中掌握新知识。整个学习过程强调以学生为中心，教师只是学生知识建构与应用的帮助者。而在创新性学习过程中，图书馆的学科馆员、数据馆员可以借助图书馆的信息共享空间、学习共享空间充分参与到学生的学习、讨论中去，用自己的专业知识为他们提供信息和数据收集、分析和评价的途径和建议。

图书馆员的服务还可以嵌入到学生的毕业论文（设计）写作中去。在选题和开题阶段，图书馆员可以利用自己熟悉和掌握各类数据库的特点和使用方法，帮助学生检索到高质量的文献信息；在数据收集与分析阶段，图书馆员可与专业教师合作，帮助学生用科学的方法分析和判断数据信息；在写作和完成阶段，图书馆员可以提供过去的最佳范例，提高学生的学习效率。在这个过程中不仅是学生运用所学的专业知识解决问题，提高自己的综合素质，也是学生对过去所学的有关数据获取、数据分析、数据评估等数据素养相关知识的积淀与提升过程，是学生专业知识掌握与数据素养共同提高的最佳路径。

（三）与科研人员合作，嵌入科研课题的全过程

国际上科学研究中数据管理法律框架、科研资助机构的数据管理要求、学术论文发表的原始数据共享规定以及所在机构数据保存政策等数据管理方面的政策与规范，对科研人员的数据管理素质提出了更高的要求，而图书馆在资源及数据采集、管理、整合与服务方面具备的优势成为其与科研人员合作开展数据素养教育的优势。如高校图书馆可以为科研人员提供数据存储、管理、共享与服务等帮助。

2011年起国内开始了对科学数据管理的研究，逐步关注数据素养教育，图书馆界也展开了广泛的研究。作为信息素养教育在数据时代的组成和延伸，数据素养教育在高等教育和科研体系中必将发挥基础支持性的作用，这对于数字化学习和科研环境中的用户应对环境变化，培养数据的获取能力、分析能力、辨析能力和分享能力具有不可替代的作用。从欧美国家的数据素养教育实践上看，美国国家自然科学基金、美国国立医学图书馆、英国联合信息系统委员会等基金组织、服务机构都在为数据管理、数据素养教育提供资金支持和研究支持，数据素养教育的内容和方式在不断扩展和丰富，已具有目标明确、层次分明、项目支持、合作广泛的特点。国内一批优秀的学者和图书馆员已经追踪到了国际图书馆服务的前沿，提出了许多国内开展此项服务和工作的建议和探讨，虽然目前国内还没有具体的数据素养教育的案例报道，但期待未来在该领域的研究中，有更加高效高质的设计和实践推出。美国数据素养教育领域的一个著名专家曾说过："数据素养教育不仅仅是传递如何处理手中数据的技能，更重要的是开拓下一代科学家开发和管理数据的视野和能力。"面对更高的要求和期待，图书馆作为数据素养教育的主要承担者，应回应用户的显性和隐性需求，与时俱进地创新性地改变服务内容和模式，在积极实践摸索中前进。

思考题：

1. 什么是信息？
2. 什么是信息社会？
3. 什么是信息素养？
4. 我国的信息素养有哪些？
5. 结合自身的学习和生活，谈谈信息素养的重要性。
6. 什么是数据素养？

上篇 媒介素养篇

第一章　信息传播与媒介发展

第一节　信息传播史与媒介发展史

加拿大传播学者麦克卢汉曾经发出过振聋发聩的预言——媒介即信息。信息的传递必须经由某种介质才能完成。在自然界，春秋更迭的信息往往通过各种自然现象进行传输。古人云“一叶知秋”，即信息传递过程，人们从变黄的树叶可以得知秋天来到了，这时候，树叶就是传递信息的介质。而现代人则有更多中介物可以了解天气变化和季节交替，如电视台的气象预报、手机App的天气应用。从树叶到电视再到手机，这种介质变化的过程就透露出了人类社会所使用的媒介发展变化的信息。因此从这个意义上，就不难理解麦克卢汉的那句经典断言：媒介虽然是承载信息的载体，但媒介本身也是信息。

一、人类信息传播历史的开端——从口语传播到文字传播

信息传播始终是渗透人类一切社会活动的现象，人类社会一经诞生，其生存和发展就与信息传播活动休戚相关。但我们远古时代的人类祖先是如何进行信息传播的呢？要了解这段历史，首先要分清两个传播学上的专有概念：人内传播与人际传播。

人内传播也称内向传播，即我们自己与自己的对话，是个人接受信息并在人体内部进行信息处理的活动，简言之，人内传播是自我思考的过程。这时候信息借助我们对外部世界的认知和个体的思维能力完成内部流动，在此基础上个体才可以进一步进行外向传播。人际传播即外向传播的一种基本形态。人际传播可以从广义和狭义两种角度进行定义和区分：广义的人际传播是指大众传播以外的所有其他人类传播类型，是一个人（或群体）不借助机器设备与另一个人（或群体）

互动的传播方式；狭义的人际传播是在两者或两者以上之间进行的面对面或凭借简单媒介，如电话、书信等非大众传播媒介进行的信息交流活动。[①]

辩证唯物主义认为，自然界从自身的发展中产生出能够思维的人，经历了一个漫长的历史过程，这个过程中有三个决定性环节：① 由一切物质所具有的反应特性到低级生物的刺激感应性；② 由刺激感应的反应形式到高级动物的感觉和心理；③ 由一般的动物感觉和心理到能动的人的意识的产生。然而在人类诞生后的漫长时期内，古人类之间的信息传递方式极其原始而简单，只有通过不同的表情和手势来进行，这种交流情形就如同我们在自然栏目中看到的大猩猩表达自己情绪时候的手势一样。直到语言诞生，人类才彻底完成了"从猿到人"的转变，人内传播和人际传播过程才变得更加丰富。

语言的诞生也经历了相当复杂的过程，从动物也懂得使用的声音信号，到把某些声音同特定的经验和行为相联系，再到把各种语音串联起来表达更为繁复的内容，直到这种属于人的技能在人类社会得以稳定地沿袭下去。传播学科鼻祖威尔伯·施拉姆认为，他们（人类）有了自己的语言工具之后，就能更有效地观察自己的环境并进行分类，带回情报以便做出决定并按照以前储存的信息做出决定，更有效地组织自己的社会关系，把自己学会的东西传授给社会的新成员。[②]一言以蔽之，有了语言，人类就能够比其他动物更有效地利用信息，但是只用口头语言进行信息传递同时也受到很多限制。一方面，口头传播的信息转瞬即逝，而人类的记忆能力有限，所以口头传播的内容很难完全被记录下来；另一方面，只使用口头语言没法对人类的认识对象进行高度的抽象、层层的演绎，口语社会不可能发展出博大精深的文化。美国民俗学家、荷马史诗研究专家米尔曼·帕里（Milman Parry）和他的学生洛德的研究显示，代表西方口头文化的荷马史诗并非此前普遍认为的那样灵动、自然，荷马史诗似乎有很多陈词滥调：一些反反复复使用的套语和标准化的主题——议事会、调兵遣将、对垒叫阵、对战败者的掠夺、英雄的盾牌等等。[③]荷马时代的希腊人之所以大量使用套语，是因为在口语社会唯

① 董璐：《传播学核心理论与概念》，北京：北京大学出版社，2008 年，第 2 页。

② ［美］威尔伯·施拉姆，威廉·波特：《传播学概论》，陈亮，周立方，李启，译，北京：新华出版社，1984 年，第 9 页。

③ Walter J.Ong.Orality And Literacy:*The Technologizing of the Word*，Methuen Co.Ltd，1983:23. 转引自李明伟：《长幼无间：口头传播与口语社会的社会化》，《北京理工大学学报（社会科学版）》，2007 年第 3 期，第 15—17，20 页。

有如此才能有效组织、传播和存储知识。[①] 只有文字出现后，人类才拥有真正有记录的历史，然而，早在文字发明以前，人类也通过在岩石上描绘形象和符号，制造各种人造物来进行最原始的记录活动。

毫无疑问，文字是人类最伟大的发明之一。无论是字母表还是方块字，都能够被用来传递信息，记录历史。苏格拉底曾讲述过埃及透特神的故事，透特去觐见法老，希望法老赐福他并祝贺他发明了文字——这一开启心智的发明。法老告诉透特："你是文字之父，出于爱把相反的力量归之于文字，其实文字的力量是……你发明的不是记忆的长生不老药，仅仅是帮助记忆的手段；你传授给学生的是智慧的表象；他们会无师自通，去读许多东西；表面上看，他们似乎知道许多事情，其实他们对大多数事物一无所知。"[②] 这是人类对文字爱恨交织的矛盾情感，文字让信息准确而长久地被保存下来成为可能。

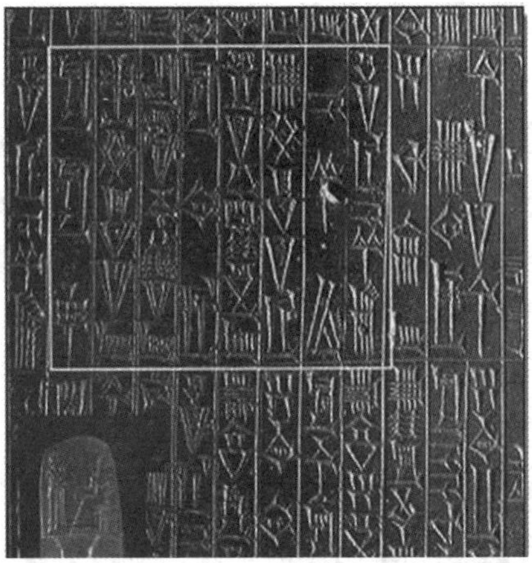

图 1-1　以楔形文字记录的公元前 1792–1750 年汉谟拉比制定的法典

人类所使用的主要有表音和表意两套文字系统。西文所使用的字母表是典型的表音文字系统，而中国的汉字则是表意文字的代表。中国古代的象形文字很多是对事物写实的描绘，经过上千年的演化使用至今。因此，除了记录言语或思想的功能之外，文字也是一套视觉符号，比其他符号更简单易懂，更有效率地传递信息。文字的产生和运用，也突破了口语传递信息时所受到的时间和空间的限制，

---

① 李明伟：《长幼无间：口头传播与口语社会的社会化》，《北京理工大学学报（社会科学版）》，2007 年第 3 期，第 15—17，20 页。

② ［加］戴维·克劳利，保罗·海尔：《传播的历史：技术、文化和社会（第五版）》，董璐，何道宽，王树国，译，北京：北京大学出版社，2011 年，第 44 页。

可以做到异时异地传播信息。文字是记录有声语言的书面符号系统，它是口语的书面再现，对推动人类文明的进步起了很大的促进作用。文字发明是文字传播的前提，也是人类进入文明社会的标志。

但是有了文字，并不意味着人类社会已经进入到大众识字的文明社会。大众识字在推广过程中必然遭遇到物质材料短缺、难以实现规模化的困难。正如《汉谟（穆）拉比法典》被镌刻在石头上一样，泥版、龟壳、木片、竹简、兽皮……这些自然物都曾经像纸张一样在记载文字方面发挥过重要作用。但同时，这些自然资源又是非常有限的，简便易得的书写材料和文字搭配才能实现信息的大规模传播。根据从埃及第一王朝大臣荷玛卡的萨（撒）哈拉坟墓中出土的一张没有书写过的纸莎草纸，学者们推断纸莎草纸的出现与埃及文明史的发端几乎同步。最早的纸莎草纸文献来自第五王朝末期（约公元前2500—公元前2350年）的阿布希尔神庙，主要记载神庙的收支情况。……大约（公元）前650年，纸莎草纸传入希腊，并很快成为东地中海通用书写材料。……而在阿拉伯世界，纸莎草纸的使命在公元8世纪中叶，阿拔斯王朝的哈伦—拉希德哈里发时期基本终结。据伊本-纳迪姆在《书目大全》中记载，哈伦—阿尔—拉希德执政时下令必须使用纸来书写。于是埃及人纷纷填平用于种植纸莎草的池塘、沼泽，清理沟渠的水草，拔除大量纸莎草，纸莎草种植和纸莎草纸生产逐渐绝迹。此后，中国发明的纸逐渐取代纸莎草纸，成为主要书写材料。维也纳的赖纳特收藏部有大约12,500件写在纸莎草纸上的文献，通过对这些藏品的研究，我们发现公元800年之前的文字一律写在纸莎草纸上，而这个年代之后的文献则越来越多地采用了纸作为书写材料。[①] 如图1-2所示。

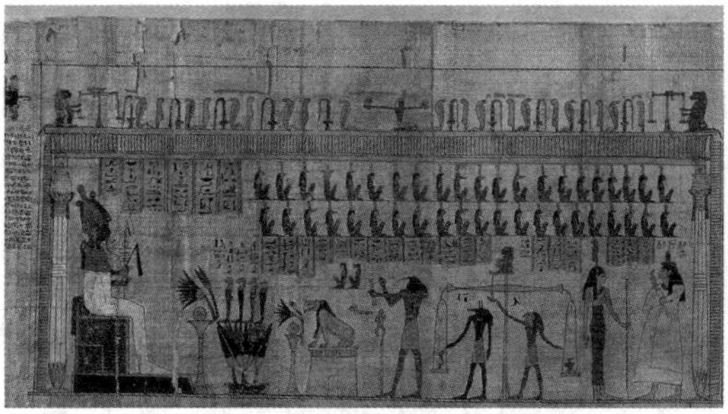

图1-2 描绘在纸莎草纸上的图画

---

① 《埃及纸莎草纸：承载了古代欧亚非文明，但它真的不是纸》，搜狐历史频道一看北朝，https://www.sohu.com/a/164745858_793726.

除了书写材料短缺之外，古代的文本生产主要依赖手工劳作，也就是要依靠人力抄写和誊写。这样的手工劳作效率低下，书写标准难以统一，书写出来的文本产品只能作为单行本档案留存，无法实现信息流通的目的。印刷术的发明，给大规模的文字复制带来了技术辅助，在纸张生产问题已经获得解决的前提下，使得文字传播更加平民化。亨德里克·房龙的《人类的故事》里，有一对颇为有趣的漫画式的插图：一幅画面上，一个蓬头垢面的人坐在小屋里，就着油灯微弱的亮光辛勤地抄写；而在另一幅画面上，一个人站在手动印刷机前，正得意地品味着手中书本散发出来的墨香。两幅图的说明道出了它们的含义：印刷术出现之前，修道院里受过专业训练的抄书匠，也要用 100 天才能抄完一本书，这意味着只有教会和富人才买得起书；而印刷术在欧洲普及之后，一个普通人用一天就能印出 100 本书，知识已不再是奢侈品。这两幅漫画背后，是一个改变世界的事件：在中国的雕版印刷和木活字传到欧洲之后，德国人谷腾堡在 1450 年左右发明了铅合金活字，又研制出木制印刷机。从此，欧洲人将活字印刷与机械相结合，开启了持续数百年的铅字时代。[①] 印刷革命推动了书籍的生产、报刊的印刷，从而使信息的广泛扩散成为可能。

二、人类信息传播历史的新纪元——电子媒介时代

人类信息传播的历史和信息传播媒介的发展历史在某些程度上是重合的。就人类传播媒介的实质而言，实际上包括两个层次：第一层次是最基本的传播符号，包括口头语言和体态语言；第二层次是承载这些最基本的传播符号的载体，也就是从时间和空间上传递和输送这些传播符号的工具，包括文字、印刷媒介、电子媒介以及数字媒介，等等。其中文字本身既是传播符号，又是信息载体，是一种特殊的信息传播介质。在前文的介绍中，我们简单了解了人类信息传播的早期阶段，即从口语传播到文字传播的历史。印刷技术的发展改变了早期人类的信息传播模式，信息可以被复制，远距离传播。早期的报纸成为当时人们获取外部新闻的主要渠道。这些报纸帮助人们弄清楚在所处环境之外的世界发生了什么，这些事件虽然远离自己，但是可能与自己的生活有关或产生影响。每份报纸都会被传来传去，因此不止一个人读过同样的内容。出版物中有关远方世界的报道，使大

① 《印刷术的千年变迁史》，中华印刷包装网，http://www.cpp114.com/news/newsShow_262630.htm.

量的受众能够定期获得信息，因此这种传播信息的新模式的重要性是不可低估的。[①] 早期报纸的分发多与各国的邮政系统相联系，新闻只通过信使进行传递，人们看到的信息往往是滞后的。随着可供利用的电流被发现，信息传输领域也随之发生了重大的变革。

首先是电报和电话的出现。电报极大提升了跨距离信息传输的效率。在麦克卢汉看来，电报的内容是书面词，借电力延伸而消除了空间的分离。从电报开始，马车信使就逐渐过时了。几乎从电报问世的1851年起，西部电气公司就在这个通讯（信）领域里称霸。……五年以后，它收购了美国西部的几家电报公司，更名为“西部电气”，……1861年，它完成了横贯东西两条电报线；……2006年1月27日，西部电气终止了电报业务，……长达155年的电报业务寿终正寝。[②] 由于电报设备多安置在专有业务部门，并且需要掌握莫尔斯电码和读写能力，因此电报并不具备普及到家庭的潜力，但以声音传播为基础的电话就很好地克服了电报的这种局限性。电话这种即时的双向媒介也极大地拓展了人际传播的方式，使快速有效的双向交流成为可能。电话的发明也第一次实现了人与人之间跨时空的即时互动。美国电影明星玛丽莲·梦露曾对别人说：“你知道我总是依靠谁吗？不是陌生人，不是朋友，是电话！它是我最好的朋友。”与其说电话是一种信息传播媒介，不如说电话是最便捷的人际交往工具。这种足不出户的交往方式也是电话在人类历史上所开创的新纪元。

接下来让人惊讶的电力应用非广播莫属。1893年，匈牙利人西奥多·普斯卡在布达佩斯连接700多条电话线进行了新闻传播，并称之为“电话报纸”。这可以说是广播的先声。[③] 两年之后，意大利的富家子弟古格里尔摩·马可尼成功进行了无线电通信试验，1901年年底，马可尼横越大西洋的无线通信试验获得成功，这次试验的成功，标志着人类在地球上的信息沟通可以不受任何限制了。无线电通信打开了异地之间信息快速传递的大门，但是无线电通信只能传递电码，而不能像有线电话一样传递人声，所以无线电通信的应用范围还是非常狭窄。一直以无

① ［加］戴维·克劳利，保罗·海尔：《传播的历史：技术、文化和社会（第五版）》，董璐，何道宽，王树国，译，北京：北京大学出版社，2011年，第146页。

② ［加］罗伯特·洛根：《理解新媒介——延伸麦克卢汉》，何道宽，译，上海：复旦大学出版社，2012年，第148页。

③ 李幸，刘荃：《传播媒介的历史之光——广播电影电视史论》，南京：南京师范大学出版社，2004年，第22页。

线电技术为美国国家气象局效力的雷金纳德·奥布里·费森登从他设在马萨诸塞州海岸的实验电台，以高频发生器连续无衰减发射技术（即调幅方式），朗读了《圣经》段落，并“祝大家圣诞节快乐”，还播放了亨德尔的音乐作品《舒缓曲》的唱片。这一天是1906年12月25日晚8时，航行在大西洋海面的一艘船上的无线电报务员通过耳机突然听到了这一切。因此这一天被视为无线电广播的诞生日。1908年，美国物理学家李·德·福莱斯特在法国巴黎埃菲尔铁塔上成功地进行了一次无线电音乐广播。此后，美国许多的无线电爱好者纷纷开设各种私人电台，播放音乐、商业广告和天气预报等。声音和无线电波的结合不仅让人类声音传递的范围更加广阔，更是给人类带来了第一个真正意义上的大众媒介。广播电台在全球各地迅速发展起来，把外部世界的信息快速传递给千家万户。

与此同时，在历史的漫漫长河里人们一直在使用画图的方式记录和存储信息，但是诸如岩画、壁画或者被描绘在各种材质上的图画所记载的信息仍然十分有限，并且不够写实。因此，对视觉信息的需求促进了摄影技术的诞生。19世纪30年代末，法国人路易·雅克·曼德·达盖尔创立了“达盖尔摄影法”，采取铜板作为影像的最终载体，也就是片基，使用光敏银层作为感光材料，“显影”与“定影”工艺完整，已经全面完成了现代摄影的基本工艺。达盖尔用银版法拍摄于1837年的《工作室一角》，被认为是首次定影成功的金属银盐干板，并作为摄影术发明的凭证，收藏于法国巴黎摄影家协会。他的另一幅银版作品《巴黎寺院街》场面宏伟阔大，景物错落有致，具有强烈的空间感，虽历时160余年，仍令人刮目相看。[①]如图1-3所示。到了19世纪90年代，达盖尔的这项发明被投入商业使用，照片被复制到报纸上，而在此之前，报纸上的图片记者可都是“绘图员”，就连战争或者突发事件的场面都能够被绘图员描绘下来印刷到报上。因此也就毫不奇怪，为什么直到大约1885年的时候，摄影历史上还没有哪位摄影师因为只擅长新闻报道而出名，或者长期只为出版机构工作。[②]因为相较绘图员快速高效的线条勾勒，那时候的照片成像周期实在是太漫长了。

① 千叶：《摄影术的正式诞生——达盖尔的“银版摄影法”》，全球摄影网，2018年5月14日，http://www.g-photography.net/novice/history/news_22105.html.

② ［加］戴维·克劳利，保罗·海尔：《传播的历史：技术、文化和社会（第五版）》，董璐，何道宽，王树国，译，北京：北京大学出版社，2011年，第203页。

图 1-3 《巴黎寺院街》，达盖尔 摄，1837 年

摄影术使报纸和杂志中的插图有了新的面貌。当照片能够运动起来的时候，人类信息传播历史上出现了电影。现代电影起源于 19 世纪末的西方，我国古代的皮影戏和走马灯也运用了与电影同样的视觉原理，但是最终 1893 年迪克生与爱迪生搭建的“黑囚车摄影棚”被视为美国电影史的开端，同时也揭开了全球电影史的序幕。如果说广播的出现，是让人们更迅速地了解一个他们不知道的外部世界，那么电影则在更大程度上满足了人们对娱乐的需求。广播让听众收听到一起事件，电影则让观众看到一个故事。1895 年 12 月 28 日这一天，也被视作是世界电影的诞生日，法国的卢米埃尔兄弟在巴黎卡普辛大街 14 号的大咖啡馆地下室第一次公开售票播放电影，先后放映了《工厂大门》《火车到站》等 12 部短片。但这时候的电影还没有声音，人们只能从银幕上看到几乎没有任何故事情节的纪实镜头。可就是这种“再现生活”的电影创作方式，具有极大的真实感和震撼力，使电影超越了单纯的信息传播媒介，作为一种艺术形式登上了人类传播的历史舞台。

在 20 世纪 30 年代后期，广播电台每日的播放业务已异常繁忙，谈话节目、音乐节目、广播剧以及各类新闻节目充斥着听众的鼓膜。广播电台的广告营收日益丰厚，美国的总统们也将广播视为塑造良好个人形象的舞台。1933 年 3 月 12 日，是美国总统罗斯福就任总统后的第 8 天。当时的美国正处在经济大萧条时期，银行成批倒闭，证券交易所关闭。为了恢复国民信心，罗斯福在总统府楼下外宾接待室的壁炉前接受美国广播公司、哥伦比亚广播公司和共同广播公司的录音采访。当时，工作人员在壁炉旁装置扩音器，罗斯福以亲切诚挚的声调、质朴实用的语句，对全国人民就银行暂停营业的问题进行了耐心的解释、劝告和教育。这就是美国政治历史上著名的也是广播发展史上最为著名的“炉边谈话”。罗斯福在其12年总统任期内，共做了30次炉边谈话。广播所传递的罗斯福总统的声音充满着感染力，这就是广播的魔力。

同样作为美国总统，肯尼迪在塑造自身形象时使用了另外一样传播利器——电视。肯尼迪是美国历史上著名的“电视总统”。

从广播电视技术发明的进程可以看出，传送声音和传送图像的实验是同步进行的，有时图像的实验还走在前面。只是因为传送图像在技术上要复杂一些，电视的播出才比广播电台晚了十几年。[①] 电视同样要解决远距离传输信息的问题，但电视既要传送声音，又要传送图像，因此尽管在此之前人们已经有了电话、广播和电影，可是仍然没有一样技术可以完美地将上述技术结合在一起。电话致力于人际传播，广播致力于传送声音，电影则致力于图像记录，电视几乎是技术进步到一定阶段之后自然而然的产物。俄裔德国科学家保罗·尼普科夫还在中学时代，就对电器非常感兴趣。当时电灯和有轨电车已经取代了古老的油灯、蜡烛和马车，电话已出现并得到了普及，海底电缆联通了欧洲和美洲，这一切给人们的日常生活带来了极大的方便。后来尼普科夫到柏林大学学习物理学，他开始设想：能否用电把图像传送到远方呢？经过艰苦的努力探索，他发现，如果把影像分成单个像点，就极有可能把人或景物的影像传送到远方。不久，一台叫作“电视望远镜”的仪器问世了，这就是标志着电视史开端的“尼普科夫圆盘”。1884年11月6日，尼普科夫把他的这项发明申报给柏林皇家专利局。在他的专利申请书的第一页这样写道：“这里所述的仪器能使处于A地的物体，在任何一个B地被看到。”一年后，专利被批准了，这是世界电视史上的第一个专利。1924年春天，英国发明家贝尔德利用导线发射和接收了一朵十字花图像，尽管发射地与接收地的距离只有3米，影像也只有模模糊糊的轮廓，但这是对尼普科夫圆盘的第一次应用。随着技术和设备的不断改进，贝尔德电视影像的传送距离有了较大的延伸，电视屏幕上也首次出现了色彩。贝尔德本人则被后来的英国人尊称为“电视之父”。俄裔美国科学家兹沃雷金，开辟了电子电视的时代。1924年兹沃雷金的研究成果——电子电视模型出现。随着电子技术在电视上的应用，电视开始走出实验室，进入公众生活之中，成为真正的信息传播媒介。到了1939年，英国大约有两万个家庭拥有

① 李幸，刘荃：《传播媒介的历史之光——广播电影电视史论》，南京：南京师范大学出版社，2004年，第182页。

电视机，美国无线电公司的电视也首次在纽约世博览会上露面。不久之后爆发的二战使得刚刚发展起来的电视事业几乎停滞了10年。战争结束以后，电视工业又蓬勃发展起来，电视也迅速流行起来。

1960年，美国总统竞选首次采用了电视辩论的形式。年轻帅气的肯尼迪在电视镜头中占足了先机，然而电视机里的尼克松看上去则总是无精打采。肯尼迪潇洒英俊又亲民的气质通过电视屏幕传递到选民眼中，令很多人过目不忘。肯尼迪于当年的11月8日当选为美国历史上最年轻的总统。不得不说，电视机帮了他的大忙。

电子媒介时代可谓是人类信息传播史上熠熠生辉的时代，广播、电视先后登场，终于占据了信息传递的视听通道。尤其在电视出现后，这种声像兼具的信息载体大受欢迎，经过几十年的发展，电视在人们的生活中无处不在。以节目为其基本表现形态的电视信息传播，用各类节目吸引了观众的视线，新闻节目、娱乐节目、体育节目、教育节目等，异彩纷呈。但无一例外的是，这些节目都是电视节目编导拍摄、剪辑和后期合成的结果，都有或长或短的制作周期。作为信息用户的人类是“贪心的”，他们不满足于只作一个信息的被动接受者，他们在探求，在广播电视之外，有没有一种信息传播媒介，是可以实现即时传递的，这里所说的当然不是电话，而是一种突破人际传播模式的大众传播的即时传递。这样的不满足，也预示着人类传播史上一个新时代的到来。

三、人类信息传播历史的交互之光——数字媒介时代

自从人类掌握了信息技术的要义，人类就一直在探索如何能够摆脱信息媒介自身带来的时间和空间的限制，人类也一直在探索如何让信息传递方式变得更加简化。书籍自诞生以来一直被使用至今，印刷技术不断在进步，人们看到的书籍印刷越发清晰，装帧日益精美，价格日渐低廉，但我们如果想看到一本书，却必须经过排版、印刷、销售以及储存等多个环节。同样的，人们可以随时随地打开广播按钮收听音乐节目，可以舒服地窝在沙发里遥控电视看电影，但是所有的这些节目都需要经过专业人员的制作和筛选，在看似浩渺的信息洪流面前，人们还没有掌握主动权。或者换句话说，在报纸、电视、广播为主导的大众媒介时代，信息传递是不对等的，一方永远是信息输送者，而另一方永远在被动等待和接受。

柏拉图曾经在他的《对话录》里描绘过讨论会的雏形，参与者不分伯仲，各

抒己见。在人类信息传播史上最先出现的口头传播者，可以追溯到前文字社会里讲故事的人或行吟诗人，他们走村串户，传递消息、分享信息，他们可以被视为最早的收发信息的节点。而听到消息的人可以继续把信息扩散出去，成为下一个信息节点。这些节点与节点之间通过信息流相互联结，最终构成了一张信息互联之网。

电子时代的互联网是为美军工作的科学家组建的。研究人员试图发展一种能够抵御核攻击的电脑网络，当网络的一部分遭受破坏而失效时，网络的其他部分仍然能够维持正常的通信。1969 年 11 月 21 日，科学家和军事专家们汇集在加州大学洛杉矶分校，观看一台计算机与数百英里外的斯坦福大学的另一台计算机进行数据传输和交换试验，结果获得成功。同年底，又成功地将四个结点联网，这最初只有四台计算机的通信网络被称为阿帕网（Advanced Research Projects Agency network，ARPAnet），它的诞生标志着人类历史从此掀开了网络时代的崭新一页。[①]信息社会的高速公路也由此建成，信息以比特（bit）的形式在信息高速路上以光速传输，人类开始进入尼葛洛庞帝所说的“数字化生存”时代。尼葛洛庞帝指出：过去，大部分的信息都经过人的缓慢处理，以书籍、杂志、报纸和录像带的形式呈现；而这，很快将被即时而廉价的电子数据传输所取代。这种传输将以光速来进行。在新的形式中，信息将成为举世共享的资源。[②]

互联网自诞生至今，已经走过了近 50 年的历程，互联网技术在信息传播领域给人类带来了颠覆性的体验。互联网作为一个信息传递的平台，是一个开放系统而不是一个封闭系统，这种开放一方面体现在其高度的兼容性上，即不同网络可以通过网络协议相互传输信息和交流信息；在虚拟的互联网空间里，全球各地的使用者互相联系，这些人在网络上自由交流，交换信息；互联网还能够把报纸、广播、电视的优点集中在一起，发展出一种经过优势整合的综合性新媒体。另一方面，互联网系统可以通过局部更新换代不断升级成长，例如 Web1.0 到 Web3.0 的变化就是在这几十年中所发生的更新迭代。另外，互联网还是一种具有全球性特质的信息传媒介质。互联网平台中的信息传递完全不受物理疆域的限制，也不受现实时间的制约，让地球成为真正意义上的“地球村”。有意思的是，2015 年

① 杜骏飞：《网络传播概论（第三版）》，福州：福建人民出版社，2008 年，第 21 页。

② 尼古拉·尼葛洛庞帝：《数字化生存》，胡泳，范海燕，译，海口：海南出版社，1997 年第 3 版，第 12 页。

在我国浙江乌镇举办的第二届世界互联网大会开幕式上，国家主席习近平致开幕词时说道：“纵观世界文明发展史，人类先后经历了农业革命、工业革命、信息革命。每一次产业技术革命，都给人类生产生活带来巨大而深刻的影响。现在，以互联网为代表的信息技术日新月异，引领了社会生产新变革，创造了人类生活新空间，拓展了国家治理新领域，极大提高了人类认识水平，认识世界、改造世界的能力得到了极大提高。互联网让世界变成了‘鸡犬之声相闻’的地球村，相隔万里的人们不再‘老死不相往来’。可以说，世界因互联网而更多彩，生活因互联网而更丰富。”习近平主席的致辞准确、生动、形象地总结了互联网所具备的全球性特质。

互联网中的信息传递和传统的印刷传播、电子技术传播的最大不同之处在于信息传递的交互性，它意味着网络空间进行的是一种双向的信息流动。信息用户不再只是被动等待信息的人，他们同时也是网络信息资源的生产者和提供者。过去一对多的大众传播方式被改变，现今人类传播行为是基于平等关系之上的信息共享行为。这就回到了柏拉图《对话录》所提到的讨论会模式，最终所有技术的发展都是殊途同归，回到人类传播行为的本质目标——互动上来。为了更快捷地实现这种互动，互联网不仅连接了全世界不计其数的电脑设备，还连接起了各类轻便的移动终端设备。

数字媒介时代发展至今，已经进入移动传播模式，这是数字化技术和通信技术的完美结合。移动通信技术可以将移动中的人群联系起来，信息传播范围广泛，普及人数众多，这一技术给人类带来了全新的生活方式。作为移动通信技术的手机，不仅是人们用来通话的工具，还是各种日常应用、多种媒介形态的集成者：手机是照相机、收音机、电视机和电影放映机；手机可以作为笔记本、闹钟、地图、支付工具、商店、课堂……最为重要的是，手机的功用不是固定不变的，智能手机就是一部小型个人电脑，具有独立操作系统，不断升级更新，同时用户可以根据自身需要随意下载安装各类应用程序，让手机成为麦克卢汉所说的“人的延伸”。手机媒体不仅把其他媒体变为自己的内容，而且延伸了人体的机能，使人能够在移动状态下收发信息。[①] 有一组数据可以很好地描绘当今现状：截至 2017 年 12 月，我国手机网民规模达 7.53 亿，网民中使用手机上网人群的占比由 2016

---

① 王长潇，曾辉：《超越传统——电视影像传播的嬗变》，北京：中国传媒大学出版社，2014 年，第 167 页。

年的95.1%提升至97.5%；与此同时，使用电视上网的网民比例也提高3.2个百分点，达28.2%；台式电脑、笔记本电脑、平板电脑的使用率均出现下降，手机不断挤占其他个人上网设备的使用。以手机为中心的智能设备，成为“万物互联”的基础，车联网、智能家电促进“住行”体验升级，构筑个性化、智能化应用场景。[①]

所有信息传播方式的变革和进步，最终都是为了满足人类的信息需求。我们要理解媒介，不仅要了解人类信息传播的历史，更要理解在一场接一场由人主导的信息革命中，作为信息使用者的人又扮演了怎样的角色。

第二节　媒介变革中的信息用户

麦克卢汉把媒介技术比作人体或者人类感官的延伸，认为不同的信息传播技术会影响人类感觉的组织，并提出了“感官平衡”的概念。在麦克卢汉看来，人类对于信息传播和相应技术发展的迷恋，正因为人类身体的有限性，因此要通过技术将自己的身体无限向外延伸。例如，文字与印刷媒介是眼睛的延伸，延伸了人类的视觉；广播是耳朵的延伸，延伸了人类的听觉；电视则是全身感觉器官的延伸，可以代替人类去看、去听、去行走、去感受……麦克卢汉认为媒介对人体的延伸有三个阶段：“在机械化时代，我们实现了自身在空间中的延伸。如今，在经历了一个多世纪的电子技术的发展之后，我们已在全球范围延伸了我们的中枢神经系统，在我们的星球范围取消了时空。目前我们正在很快地接近人体的延伸的最后阶段——意识的技术模拟阶段，在这个阶段，知识的创造性过程将被集体地、共同地延伸至整个人类社会，如同我们已通过各种媒介延伸了我们的感官和神经一样。”[②]作为已经被延伸了各个感知器官的信息用户，人类在对信息传播技术使用过程中的表现也存在着明显的差异。

---

① 中国互联网络信息中心：第41次《中国互联网络发展状况统计报告》，2018年3月5日发布，http://www.cnnic.cn/hlwfzyj/hlwxzbg/hlwtjbg/201803/t20180305_70249.htm.

② McLuhan，Marshall，*Understanding Media*，（second edition）New York：McGraw-Hill Book Company，1964，p.19. 转引自张咏华：《媒介分析：传播技术神话的解读》，上海：复旦大学出版社，2002年，第66页。

一、大众传播媒介的强效果

在对传播媒介效果的研究过程中，学者们观察到很多有趣的事例：

这全是纳尔逊·埃迪（Nelson Eddy）的错。75年前的一天——1938年10月30日，晚上8点，数百万美国人打开收音机收听美国全国广播公司（NBC）的节目——《蔡斯和桑伯恩时间》(Chase and Sanborn Hour)。这是一档很受欢迎的综艺节目，主角是口技艺人埃德加·伯根（Edgar Bergen）和他的口技表演用的假人查理·麦卡锡（Charlie McCarthy)。伯根和麦卡锡完成了节目的第一版块——关于“不给糖就捣蛋”的常规节目。广播员把麦克风传给了当时颇受欢迎的男中音歌手埃迪。他与珍妮特·麦克唐纳（Jeanette MacDonald）一起主演了一系列米高梅（MGM）轻歌剧。

然而，当埃迪开始唱起《流浪者之歌》(Song of the Vagabonds）那慷慨激昂的军事曲调时，一些人把电台频率调到了当时受欢迎程度较低的美国哥伦比亚广播公司（CBS）——美国全国广播公司的竞争对手，刚好及时收听到了一段打断舞蹈节目的特别播报。一名芝加哥（Chicago）天文学家称，已观测火星上的“几次炽热气体爆炸”，有神秘物体正以“超高速”袭向地球。随后，一个巨大燃烧物撞向了靠近新泽西州（N.J.）Grover's Mill的一个农场，距离特伦顿（Trenton）22英里。人们认为，这个燃烧物是一块陨石。

据现场记者描述，有几十个“有点像巨蛇”的生物从巨坑里爬出来，其中一个头部喷出一道火焰，烧毁了汽车和建筑物，造成人员伤亡。听众们都吓呆了。广播里都是尖叫声，随后突然陷入一片寂静。入侵者来袭，整个美国——或者很大一部分美国人——都陷入了恐慌。第二天早晨，《纽约时报》(New York Times）报道：“成千上万的广播听众陷入了恐慌情绪，至少20名成人需要接受休克和癔病的治疗。”

实际上，听众们都错过了开头的部分——这根本不是现场广播，而是根据赫伯特·乔治·威尔斯（H.G.Wells）小说《世界大战》改编而成的戏剧，由23岁的纽约戏剧导演奥森·威尔斯与他的水星剧团成员共同制作而成。《水星剧场广播》收听率很低，以至于还没获得过一个赞助商的亲（青）睐，这意味着没有商业广告会打断这个长达一小时的节目（尽管也有定期的插播声明这个节目是虚构的）。

这一切听起来十分真实。尽管《美国经历：世界大战》(American Experience:

War of the Worlds，一部关于威尔斯广播剧的全新纪录片，当时即将在美国公共广播公司播出，并发布 DVD 影碟）的制作者们极力澄清事实，但处于 1938 年的人们早已相信这是一个真实可信的消息。正受到侵略军威胁的民众已无法理性面对所谓火星人的威胁。前一个月，听众已习惯收听有关捷克斯洛伐克（Czechoslovak）的新闻简报，英和法两国迅速与希特勒（Hitler）签订了慕尼黑协定（Munich accords）。广播剧《世界大战》仅距第二次世界大战仅一步之遥。[①]

这就是人类传播媒介发展历史上赫赫有名的“火星人入侵地球事件”。虽然无法亲历当时美国人的那种恐慌，但是一档广播剧造成如此轰动的效果，让人们无法小视广播这种媒介的威力。因此有很多研究者认为，传播媒介拥有无法抵抗的强大力量，它们所传递的信息作用于受传者身上就像子弹击中躯体或药剂注入皮肤一样，可以引起直接速效的反应；它们能够改变人们的态度和意见，甚至直接支配它们的行为。传播学效果中的“皮下注射论”（或“魔弹论”）由此而来，这一理论也是大众媒介具有强效果的佐证。尽管在今天，我们仍然能够看到很多大众传媒具有强效果的实例，比如容易被大众传媒播放的广告所诱导的消费者，但这一理论的问题在于，它只是把传播过程简单化为全能的媒体对分散的大众所进行的信息传递，过分夸大了大众传播的力量和影响，忽视了影响传播效果的各种客观社会因素，并且否定了受众对于大众传媒信息具有主观能动的选择和使用能力。就像普林斯顿大学一个由哈德利·坎特里尔（Hadley Cantril）领导的研究小组后来对整个“火星人入侵地球事件”做了快速研究，包括分析报纸就该事件所做的评论、分析从调查和个人访谈中获得的数据；该项目研究组还侧重研究了那些信以为真的人的特征，结果发现，他们的评判力、自信心和安全感都比那些听出节目只是一个广播剧的人要差。在 20 世纪 40 年代左右的时间里，人们所能接触到的信息传播媒介非常有限，仅仅局限在报纸、广播和电影几种媒介所传播的内容上，学者对媒介具有强效果这一观点很容易达成普遍共识。

二、大众媒介的有限效果

到了 1940 年，美国总统竞选正在当时的两位总统候选人之间进行，哥伦比亚大学的一个研究小组，开始对“选民如何在总统大选时做出决定”进行研究，研

① 《1938 年的不速之客——火星人入侵地球》，中国日报网，2015 年 6 月 4 日，http://www.chinadaily.com.cn/interface/toutiao/1139301/2015-6-4/cd_20908744.html.

究在俄亥俄州的伊里县（Erie County）进行。研究进行了7个月之后，研究小组开始对后期数据进行统计和整理，直到4年之后这项调查研究的结果才正式出版，这就是被视为传播效果研究经典之作的《人民的选择》，研究小组成员有拉扎斯菲尔德、贝雷尔森和哥迪特（新译：高德特）。《人民的选择》研究项目得出了一个让人吃惊的结果，它指出，接触媒介报道的大选信息对改变（Conversion）受众的选举倾向的效果几乎是零；接触报道产生的一个更为重要的效果，是强化（Reinforcement），即它更让选民确信，自己原本的倾向是有益而且正确的。拉扎斯菲尔德等人的研究确实证明了，选民对选举宣传材料的注意是有选择性的，原因之一是选民本身接触的外部因素，也就是选民所处的环境决定了受访者的阅听内容；原因之二在于选民本身尚未意识到的心理既有倾向的影响，他们设法选择那些短暂的、刺激的信息流，通过这些信息，他们更易于被劝服。因此，他们阅听到的信息越多，就越容易相信自己观点的正确性，最终做出决定。① 在对选民进行抽样调研基础之上得出的媒介有限效果理论与之前的魔弹论不同，此次调研中，媒介并未显示出强大的效果，而只显示出极有限的效果。并且，从有限效果论中产生了一个至今依然重要的原则，即选择性接触（Selective Exposure）之说。这一观点认为，人们会被鼓动去接受他们已经赞同的信息。

选择性接触与党派和政治意识形态紧密联系，具有较强的党派意识者更倾向于认同与自己相同的价值观，并且选择与自己思想重合的信息。这并不奇怪，考虑到这类信息更容易获得，并且这些思想诉求更加与个人利益相关。这些与自己相关的信息首先简化了筛选信息所需要的认知过程。当信念对自身重要，人们寻求信息以确认原有信念，他们就不会去接触与自己理念不一致的信息。因为可能导致认知的混乱人们会放弃接触与自己信念不一致的信息。②

选择性接触仅仅是一个信息寻求的策略。虽然认知失谐理论预测人们倾向于寻求与自己政治理念与信仰一致的信息，但它并不表示人们故意排除接触与自己理念相左的信息。这种选择策略仅仅是人们在阅读信息时的一个优先处理的心理出发点，现实行为中，在做这种选择的同时，非优先的信息处理也可能发生，甚

---

① 详见［美］保罗·F.拉扎斯菲尔德，伯纳德·贝雷尔森，黑兹尔·高德特：《人民的选择——选民如何在总统选战中做决定（第三版）》，唐茜，译，北京：中国人民大学出版社，2012年，第67—70页。

② 柳旭东，李喜根，刘洋：《互联网传播环境下的选择性接触与偏轨接触》，《学海》，2017年第2期，第123—129页。

至是与优先处理同时发生。这一推论已经为近年来的实证研究结果证实：当人们阅读与自己政治理念一致的信息时，也在同时接触与自己原有观点相左的信息。认知失谐理论也认为，如果不一致的信息有助于未来的决策，受众也愿意了解与自己观念对立的信息。这说明人们的信息处理与接触是复杂的，单一的确认原有意识态度的动机不能解释所有的信息选择过程，忽视这一信息认知过程中的干扰因素，我们就不能完全理解为什么在政治意识形态的动机下，人们依然会接触观点理念对立的异质信息。①

上述观点为研究者对互联网环境中的选择性接触行为所做的深入思考。我们在对人类信息传播行为的观察中，仍然可以沿用这类经典理论对人类行为做出解释。

三、对大众媒介的使用与满足

伴随大众媒介技术的发展进步，信息用户对媒介使用的动机越来越以满足个人的需求为主。很多学者都提出了自己所认可的媒介使用与满足模式，其中传播学者伊莱休·卡茨（Elihu Katz）、迈克尔·古列维奇（Michael Gurevitch）和哈达沙·赫斯（Hadassah Hass）将信息用户使用大众媒介相关的需求分成五大类：

- 认知的需求：获得信息、知识和理解
- 情感的需求：情绪的、愉悦的或美感的体验
- 个人整合的需求：加强可信度、信心、稳固性和身份地位
- 社会整合的需求：加强与家人、朋友等的接触
- 舒解压力的需求：逃避和转移注意力

卡茨等人所提出的这五大类需求，与经典的马斯洛需求层次理论的某些方面非常吻合。美国心理学家亚伯拉罕·马斯洛在 1943 年的《人类激励理论》论文中提出，人类需求像阶梯一样从低到高按层次分为五种，分别是生理需求、安全需求、社交需求、尊重需求和自我实现需求。如图 1-4 所示。

① 柳旭东，李喜根，刘洋：《互联网传播环境下的选择性接触与偏轨接触》，《学海》，2017 年第 2 期，第 123—129 页。

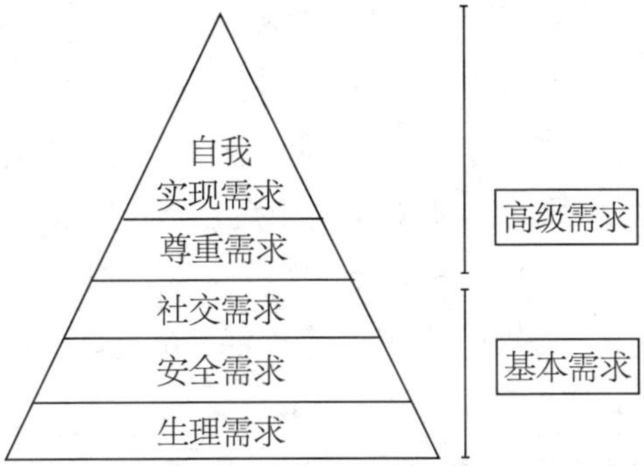

图 1-4　马斯洛需求层次理论示意图

在用户对信息媒介的使用过程中，也存在类似的需求层次，即卡茨等人所指出的人类使用信息最基本的需求是认知和情感，之后才是更高一级的个人整合和社会整合需求，这类似于马斯洛需求层次中的高级需求。

温州大学王佑镁做过一个关于侨乡留守儿童媒介使用与满足的调研。侨乡留守儿童又称为国际留守儿童、侨眷型留守儿童，也有学者称之为“富裕留守儿童”或者“海外留守儿童”。侨乡留守儿童是新时期我国社会发展中出现的一个分布广泛、数量众多的独特群体。侨乡留守儿童不同于一般意义上的留守儿童。在社会学等领域中，留守儿童一般是指父母一方或双方因务工、经商、长期出差在外等流动到其他地方，自己留守在户籍老家，与父母或父母一方分离生活长达 6 个月及以上的 14 周岁以下的儿童。而此研究中的侨乡留守儿童主要指父母（新华侨华人）均在国外，个体则作为侨眷留守于国内侨乡的 18 周岁以下的儿童。这些侨乡留守儿童因户籍、国籍、家庭关系等问题，既不属于体制内的农村留守儿童，也不属于外籍儿童，侨乡留守儿童的发展、成长与教育问题正成为新时期区域教育发展的难点。这一研究力图从媒介的使用与满足视角，来揭示侨乡留守儿童的媒介社会化使用需求。

调研发现，对于侨乡留守儿童而言，媒介的使用场合主要在于亲情沟通和学习指导（汇报）。在媒介技术使用上，调查显示，传统的手机和电话与新兴的互联网成为留守儿童与其海外亲人沟通的两大媒介，分别有 67% 的调查对象选择了手机或电话，65% 的对象选择使用网络聊天等网络媒介。随后依次是电子邮件（10%）、数码相机（3%）、传真（2%）。同时（调查）也发现，媒介的多样化也使得沟通和传播工具的多样化，43% 的调查对象使用两种以上的媒介进行家庭教育、父母沟通和亲子交流。在使用这些媒介的经验上，67% 的使用者都（有）超过两年的使用历程，20% 的使用者使用历程为“1 ～ 2 年”，13% 的使用者使用历程“少于 1 年”。从使用场所来看，95% 的使用者均在“家里”使用，其他使用场所包括“单位或者学校”（1.6%）、“公共场合”（3.2%）、“其他场所”（3.2%）等。由此（研究）也发现，学校尽管拥有丰富的媒介介入技术，但始终没有照顾到侨乡留守儿童的现实需求，这也是当前侨乡学校信息化建设的一个急需解决的问题，也是侨乡留守儿童实现数字融合的一个可以提升的空间。在媒介使用的频度上，由于信息与通讯（信）技术的便利性及普及性，加之中国人对子女教育学习的重视，留守儿童使用媒介的频度较高，有 20% 的调查对象每天与海外亲人学习交流，42% 的调查对象大概频率为“一周”，当然也有 23% 的调查对象交流的频率为“一个月左右”。总体而言，还是符合双方的实际情况。在外的华人华侨一般以经商务工为主，工作较为紧张，条件也较为艰苦，加之时差的原因，沟通频率总体上算不上频繁，但也能够满足需要。交流频率过长的比例如此之多，也可以解释侨乡留守儿童缺乏父母监管，造成前述问题儿童的主要缘由所在。①

不同人群使用媒介的目的不同，这就是媒介使用满足理论所强调的主要论点。从这个观察视角出发，我们可以深入探讨信息用户使用大众媒介的各种心理动机，这对于了解受众的根本需求非常有帮助。

四、大众媒介给信息用户造成的信息鸿沟

在上文中，我们使用了学者的调研作为案例来解释信息媒介的使用与满足，但是触动学者进行这项调研的外在原因，却是其发现侨乡留守儿童在媒介使用的过程中是被边缘化的，他们在信息技术的使用上和城市儿童之间有着较大的差距。这种现象并不新鲜，学者早就指出，随着大众传播媒介向社会传播的信息日益增多，社会经济状况较好的人将比社会经济状况较差的人更快地获得这类信息。这种在不同国家、地区、行业、人群之间由于对信息和通信技术应用程度的不同以及创新能力的差别造成的“信息落差”被称为“信息鸿沟”（Information Divide）或者“数字鸿沟”（Digital Divide）。大众传播学理论中也有类似的“知识沟假说”（Knowledge-gap Hypothesis）。

关于这个假说有一个事例：20 世纪 60 年代，美国社会对教育平等的呼声很

① 王佑镁：《数字融合与边缘重生：新时期侨乡留守儿童的媒介使用与满足》，《远程教育杂志》，2013 年第 1 期，第 86—92 页。

高，美国政府为回应这一呼声，提出通过大众传播手段改善贫困儿童受教育的条件，拍摄和播出电视教育节目《芝麻街》就是其中一项很重要的项目。该节目的播出目的是为那些家庭贫困的儿童提供学前启蒙教育的机会，缩小贫富儿童学前教育的差距。这个教育节目播出后，尽管对贫富儿童产生的教育效果非常良好，但是经过调查后却发现，富裕儿童对节目的收视贡献率要远高于贫困儿童，而对其的教育效果也要好于对贫困儿童的。因此这个项目不但没有缩小不平等，反而扩大了贫富儿童之间的差异。

美国传播学者菲利普·J.蒂奇纳（Philip J. Tichenor）、乔治·A.多诺霍（George A. Donohue）和克拉丽斯·N.奥里恩（Clarice N. Olien）在1970年发表的《大众传播流动和知识差别的增长》一文中最早提出了“知识沟假说”。除了接触媒介和学习知识的经济条件外，蒂奇纳认为还有五个因素是造成“知识沟”扩大的原因。

第一，传播技能上的差异。

受教育程度高的人具有较强的理解能力和较大的阅读量，这有助于他们对公共事务和科学知识的获取。

第二，知识信息储备上的差异。

从先前的大众传媒和正规教育渠道得来的知识越多，这些见多识广的人对新事物、新知识的理解与掌握也就越快。

第三，社会交往方面的差异。

教育通常意味着日常行动圈子较大，参与更多的社会团体，人际交往更多，由此扩大了与他人讨论公共事务话题的机会。社交活动越活跃，交往的范围越广，获得知识信息就越快、越多。

第四，对信息的选择性接触、接受、理解和记忆方面的差异。

对信息的选择性接受和记忆，可能是态度与受教育程度综合作用的结果。大众媒介的研究始终发现，人们往往以符号（既有信仰又有价值观）的方式解释记忆信息。也就是说，个人生活的水准、层次与大众传媒的内容越接近，对媒介的接触和利用程度就越高。

第五，发布信息的大众媒介系统性质上的差异。

迄今为止，传播有一定深度的关于公共事务和科学知识的媒介主要是印刷媒介，其受众主要集中于高学历阶层。这与当今的广告不同，科学知识、公共事务和新闻一般重复较少，而重复有利于社会地位低的人群对话题的学习与熟悉。

互联网技术的普及并没有填平或者缩小不同信息使用者之间的知识沟或者信息鸿沟，相反，新技术的发展速度越快，信息鸿沟加深的可能性反而越大。

五、大众媒介制定的信息议程

施拉姆认为，最典型的传播格局其实是一种扩大了的双向关系，双方地位平等，共享同样的符号系统，“各自都在对一系列符号进行工作，一方参加者提出他要在这次交易中出手的符号，另一参加者则对其要得到的符号进行解释……双方都在采取行动”[①]。在上述几点中，我们几乎都在讲信息接收者对大众媒介的使用及产生的效果而忽视了信息传播者所扮演的重要角色。1963年，美国学者科恩在谈到大众传播的影响时非常形象地说：“新闻媒体远不止是一个信息和意见的提供者。很多时候，它可能并不能成功地告诉人们怎么想，但是在成功地告诉它的读者想什么方面，它却极为出色。因而，对于不同的人来说，这个世界是不同的，这不仅因为他们的兴趣有所不同，还因为记者、编辑和出版人通过他们所阅读的报纸，在他们的头脑中画出了不同的图像。”这段话提到的新闻媒体不能告诉人们“怎么想”（what to think），却能够告诉人们“想什么”（what to think about），这后来成为议程设置最简明的表述。[②]麦克斯韦尔·E.麦库姆斯（Maxwell E. McCombs）和唐纳德·L.肖（Donald L.Shaw）在1972年发表的论文《大众媒介的议程设置功能》中提出：通过反复播出某类新闻报道，以强化该话题在公众心目中的重要程度。用通俗一点的说法就是，会被公众拿来作为谈资的话题，基本上都是大众媒介设置刊发或者播出的议题，大众媒介关注的焦点往往也会成为公众关注的中心点。

以2009年中国网络具有代表性的舆情事件为例，大众媒介议程设置的外在表现形式如表1-1所示。

---

① ［美］威尔伯·施拉姆，威廉·波特：《传播学概论》，陈亮，周立方，李启，译，北京：新华出版社，1984年，第247页。

② See B. C. Cohen: *The Press and Foreign Policy*. Princeton，NJ：Princeton University Press. 1963. 转引自刘海龙：《大众传播理论：范式与流派》，北京：中国人民大学出版社，2008年，第223页。

表 1-1 2009 年 100 大中国网络舆情事件分类

排名	数量	舆情事件分类	代表性事件
1	26	政府管理	① 各省 GDP 之和多出全国 1.4 万亿 ② 上海交通“钓鱼执法” ③ 重庆打黑风暴
2	21	突发安全事故	① 央视新址北配楼火灾 ② 内蒙古赤峰饮用水污染事件 ③ 胡斌飙车撞人案
3	15	社会道德	① 谷歌涉黄，大学生“心神不宁” ② 血浆浇花事件
4	11	教育	① 罗彩霞事件 ② 重庆高考状元造假案 ③ 教育部明确班主任有权批评学生
5	8	官员言行	① 南京周久耕案 ② 逯军“替谁说话”门
6	5	文化娱乐体育	①“贾君鹏”网络事件 ② 全运会跳水“内定门”
6	5	经济民生	① 山西煤炭整合风暴 ② 河南 3.6 亿大奖事件
7	3	司法	邓玉娇事件
7	3	名人舆情	侯耀华代言十个违法广告

上述事件的提取是谷尼互联网舆情监控分析系统监测国内主流网络媒体寻找热点事件线索，综合新浪、腾讯、网易、搜狐等门户网站的新闻排行，以月为单位，依据曝光量（新闻采写量与转载量）、点击量、回帖量初步筛选出热点事件；然后进行论坛筛选，进一步确定舆情热点事件，以天涯、搜狐、猫扑、网易、新浪、凤凰网、凯迪社区、强国论坛、百度贴吧、中华网论坛、西祠胡同为主，奇虎搜索为辅，根据每月热帖排行、是否置顶、点击量、回帖量等数据进一步确认热点舆情事件。[①]

通过对上表中内容及相关事件提取的说明我们可以看出，门户网站的新闻排行决定了网络论坛的网民讨论的议题。因此这两者产生的数据交叉比对筛选之后，

① 表内容及相关数据说明来源：杜骏飞：《沸腾的冰点：2009 中国网络舆情报告》，杭州：浙江大学出版社，2010 年，第 7—8 页。

自然产生了广受民意关注的重点事件。在这里还要特别说明的是，新浪、腾讯、网易、搜狐等门户网站的新闻排行，大多也是转发传统的报纸、电视以及广播等媒体所采写的新闻内容，因此我们在这里不赘述其他传统媒体的议程设置功能，关于这一点在后文大众媒介特征章节我们会详细展开讲解。

六、大众媒介的教养（Cultivation）作用

在20世纪60年代后期，传播学家乔治·格伯纳（George Gerbner）发现暴力片与社会犯罪之间存在正相关关系，媒介的暴力内容会影响人们认识社会现实。格伯纳设定的基本假设是：长时间收看电视的人，其对社会现实的看法更加接近电视所呈现的景象，而非真实情况。也就是说，电视通过长时间潜移默化的影响，“培养”了电视观众的“现实观”与“社会观”，并且人们基于这样的“现实”对自己的日常生活做出判断。在真实世界与信息用户之间存在大众媒介这样一种中介物，这意味着我们形成的对外部世界的感观很多都来自大众媒介的形塑，但是这种形塑却常常让人误以为真实世界就是如此。所以说，大众媒介不仅为我们带来了信息，还通过这些信息在影响用户的价值观。

早期窗户（Early Window），指电视是一扇早期窗户，它让儿童在有能力和世界发生互动之前先看到了世界。

- 电视把儿童当作了“小大人”，允许低龄儿童在成人的交往中“在场”。电视把儿童强行推入一个复杂的成人世界，刺激儿童询问那些他们在没有电视时不可能已经听到或看到的行为和话语的意义。
- 电视扫除了曾经区别对待不同年龄和不同阅读能力的人，使之进入不同社会情境的障碍。电视把成年人几个世纪以来一直试图隐瞒儿童的话题和行为暴露给了儿童。
- 电视中的广告也对儿童的社会化产生不同的影响：尽管七岁的儿童就能将广告和其他电视内容区分开来，但他们可能并不理解广告的销售目的；有奖广告（许诺如果购买就赠送礼物或玩具的广告）会引起父母和儿童之间的冲突；许多产品达不到广告许诺的预期效果，这会使儿童经历受挫感，甚至产生讽刺、怀疑的情绪。[①]

① 董璐：《传播学核心理论与概念》，北京：北京大学出版社，2008年，第315—316页。

第三节　信息超载时代的媒介特征

媒介品种越丰富，我们感知到的信息就越多。媒介技术发展到数字媒体阶段，各种媒介形态实现大融合，信息洪流扑面而来。要了解不同媒介的特征，就要先对媒介进行分类。但是我们今天很难将某一种媒体单独归类，因为所有媒体形态都可以在数字化平台上得以加载，成为移动媒体的一种。

一、纸质媒体

出于对文字传播的需求，人类逐渐发明了笔墨纸张用来记录文字；出于对传播速度的需求，人类又发明了印刷技术，使信息能够迅速、大规模地被复制。随着机器的介入，人类传播信息、分享信息的能力得到增强。1456 年，古登堡用自己发明的印刷机印制了 200 份《圣经》，这个事件被“视为人类传播活动开始进入大众传播时代的标志”[①]。印刷技术的不断改进，也加速了印刷媒介开始真正面向大众的传播。1833 年，美国纽约诞生了世界上第一张廉价报纸（便士报）——纽约《太阳报》。到了 1836 年，《太阳报》的发行量高达 30,000 份。报纸成为人们日常生活中占据绝对主导地位的大众媒介。

作为最早出现的媒介形态，包括报纸、杂志、书籍、宣传单等纸质媒体，都具有对抗口语传播的明显优势。

1. 可容纳的信息量大，描述详尽

纸媒是一种综合性内容的媒介，以文字为主，可以辅以图片。单页纸面上可以排版纳入各类新闻、广告、文化、教育、科普等信息。文字可以进行较为详尽的描述，再辅以图片，增强文字的可读性。

2. 信息可以长久储存

相对口语传播的一闪即逝，纸媒具有非常好的易储存性，其中报纸还可以折叠存放，携带方便。纸媒内容还可以分门别类进行归档，便于日后查找信息，这又增强了纸媒信息易保存的优势。

---

① 张咏华：《媒介分析：传播技术神话的解读》，上海：复旦大学出版社，2002 年，第 7 页。

3. 加强用户对信息的深入理解

纸媒以文字为主要传播符号，读者在阅读的时候一般会集中精力，排除其他干扰，对文字信息内容的理解会更为深入、彻底。

4. 媒介使用的主导性强

读者在阅读纸媒的时候对媒介具有相当大的主导性。读者可以根据自己的阅读兴趣选择阅读或者放弃阅读哪些信息，也可以自主决定阅读的速度和节奏。

然而纸质媒体的劣势也同样显而易见。

1. 占用一定体积

尽管纸质媒体的出现解决了口语信息无法保存的问题，并且报纸轻便易携带，但是如果专门用以保存信息而把纸媒长久留存的话，日积月累也会出现纸媒增多、占用空间大的问题。

2. 纸张长期保存容易发生损耗

经过长期保存的纸质会发黄变脆，在保存过程中也有可能会遭受虫蛀或者受潮、发霉，类似的损耗都会造成信息丢失。

3. 要求信息用户必须识字

纸媒在传播信息的过程中对信息用户提出了要求，那就是信息用户必须能够看懂纸媒上印刷的文字，如果是文盲就没法使用纸媒进行阅读了。

4. 信息呈现形式单调，只能是文字或图片

纸媒对信息的表现仅局限在文字和图片两种形式上，尽管可以选择彩色印刷，增强纸媒信息的生动性，但这依然是平面化的信息传播，缺少动态感和立体感。

纸质媒体是最早进入大众日常生活的信息载体，在人类信息传播历史上具有举足轻重的地位，媒介技术发展再迅猛，也没有任何一种技术可以彻底取代纸媒。所以说纸质媒体伴随大众传播技术起步，并见证大众传播技术迈向辉煌。

二、电子媒体

我们在这里所讨论的电子媒体主要包括广播和电视媒体。广播媒体需要调动听众的听觉器官，电视媒体则要同时调动观众的听觉和视觉器官。从这一点来说，广播和电视的涉及面比报纸要更广泛，即使不识字，也可以收听广播和收看电视节目。

1. 广播、电视需要专门器材进行信息传播

要想接收广播、电视所传递的信息，必须要有收音和收视设备。随着技术进

步，现在的收音和收视设备的普及率已经非常高了。

2. 广播是携带便捷的“伴侣”型媒介

广播传播的特点是传播迅速、信息量大、受众多、覆盖面广、伴随性收听、移动性收听，是一种深受大众欢迎的“伴侣”型媒介。广播诉诸听觉来传达信息，广播节目一般声情并茂引发听觉联想，参与性强，技术简便，收听成本相对低廉。

3. 电视节目声画结合，类型多样

电视是声画合一的传播媒介，也是能够进行动态演示的媒介，因此电视节目往往都具有很强的代入感和感染力。在此基础上的各类节目，都能够直接刺激人们的感官和心理，取得观众在感知经验上的认同。自电视机进入寻常百姓家以来，电视节目越来越丰富多彩，类型多样，视听技术先进，可以满足各个年龄段观众的收视需求。

广播与电视相比，前者的节目制作周期更为简短，后者从拍摄到剪辑成片的周期更长，所以在很多紧急情况下，广播是必不可少的信息传播媒介。比如在战争时期、遭遇自然灾害时期，公众需要通过当地广播来了解最新的情况。但广播和电视传播的信息都是一闪即逝的，除非专门用录音录像设备存储，否则这些信息很难保存下来。

三、互联网媒体

人们在使用互联网的时候可以利用 QQ 等即时沟通软件进行人际传播，可以利用网络论坛进行群体传播，可以利用电子邮件进行书信类传播，还可以使用视频网站观看电影电视剧。那么互联网究竟是什么？它是一种技术，一个平台，一套系统？还是一种媒介形态？ Internet 是媒介：相对于原有的媒介，它被称为一种“新媒介”(New Media)；由于其具有数字化传播的特点，(它）被称为一种“数字媒介”(Digital Media)；因其具有广义的媒介平台的效应，(它）被称为一种“泛媒介”(Pan-media)；因其诞生在报刊、广播、电视这三种大众传播媒体之后，又被形象地称作“第四媒介”。[①]1998 年 5 月，在联合国新闻委员会年会上，网络被正式作为“第四媒介”提出。联合国秘书长安南指出，在加强传统的文字、声像等媒介手段的同时，应更好地利用互联网。网络成为第四媒介，有赖于它所具备的大众传播功能。

① 杜骏飞：《网络传播概论（第三版）》，福州：福建人民出版社，2008 年，第 3 页。

1. 互联网媒体给用户提供了信息发布的平台

互联网昭示着“人人都有麦克风”时代的到来。只要有条件上网，用户不仅可以接收信息，还可以自由发布信息，并通过互联网得到广泛传播。话语权不止掌握在传统大众媒体的发布者手中。《纽约客》1993年7月5日刊登的一则由彼得·施泰纳（Peter Steiner）创作的漫画的标题是“在互联网上，没人知道你是一条狗”，很形象地勾勒了互联网时代的信息传播特点。

2. 互联网具有海量的信息存储能力

人们发布的信息只要不被发布者或者网站删除，理论上来说这条信息会永远储存在互联网之中。信息与信息之间通过超链接的方式相互联结，因此互联网具有海纳百川的信息存储功能。

3. 互联网独特的时空环境

用户可以通过互联网随时随地进行信息发布，因此在互联网环境中是没有常规意义上的时间和空间限制的。人与人之间不存在时间空间的区隔，任何传播过程都可以即时发生，地球真正实现扁平化。

4. 互联网融合各种媒介形态

由互联网的技术特性决定，每一种传统的大众媒介都可以在互联网平台中呈现。报纸成为数字报，杂志成为电子杂志，电台、电视台都有对应的数字频道。

5. 互联网以多媒体方式进行信息传播

信息经由互联网传递的时候可以多种媒体形式同时出现，文字辅以图片、视频、动图等富媒体形式进行说明，同时这样的富媒体信息还可以被重复阅听。这是其他任何一种媒体形态无法单独实现的。

6. 互联网增强信息用户之间的互动性

相比较其他媒介特点，互联网最为突出的特征在于其可以大大增强信息用户之间的交互性。由于可以实现即时传递信息，并且媒介使用门槛低，只要会使用互联网，就能和网上的其他用户进行信息交流。

四、移动媒体

移动媒体，顾名思义，是指那些可以跟着人们四处移动的媒体，主要包括手机、平板电脑等掌上设备。因为这些设备小巧便携，并且能够与互联网无缝对接，所以移动媒体除了基本的通话和短信功能之外，其功能应用已经拓展到和人类生活工作密切相关的领域。同时，手机和平板电脑又可以和报纸、广播、电视以及互联网相互渗透，移动媒体已经成了名副其实的“第五媒体”。在充分具备了其他媒体的特征之外，移动媒体还具有另外几个独特的特性。

1. 移动媒体的便携性

便于携带，是移动媒体备受青睐的主要原因。随着手机成为人们日常生活必不可少的一部分，手机也制作得越来越小巧精良，便于人们时刻携带。流行词语“低头族”描绘的正是无论何时何地都“低头看屏幕”的人。低着头看视频、玩游戏、发帖子、购物等等，是他们的共同特征。

2. 移动媒体信息传播的社交性

相比较其他媒体形式而言，移动媒体能够为用户提供大量的社交应用工具。用户可以使用手机上网，随时随地发布自己的状态，这已经成为当下年轻人的生活方式。彼此之间相互分享个人近况、个人感悟、个人观点等高度个性化的内容，这些内容极大地促进了用户群体之间的交往和互动。

3. 移动媒体的应用性

移动媒体不仅能够快捷有效地传播信息、联系亲友，还可以兼容各种应用功能。由中国互联网络信息中心在 2018 年 1 月发布的《第 41 次中国互联网络发展状况统计报告》中关于中国网民手机互联网应用使用率的统计比较，我们可以看到，网民手机应用的范围非常广泛，如表 1-2 所示。

表 1-2　2016. 12—2017. 12 中国网民各类手机互联网应用的使用率①

	2017. 12		2016. 12		
应用	用户规模（万）	网民使用率	用户规模（万）	网民使用率	年增长率
手机即时通信	69,359	92.2%	63,797	91.8%	8.7%
手机网络新闻	61,959	82.3%	57,126	82.2%	8.5%
手机搜索	62,398	82.9%	57,511	82.7%	8.5%
手机网络音乐	51,173	68.0%	46,791	67.3%	9.4%
手机网络视频	54,857	72.9%	49,987	71.9%	9.7%

① 中国互联网络信息中心：《第 41 次中国互联网络发展状况统计报告》，2018 年 1 月，第 30—31 页。

续表

	2017. 12		2016. 12		
应用	用户规模（万）	网民使用率	用户规模（万）	网民使用率	年增长率
手机网上支付	52,703	70.0%	46,920	67.5%	12.3%
手机网络购物	50,563	67.2%	44,093	63.4%	14.7%
手机网络游戏	40,710	54.1%	35,166	50.6%	15.8%
手机网上银行	37,024	49.2%	33,357	48.0%	11.0%
手机网络文学	34,352	45.6%	30,377	43.7%	13.1%
手机旅行预订	33,961	45.1%	26,179	37.7%	29.7%
手机邮件	23,276	30.9%	19,713	28.4%	18.1%
手机在线教育课程	11,890	15.8%	9,798	14.1%	21.3%
手机微博	28,634	38.0%	24,086	34.6%	18.9%
手机地图、手机导航	46,504	61.8%	43,123	62.0%	7.8%
手机网上订外卖	32,229	42.8%	19,387	27.9%	66.2%

本章思考题：

1. 人类信息传播历史的发展脉络是怎样的？

2. 信息用户在使用大众传播媒介的过程中，应当如何应对传播技术变革所造成的信息鸿沟？

3. 移动传播时代具有怎样的特征？

第二章　大众媒介的传播内容

我们每天通过大众媒介所传递的信息来了解我们已知和未知的世界，那么这些信息又是以怎样的面貌出现在大众媒介中的呢？为什么有的信息被视为是事实本身，而有的信息被称之为谣言？信息的本质任务是减少人们的不确定性，但为什么随着海量信息涌入人们的世界，人们不确定的东西却越来越多？当信息内容被不同目的的发布者所左右的时候，它将给人们造成完全不同的影响。

第一节　大众媒介中的新闻

真实性，是新闻的生命，这也是新闻媒体工作者所信奉的工作准则。在大众媒介所传递的信息中，有很大一部分是新闻信息。但是对于很多信息用户来说，他们并不能很好地区分哪些是新闻信息，哪些不是。

一、什么是新闻

从概念上来说，很多新闻工作者、研究者都曾经对新闻做出过界定。

19 世纪 70 年代美国《纽约太阳报》编辑主任约翰·博加特说：“狗咬人不是新闻，人咬狗才是新闻。”这个概念充分体现了记者在选择新闻报道的时候，应当选择的那些反常的视角，长期以来被资产阶级作为选择新闻的标准。

加拿大传播学者麦克卢汉说：“东西一进入报业就是新闻，其他未进入的就不是新闻。”这个概念说明新闻是经过选择的，而且不是所有发生的事件都有被作为新闻通过大众媒介传播的必要。

中国著名新闻工作者范长江认为：“新闻，就是广大群众欲知、应知而未知的重要的事实。”这个概念突出了在新闻信息的选择上，应考虑到信息用户的需求，他们想知道、应该知道却还不知道的重要的事实，就应当被作为新闻进行面向大众的传播。

复旦大学新闻学院教授黄旦这样定义新闻：“新闻是被及时、公开传播的新近发生的重要的事实信息。”这个定义体现了新闻的几个重要特点，那就是新近发生的、重要的事件。

上述都是新闻的字面意思，那么在真正的新闻实践中，信息用户看到的新闻又是什么样子呢？

四川江安县一工业园区发生爆燃事故　已致 19 人死亡

据①四川省安全监管局消息，2018 年 7 月 12 日晚 18 时 30 分左右，宜宾市江安县阳春工业园区内宜宾恒达科技有限公司发生一起爆燃事故。截至目前，事故已造成 19 人死亡，12 人受伤。省、市有关领导，相关部门负责人已抵达现场。进一步消息正在核查。后续情况，记者将跟进报道。

事发时正值工人换班时间

7 月 13 日早晨，记者对 7·12 江安恒达爆燃重大事故现场进行探访，事故现场明火已被扑灭，三栋三层建筑已被烧得只剩下钢架，周边建筑的玻璃已被震碎。

据介绍，江安恒达科技有限公司主要是生产化工产品，周边是一家砂石厂，最初发生爆燃的是中间一栋建筑，事发时正值工人换班时间。

涉事企业刚投 5,000 万元征地建车间

②天眼查显示，宜宾恒达科技有限公司于 2015 年 6 月 26 日成立。法定代表人李光辉，公司经营范围包括：化学原料中间体和化学制品研发、制造、销售；技术服务；设备安装；货物进出口业务等。

2017 年 5 月，四川省环保厅对宜宾恒达科技有限公司年产 2,300 吨化工中间体项目环境影响报告书进行了批复。③该批复显示，当时该公司拟在事发园区征地建设年产 2,300 吨化工中间体项目，其中包括生产车间 3 座。据介绍，项目建成后，将形成年产 5- 硝基间苯二甲酸 2000 吨和 2-（3'- 氯磺酰基 .-4'- 氯苯甲酰）苯甲酸 300 吨的生产能力。项目用地 25 亩，总投资 5,000 万元，其中环保投资 225 万元。

该批复提示宜宾恒达科技有限公司应当严格按照报告书要求，落实和优化各

项环境风险防范措施。按规范设置有害气体和可燃气体及火灾报警装置，储罐区设置围堰及事故废水收集池，确保泄漏物料或事故处置废水等截留在厂区内，不外泄外溢进入地表水。此外，还应严格按《危险化学品安全管理条例》有关要求，加强对项目储、运及使用全过程的环境风险管控，构建与当地政府和相关部门以及周边企业、园区相衔接的区域环境风险联防联控机制，一旦发生事故，及时对可能影响范围内的人群实施紧急疏散，确保环境安全。（新闻来源：凤凰网资讯—四川在线综合 2018 年 7 月 13 日 07:19:34）①

上面这则新闻报道，就是最典型的新闻样态，也是最容易识别的新闻信息。我们结合这则新闻报道，来了解一下新闻信息的主要特征。

二、新闻信息的特征

新闻与信息之间的关系可以简单地表述为新闻是信息的一种，但信息并不全是新闻。我们通过互联网、手机接收到的铺天盖地的内容都是信息，但其中只有一小部分可以被称为新闻。新闻信息具有下述几个较为明显的特征。

（一）由专业的新闻记者采写

由于媒体技术的融合，新闻信息也进入了融合时代，普通公民获得了参与新闻传播的能力，拥有了话语权。大量自媒体出现，使人们获取信息的渠道出现多媒体化的趋势，除了可以从报纸、广播、电视以及新闻网站获取新闻信息外，人们还可以从博客、微博、微信公众号、自制视频中获取大量看起来很像新闻的信息。

新闻信息第一个最重要的特征就是，新闻信息必须由专业的新闻记者采写，如果是普通用户发布的很有新闻价值的信息只能被称为新闻线索，还是应当由专业记者对线索进行核实求证后发布在新闻媒体上。

2013 年 8 月 22 日，济南市中级人民法院于当日 8 时 30 分在第五法庭公开开庭审理被告人薄熙来受贿、贪污、滥用职权一案。当天上午济南市中级人民法院的官方微博直播了庭审经过，而在法庭外的记者们对微博内容进行筛选编辑后再发布在各自的媒体上。

① 《四川江安县一工业园区发生爆燃事故 已致 19 人死亡》，http://news.ifeng.com/a/20180713/59151627_0.shtml.

图 2-1　微博截图

清华大学新闻与传播学院副院长史安斌教授在自己的微博中对上图评论道："这张图片深刻地诠释了传统媒体与新媒体之间的关系，也体现了政府新闻发布的新趋势，即时的、可控的、以工具为主体的微发布代替传统的、不确定性较高的、以个人为主体的新闻发布会将成为重大'敏感'新闻发布的主要渠道。在微发布中，新闻发布以团队形式在后台运作，个人的因素导致的不确定性被大幅削减。"[①]

新闻记者受过相应的专业训练，他们知道如何交叉求证信息的真伪，如何通过采访相关人员来还原事件真相。所以专业新闻媒体的新闻报道很多时候是对各类社交媒体平台信息的查实和补充。

（二）有明确的信息来源

与一般的信息不同，新闻信息在传递过程中必须注出明确的信息来源，也就是相关信息是从哪里获得的。结合前述新闻报道，我们可以看到几个明确的信息来源，所示如下：

① 四川省安全监管局消息……

② 天眼查显示……

③ 该批复显示……

有了具体的信息来源，才能增强信息的可信度，也就是说，新闻信息必须有可靠的信息来源可以佐证，而不是随意杜撰出来的。除了这种新闻记者搜索查找来的信息源之外，新闻信息中还会有大量记者采访到的信息源，这些信息也有明确的标识。比如在前述新闻中，文中有几处信息前都有"据介绍"这几个字，这就表示记者采访到了与此事件有关的人员，只是不方便在报道中标明是谁介绍的，而在大多数时候，我们可以看到的是"XXX 对记者说""XXX 称""XXX 表

① 来源于微博 @ 清华史安斌，2013 年 8 月 22 日 12：15 发布。

示”“记者从 XX 处获悉”这一类的表述。

（三）新闻信息的语言简明、准确

在本节开篇的新闻报道案例中，能够看到很多表述非常准确，甚至可以说精确：

该批复显示，当时该公司拟在事发园区征地建设年产 2,300 吨化工中间体项目，其中包括生产车间 3 座。据介绍，项目建成后，将形成年产 5- 硝基间苯二甲酸 2,000 吨和 2-（3'- 氯磺酰基 -4'- 氯苯甲酰）苯甲酸 300 吨的生产能力。项目用地 25 亩，总投资 5,000 万元，其中环保投资 225 万元。

如果不是内部的工作人员向记者提供信息，记者不可能了解到这么精确的数字。我们再来看另外一个例子：

2008 年 5 月 12 日 14 时 28 分，四川汶川发生里氏 8 级特大地震，最大烈度达 11 度。这是新中国成立以来破坏性最强、波及范围最广、救灾难度最大的一次地震，造成 69,227 名同胞遇难、17,923 名同胞失踪，直接经济损失 8,451 亿多元。在党中央、国务院和中央军委坚强领导下，全党全军全国各族人民众志成城、力克时艰，取得了抗震救灾斗争的伟大胜利。（新华社电）

在上面这段新闻文本中，不到两百字，包含事件发生的时间、地点、造成的影响、事件结果、背景等所有重要的新闻要素，没有一个多余的字。

（四）新闻信息有严谨的结构

新闻信息中的内容不是随意堆砌出来的，而是要按照一定的结构来安排，这样有助于读者理解新闻内容。新闻信息的结构主要包含标题和主体两部分。长篇幅的文本中，新闻主体部分的结构还可以再进行细分。传统的新闻结构可以划分为金字塔结构、倒金字塔结构、并列式结构、菱形结构等，这些划分方式是记者在进行新闻叙事的时候所要遵循的叙事逻辑。这种划分方式在今天的许多新闻报道中也能够见到典型案例与之相对应。但是随着承载新闻文本的媒体越来越多样化，新闻文本结构也随之产生了变化，记者们的写作方法也越来越灵活多变，我们可能无法再用传统的结构套路去进行命名。然而新闻信息始终不变的叙事内核是：时间、地点、人物、事件，事件的发生、发展和结果。这些要素在真正的新闻信息中是很容易找到的。

三、对于非新闻信息的辨别

在网上，不是所有的信息都可以被报道传播，我们在浏览这些信息的时候，需要根据一定的标准评估这些信息的价值。与此同时，在评估搜索结果时，还应将网站本身的特点纳入考核标准。宾夕法尼亚州怀德纳大学沃尔夫格莱姆纪念图书馆提出了核查网站时应考虑的一些指导原则，如果对这些问题的回答更多的是“是”，那么消息来源就相对可靠。

标准一：权威性

① 哪个组织创办的网页？

② 该组织有无电话号码或邮政地址可以进行联系？

③ 有无声明该网页的内容获得该组织的正式认可？

④ 有无声明指定该组织为版权所有者？

标准二：准确性

① 是否清楚地列出了事实信息的消息来源，以便在另一个消息来源处能得到证实？

② 信息有无拼写错误和逻辑错误？

标准三：客观性

① 该组织是否清晰地陈述了其思想倾向？

② 如果网页上有广告，广告内容是否与信息内容完全无关？

标准四：现时性

① 网页上是否有日期表明网页撰写的时间？第一次放在网上，以及最后一次更新是什么时候？

② 是否有其他标识表明材料是现时的？

标准五：覆盖范围

① 是否清楚该网页讨论的主题是什么？

② 有无漏掉所讨论主题的内容？

③ 是否清晰、明了、完整地表述了自身观点？

四、假新闻

互联网时代信息爆炸，新闻信息真假难辨。尽管我们在前文中详细讲述了新闻信息的特点以及应当如何对网络上的信息进行评估，但是对于普通信息用户来说，由于缺乏求证信息的渠道，还是非常容易被假新闻蒙蔽和欺骗。我们先来看下面一个例子：

2017年9月9日，新浪网湖北频道转发了一篇来源于《新闻晨报》的报道，新闻标题为“老人独自抚养孙子考上复旦 14年后已死的儿子竟复活”，新闻内容大致为：

王秀德是湖北襄阳双沟镇的一个普通农民，有三个儿子。14年前，在国外工作的小儿子王志文不幸病故，小儿媳把孙子瞳瞳带给王老汉后自己也失踪了。自此王老汉开始抚养小孙子瞳瞳。二人靠着卖菜的微薄收入和好心人每月500元的救助费艰难度日。去年，瞳瞳以优异的成绩考取了复旦大学。但最近王秀德却意外在瞳瞳的手机里发现瞳瞳和儿子儿媳的合影。对此，王志文告诉记者，自己之所以“诈死”，是因为父亲偏向两个哥哥。他在国外生活也非常不易，却经常被父母催债似的要钱，背负债务过日子那几年，让他都怀疑自己是否是父母亲生的。不过，他虽然不在父亲身边，却一直在暗中给予帮助，原来那个救助瞳瞳的好心人，实际上是王志文的同学，每个月500元钱也是王志文通过同学给父亲和瞳瞳的。……王秀德知晓此事后认为，小儿子不仅不管他，还把孙子给他抚养，就是不孝。他甚至还说，王志文这样做比死了更可恨，他不会原谅小儿子的。[①]

因为是门户网站转发传统报纸的报道，所以新闻的可信度很高，很多网站都进行了转发。尽管故事看起来匪夷所思，但很多网友都对此进行了评论。然而随后事情的发展却让人大跌眼镜。

部门介入：双沟镇查无此人

由于文中讲述的事发地在襄州区双沟镇，襄州区公安部门和双沟镇委镇政府对此事十分重视，立即成立专班，展开深入调查。

然而，经过多方走访排查，在双沟镇只有一人叫王秀德，于1986年就已去世。此王秀德有两个孩子，皆已病逝；而在双沟镇有两人叫王志文，31岁的王志文在养鸡，36岁的王志文在广东打工，均与文中所提的小儿子王志文身份不符。

专班负责人告诉记者：“这篇‘新闻’中的主人公，应该不可能在双沟。”截至目前，双沟镇辖区内的常住人口家庭信息无一人与网文中的人物信息相符。

① 《老人独自抚养孙子考上复旦 14年后已死的儿子竟复活》，《新闻晨报》，新浪网湖北频道2017年9月9日转发，http://hb.sina.com.cn/news/sh/2017-09-09/detail-ifykuffc4563272.shtml.

那么，照片中的当事人，到底是谁？记者梳理时发现，9月5日上午，“麒琅曦”还在腾讯企鹅号上发表了一篇《八旬老人菜地被淹》的文章，文中也用的是这三张照片，不过，“麒琅曦”在此文中却称，这名老人叫王修德，是襄城区卧龙镇人。

随后，记者从卧龙镇政府了解到，该镇谭庄村确实有位老人叫王修德。

水落石出：源于10天前的“记者”来访

9日上午9时许，记者前往卧龙镇谭庄村，见到了今年79岁的老人王修德。当天，王修德老人正居住在儿子家，帮忙搬玉米。

面对“诈死”新闻，王修德显得有些恼火。

“镇上人都认识我，见面都称老王。如今遇到就会笑我怎么成了双沟人，还有个在国外的儿子。”王修德有两个女儿，一个儿子。如今两个孙子都已工作了，儿子在家务农，他跟随儿子居住。

据他讲述：大约10天前，他正在地里拔山药，看见一名四十岁左右的男子，拿着相机对着他拍照。于是，王修德便与其攀谈起来，该男子告诉他，他姓何，在襄阳居住，是一名记者，专门采写平常百姓的生活。王修德听到后，想起了自家菜地被淹的事，便想请这名“记者”帮忙呼吁，解燃眉之急，于是就把这位“何记者”带到了自家菜地旁。

“他还给我照了很多相，就在我家的菜地边上，他还让我假装卖菜，又照了一张。”王修德老人见这名记者如此热心，很是高兴。“那是我第一次见他，以前我们并不认识。”

可这位“何记者”走后不久，这样一篇儿子“诈死”的虚假信息就在网上传播发酵，不仅把王修德老人的信息改了，还编造了如此离奇的故事，让老人经常遭到周围邻里的戏谑。

“他这是败坏我的名誉！我要再见到他，一定要找他讨个说法！”王修德老人说，当他看见这名记者将自己照片用在了“诈死”新闻上，还把他名字改成了“王秀德”，本想着找记者解决菜地被淹的事情，没想到却成了假新闻的主角，王修德很生气。

“他就两个姑娘，一个儿子。昨天超市的还在问我，我们谭庄二队的王修德，怎么成了双沟人！完全乱编！”王修德家对门的邻居见到记者时说。周围邻居也纷纷表示，他们对王修德很是了解，所以当他们在手机上看到这条“头条”新闻，都觉得不可思议，认为“很可笑，这就是一个笑柄”。

谭庄村的村支书曾正国表示，当他们看到这篇文章后，虽然清楚王修德老人的家里情况绝不是文中所述那样，但他们8日晚还是立即来到王修德老人家中调查情况。

调查进展：“麒琅曦”身份锁定

这一事件发生后，各级政府高度重视，表示：一定要查清事实，做好引导工作，严惩传播虚假新闻的行为。襄州区公安分局已介入调查，9日中午，调查专班负责人告诉记者：已锁定“麒琅曦”的身份，正在进一步调查处理中。①

《新闻记者》杂志自2002年以来每年都会推出十大假新闻评选，截至2017年，已经第17次推出年度十大假新闻评选。《新闻记者》杂志总结了2017年虚假新闻的基本特点：虚假新闻总体数量、影响力较前几年有明显下降的迹象；主要集中于社会新闻领域，因而容易放松警惕引起忽视；社交媒体往往既是虚假新闻出现的源头，又不时在传播过程中成为助推器。

专业媒体的失守和溃败令人扼腕。很多假新闻首先发布在自媒体，专业媒体仅经过简单复制粘贴，便造成假新闻扩散，伤害的则是新闻业的信誉和权威。②

尤其是最后一条，现在自媒体泛滥，自媒体是很多假新闻的源头。专业新闻工作者如果不加强新闻素养，对自媒体信息进行筛选和把关，很容易通过大众传播媒介将这些虚假信息扩散出去。这不仅有损大众媒介的权威性，也给公众信息素养的提升造成了障碍。

第二节　大众媒介中的广告

如果说新闻信息传播的目的是告知公众什么时间什么地点发生了什么事情，那么广告信息传播扩散的目的就是为了促进消费行为。为了达成这一最终目的，我们总能够在广告信息中发现相关的商品或者服务信息。

---

① 《媒体揭秘“老人抚养孙子考上复旦，‘去世’儿子还活着”真相》，魏崴 / 微信公众号“襄阳日报”，澎湃网2017年9月9日转发，https://www.thepaper.cn/newsDetail_forward_1789781.

② 《〈新闻记者〉杂志公布2017年十大假新闻》，澎湃新闻（上海），网易2018年1月2日转发，http://money.163.com/18/0102/21/D765AB8G002580S6.html.

一、什么是广告

从字面意思来看，广告即指“广而告之”。广告首先是一种信息传播活动，然后是一种有目的的信息传播活动，是为了对相关商品或者服务进行宣传，通过大众媒介进行的商业活动中的促销环节。广告一层意思是指广告作品，另一层意思指的是广告活动。整体的广告活动包括调研、策划等诸多环节，我们在这里着重了解的是经由大众媒介传播的广告信息。

狭义的广告概念指的是商业广告或经济广告，是指具有合法生产经营资格的企业法人、其他经济组织和自然人，以付费的方式通过一定的传播媒介和具体的作品形式，向目标消费者开展以营利为目的的传播活动。早期的广告人大多站在推销的立场，认为广告信息的主要作用就是把产品卖给消费者。1924 年，日本学者中川静提出：“广告宣传的目的是劝诱人们对某一特定事情产生或增强信心，使他们赞成或坚决执行，要达到这个目的与广告宣传的次数有关系，如果使用的方式、方法和时机选择得适当，即使广告的次数少一些，也会得到满意的效果，广告是通过宣传商标达到销售的目的。”[①] 对于广告的商业功能，学者们没有异议。广告通过信息传递来改变信息使用者的态度和行为，所以广告信息往往还具有一定的文化功能。

广告信息具有以下几个核心内容：

（1）广告信息是由广告主发布的，广告主对广告内容具有主导权；

（2）广告信息的发布需要向大众媒介支付费用；

（3）广告必须经由一定的媒介形式进行传播；

（4）广告是一种非人员的销售和推广；

（5）广告信息不仅包含商品信息，还包含一定的理念；

（6）广告费用是商品或服务成本的一部分；

（7）广告是一个活动过程，广告作品是其中的一部分；

（8）任何广告都是特定的组织或个人为了达到一定的目的而发布的，商业广告的目的是销售商品，公益广告的目的是传递公益理念。

---

① ［日］柏木重秋：《广告概论》，王建玉，李硕，郑太宪，译，北京：中国经济出版社，1991 年，第 40 页。

二、广告信息的特征

硬广告信息很容易在报纸上或者电视播放的节目中被识别出来，因为广告的最终目的是促进销售，所以广告主要用尽可能少的版面，或者尽可能短的时间来向信息用户传递产品信息。因此我们在大众媒体上接触到的广告信息通常如图 2-2 所示。

图 2-2　中国移动广告（现代快报 2018 年 7 月 16 日 F1 版）

伴随互联网的快速普及，自媒体数量的增多，越来越多的广告信息开始被植入到具有相当阅读价值的文章当中，也经常以新闻信息的样貌出现。对普通信息用户来说，他们需要一定的标准来分辨这样的广告信息。

（一）可被发现的广告主

以下这两段文字，如果不看到最后一句，观众会以为是看到了一部歌颂亲情的视频短片（视频广告），当播放到最后一句的时候，观众才知道，这是中华汽车的视频广告，而该广告的文案确实是建立在歌颂亲情的基础上的。

如果你问我，这世界上最重要的一部车是什么？那绝不是你在路上能看到的。30 年前，我 5 岁，那一夜，我发高烧，村里没有医院。爸爸背着我，走出山，越过水，从村里到医院。爸爸的汗水，湿遍了整个肩膀。我觉得，这世界上最重要的一部车是——爸爸的肩膀。今天，我买了一部车，我第一个想说的是：“阿爸，我载你来走走，好吗？”广告语：中华汽车，永远向爸爸的肩膀看齐。

印象中，爸爸的车子很多，大概七八十部吧。我爸爸没什么钱，他常说：“买不起真车，只好买假的。我这辈子只能玩这种车罗！”经过多年努力，我告诉爸爸，从今天起，我们玩真的。爸爸看到车后，还是一样东摸摸、西摸摸，他居然对我说："我这辈子只能玩假的，你却买真的！"爸，你养我这么多年不是假的，我一直想给你最真的。广告语：中华汽车，真情上路。

广告主是广告信息制作和发布的付费方，所以他们的身影必须出现在广告信息之中，否则就没有办法让消费者知道最终要购买什么产品。硬性的视频广告、报纸广告、杂志广告消费者都能一眼识别，但是消费者越来越排斥这种"王婆卖瓜"似的广告形式，所以软文广告在社交媒体时代运用得越来越多。软文广告的精妙之处就在于一个"软"字，好似绵里藏针，收而不露，克敌于无形。等到你发现这是一篇软文的时候，你已经冷不丁地掉入了精心设计过的"软文广告"陷阱。在很多软性文字广告中，广告主或者广告产品会被植入进文字中去，虽然不容易马上识别出来，但往往在文末，广告产品或者服务就会"露出真容"。

当我 28 岁时，我认为今生今世我很可能不会结婚了。我的个子太高，双手及两条腿的不对称常常妨碍了我。衣服穿在我身上，也从来没有像穿到别位女郎身上那样好看。似乎绝不可能有一位护花使者会骑着他的白马来把我带去。

可是终于有一个男人陪伴我了。爱维莱特并不是你在 16 岁时所梦想的那种练达世故的情人，而是一位羞怯并拙笨的人，也会手足无措。

他看上了我不自知的优点，我才开始感觉到不虚此生。事实上我俩当时都是如此。很快的，我们互相融洽无间，我们如不在一起就有怅然若失的感觉。所以我们认为这可能就是小说上所写的那类爱情故事，随后我们就结婚了。那是在四月中的一天，苹果树的花盛开着，大地一片芬芳。那是近三十年前的事了，自从那一天之后，几乎每天都如此不变。

我不能相信已经过了这许多岁月，岁月载着爱维和我安静地飞过，就像驾着独木舟行驶在平静的河中，你并感觉不到舟之移动。我们从来未曾去过欧洲，我们甚至还没去过加州。我认为我们并不需要去，因为家对我们来说已经是够大了。

我希望我们能生几个孩子，但是我们未能达成愿望。我很像圣经中的撒拉，只是上帝并未赏赐我以奇迹。也许上帝想我有了爱维莱特已经够了。

唉！爱维在两年前的四月中故去。安静地，含着微笑，就和他生前一样。苹果树的花仍在盛开，大地仍然充满了甜蜜的气息。而我则怅然若失，欲哭无泪。当我弟弟来帮助我料理爱维的后事时，我发觉他是那么体贴关心我，就和他往常的所作所为一样。

爱维在银行中并没有给我存有很多钱，但有一张照顾我余生全部生活费用的保险单。就一个女人所诚心相爱的男人过世之后而论，我实在是和别位女人一样的心满意足了。

你猜猜看，上面这个感人的故事，其实是什么产品的广告呢？

（二）重复重复再重复

广告信息还有一个重要特点就是不断出现，重复再重复，通过这种方式加深广告在消费者脑海中的印象，从而令消费者产生购买动机，真正付诸消费行动。由于电视传播过程中的信息会一闪即逝，只播一次很难给观众留下印象，所以电视广告更要求重复性。比如现在我们回忆一下脑海中能立刻想起的广告作品，一定是那些曾经在电视上连续“轰炸”过我们的广告商品。“今年过节不收礼，收礼只收脑白金。”这句广告词曾经在各个卫视密集播出，通俗易懂，容易记忆。其中的“礼”字重复得比较多，容易记得住。这个被很多人认为恶俗的广告，曾连年被评为“最差广告”，但这并不妨碍它的广告效果，用巨人集团总裁史玉柱的话说就是“特别能销货”。也正因为这种重复不断的播出，所以才有那么多观众记住了“脑白金”这个产品。

“脑白金”广告的重复轰炸

“今年过节不收礼，收礼只收脑白金”，“脑白金，年轻态健康品”，一时间，电视上铺天盖地的脑白金广告，似乎给人们来了次大洗脑，连“收礼只收脑白金”的口号也成了社会流行语。许多观众和专家认为脑白金广告俗不可耐、粗浅市侩，却又让人无处遁形，是十足的广告暴力，被称为第一恶俗的广告。

然而，对于广告的负面评价，并没有影响产品销售数字的节节窜高。从1998年史玉柱推出脑白金，当年即创下的2.5亿元销售收入，到2000年的10.9亿元的销售高峰，连续多年的销售排行冠军地位，让脑白金稳稳地当上了节日礼品市场的“龙头老大”。

大部分的购买者并不了解脑白金的有效成分和真实功用，只冲着那句“收礼只收脑白金”的广告词蜂拥而至各掏腰包。甚至连牙牙学语的2岁婴儿，看到广告里一群白头发的老爷爷老奶奶边摇边唱，也会跟着扭动身体，学着“孝敬爸妈，脑——白——金”。

脑白金广告紧紧抓住送礼人的心理需求，使用单一的广告诉求，在大众传媒上反反复复，达到较高的暴露频次。虽然频次过高也引发了一些人的负面信息，但却实在地增加了消费者对产品的记忆度，拉动了产品销售。[①]

（三）不露锋芒，植入营销

正如前文我们谈到，广告主总是会被发现的。但现实情况是，现在的广告做得越来越不像广告，不仅软文广告给消费者谈情怀，讲故事，连硬广告的设计也都很烧脑，让人没法一眼看出广告想表达的意思。尽管现代广告越发不露锋芒，但广告要促进销售的目的从来没有改变过，所以我们还是被广告紧密包围着，被各种营销手段的套路牵着走。

有人对国产电视剧《深夜食堂》做了一个统计，发现在前四集中百威出现 14 次，百事可乐出现 12 次，统一老坛酸菜面出现 10 次，妙洁出现 8 次，江小白出现 6 次，华为出现 6 次，永丰源骨瓷出现 5 次，戚风面膜出现 5 次。还有人发现大制作电影《变形金刚 5》当中也有中国产品的广告植入，比如乐视 TV 以及中国银行的标志，这些都让观众们再一次见识了广告主对植入营销的热衷。

三、虚假广告

虚假广告信息就是指广告内容是虚假的或者是容易引人误解的。一是指商品宣传的内容与所提供的商品或者服务的实际质量不符；二是指可能使宣传对象或受宣传影响的人对商品的真实情况产生错误的联想，从而影响其购买决策的商品宣传。

今年（2018 年）3 月下旬，湘阴县检察院接到陈某举报称，该县电视台生活频道全天候滚动播放“九千堂五色灵芝胶囊”等系列食品药品的广告，自家老人看了电视广告后购买了千余元药品，使用后发现无广告所称效果。

收到举报后，该院民行科长王卫国与科室干警开展一系列走访调查，发现该县电视台综合频道、文艺频道、生活频道全天候滚动播放“九千堂五色灵芝胶囊”“百寿安益康胶囊”等食品药品、医疗器械、医疗机构的虚假广告，以虚假和引人误解的内容欺骗、误导消费者，严重侵害人民群众尤其是老年人的生命健康和合法权益。

---

① 张志安，汪凯：《躲不起惹得起——提高你的媒体素质》，广州：南方日报出版社，2010 年，第 134 页。

“这些广告聘请部分群众演员，运用‘患者现身说法’的方式介绍使用后的治疗效果，宣传用语中含有大量表示功效断言的字眼，误导广大消费者，违反了广告法多项规定。”王卫国介绍说。

“每天打开电视，听到的就是‘同时治疗80多种疾病’‘真正实现一次治愈’这样的广告词，让我们根本没法好好看电视。”走访时，湘阴县不少居民也称不堪其扰。[①]

虚假广告现象在我国屡禁不止。虽然广告法明确规定了广告不得含有虚假或者引人误解的内容，不得欺骗、误导消费者，但现在很多虚假广告都堂而皇之地在电视购物频道播出。消费者出于对媒体的信任购买了这些产品，但最终成为被骗对象。企业不讲诚信，依靠虚假广告增加销售，不仅使消费者蒙受损失，对诚信社会的建设也有很大损害。而为虚假广告提供播出平台的媒体，也由此损害了自身形象，让媒体的权威性荡然无存。

第三节　大众媒介中的其他信息类型

除了新闻和广告之外，大众媒介每天发布的信息还有很多，如果从严格的类型上对这些信息进行区分，恐怕会划分出非常多的类别。我们以让教材使用者了解为目的，因此只对信息进行大致的分类。在本节中，相关内容只涉及大众媒介中的娱乐信息、八卦和丑闻、谣言以及知识四大类信息。其他的信息内容在本教材中不再专门讲述。

一、娱乐信息

大众媒介的主要功能之一就是为信息用户提供娱乐信息。在文字印刷时代，人们使用的主要媒介是报纸和书籍。通过阅读文字，进而对各种观点进行传播、讨论、著书立说，最终形成影响后世的经典思想。印刷机时代的公众关注各种真正的新闻事件，尼尔·波兹曼认为那是一个拥有逻辑的思维、高度的理性和秩序的时代。当满足了基本的信息需求之后，人类的娱乐需求开始在电子媒介时代充

---

① 《同时治疗80种病？虚假广告不能忍》，来源《检察日报》，2018年7月19日，新浪网转载，https://news.sina.com.cn/o/2018-07-19/doc-ihfnsvza4876881.shtml.

分暴露出来。随着电视的兴起和普及，媒介的娱乐功能被逐步释放。普通民众都能感受到娱乐信息所带来的视听享受，人们的感官获得了前所未有的放松。电视具有展现其娱乐功能的丰富手段，从竞技体育、音乐节目、电视剧到时下流行的各种真人秀节目，它们占据了大部分电视播出时间。互联网时代，则更加剧了“泛娱乐化”的态势。

互联网碎片化、超链接的信息组成方式，使得娱乐信息能够被快速扩散，再加上移动互联网的推波助澜，全民参与娱乐信息的传播，每个人都成为制造娱乐浪潮的一分子。

“想要留住她，就用短信支持她。”每个周五，主持人汪涵的这一声具有“煽动性”的“号令”让众多的粉丝们热血沸腾。而短信票数的阶段性清零更是反复地让观众感觉到自己参与其中的重要性。这种做法让消费者拥有了权利，从而赋予节目一种人权魅力。因为每一个人的内心深处都有拥有权利的欲望，当消费者享受到参与制造过程的快乐时，选手就不再只是选手。这就是曾经火遍全国的歌手选秀节目“超级女声”带给观众的全过程参与式娱乐体验。“超级女声”利用短信和网络进行观众总动员的形式开了中国电视娱乐节目的先河。“玉米”“笔迷”“凉粉”“盒饭”……粉丝文化在2005年的夏天迅速发酵，为了支持自己喜爱的选手，粉丝们不仅会花钱投票，还会自发在网络上发帖议论。在此之前的很长一段时间，我国电视娱乐节目的形态大多沿用“明星主导”模式。从国产综艺节目《综艺大观》《同一首歌 》到娱乐强台湖南卫视的《快乐大本营》，明星在节目中都是一个聚焦点。他们不论担任嘉宾、进行表演还是参与游戏，其角色的中心地位都不可动摇。观众则以旁观者的身份居于节目的边缘甚至外围。学者李东晓在对“真人秀”节目进行研究之后指出，“要想将大众吸引到媒介当中，最好的办法就是鼓励大众参与到媒介内容的生产环节”。[①]

从心理学角度分析，寻求刺激、体验新奇、探求真实、享受快乐是人的天性使然，而当前现实社会中的竞争压力、约束机制以及现实生活中可能存在的困顿和挫折，都使得了人的天性被埋没，而娱乐信息中隐含的狂欢因子，则可以让人们暂时逃避现实中的种种压抑，释放精神压力，缓解生活苦闷。所以媒体的娱乐功能给了受众轻松愉悦的感官享受，但同时，也让信息用户习惯了沉浸在泛娱乐化信息之中。

① 李东晓：《“真人秀”节目的文化范式解读》，《当代传播》，2008年第5期，第44—46页。

在这里我们要注意区分两个关键概念，一个是娱乐信息，另一个是信息的泛娱乐化。前者明确指向信息的一种类别，即指包含娱乐要素的信息；后者指的是一种趋势，即娱乐泛化，而这种泛化经由信息表现出来，即信息的泛娱乐化。这两者之间存在的关系可以这样来描述：过多、过量的娱乐信息使信息用户贪图享受由这类信息带来的快感体验，从而主动制作、发布、转发、追逐各种令人感官轻松的信息，最终导致信息的泛娱乐化。

例如，在“数字语言革命”的驱使下，自然语言的严肃性被淡化，“Duang！不动产登记开始了，对你我买房有啥影响？”就是其中非常典型的实例。“Duang”音是生造的，是典型娱乐的网络语言现象。在2015年“春晚”相声《这不是我的》中，一个带有浓郁西北色彩的“bia”引起了观众的共鸣。目前网络语境中确实存在许多无法用准确汉字表达心绪而用拼音代替的现象：biubiu（射击的拟声）和Duang一样，有拼音但写不出汉字。可见言辞的出轨、观念的破解与新奇的表达是网民惯用的炫耀性的社会互动方式，试图达到一种精神愉悦或智力较量。网络语言的使用使得语言符号与非语言符号的嫁接与搭配开启了一场全民的“集体语言戏仿”浪潮。[①] 在技术造就的泛娱乐化的喧闹中，感性、即时、直接和视觉冲击取代了理性化的思考。

二、八卦和丑闻

八卦对应的英文是“gossip”，意指那些轻浮的、无谓的传言，现多指个人隐私内幕。八卦新闻从理论上来说应当归属于新闻，不同的学者有不同的叫法：新闻娱乐化、新新闻、轻新闻或者软新闻。为了读者理解的便利，在本书中，八卦新闻被作者归类到娱乐信息中进行讲解和分析。从狭义上理解，八卦信息涉及丑闻、绯闻、隐私等；从广义上来说，各类他人爆料、自我曝光都可以被视为八卦信息。

2011年5月，鼎晖创业投资合伙人王功权发布了这样一条微博：“各位亲友，各位同事，我放弃一切，和王琴私奔了。感谢大家多年的关怀和帮助，祝大家幸福！没法面对大家的期盼和信任，也没法和大家解释，也不好意思，故不告而别。叩请宽恕！功权鞠躬。”这条微博被转发了七万多次，并且引发了各类媒体尤其是

① 靳琰，孔璐璐：《新媒体语境下的网络泛娱乐化机理探究》，《现代传播（中国传媒大学学报）》，2016年第38卷第12期，129—132页。

各个微博博主的猜测、评论。

很多未经证实的八卦信息被娱乐记者发布到大众媒体上，成为娱乐大众的谈资。因此报道明星个人生活的娱乐记者被不客气地称为“狗仔”。公众人物的八卦总是格外吸引人的眼球，不仅出轨、离婚、吸毒这类丑闻引人注目，明星日常街拍也能获得网络点击量。这些知名人物往往自带“光环”，与大众的日常生活相去甚远，但涉及公众人物私生活的小道消息却使他们不为人知的一面暴露在聚光灯下，满足了大众的窥私欲，也褪去了所谓的“偶像光环”。另外，八卦消息与媒体刊发的官方新闻通稿完全不同，后者都是对公众人物进行正面形象的塑造，而八卦消息恰恰是对这种正面形象的解构。港台地区较早出现了专门报道公众人物八卦绯闻的媒体，比如《壹周刊》等。而内地专门的八卦媒体数量较少，但是自从互联网普及以来，网民越来越习惯通过互联网的各个信息平台来浏览八卦信息。从天涯社区的娱乐八卦频道，到微博的各类八卦信息账号，它们都有很多忠实的用户和粉丝。微博上的热搜榜更是几乎长期被娱乐明星的八卦信息占据着。层出不穷的“出轨门”“夜宿门”“夜光剧本门”等，这些八卦绯闻最先都在新浪微博发酵，占领新兴媒体一个又一个头条，掀起一场又一场娱乐狂欢。

公众人物之外，普通人的一些涉及隐私的丑闻往往也能吸引公众眼球，迅速成为热点话题。殷乐研究认为，这些由八卦引发的事件和讨论，实际上为既有体制中的特定群体建构了非主流的另类公共话语空间。“在这个另类空间中，一方面，八卦展示了关于日常生活经验的戏剧化美学视角，成为情绪宣泄、建构认同等方面有效管道。当代社会人与人之间的疏离直接导致了八卦的盛行，在某种程度上，八卦已经成为孤独的人群的一点小小的现代慰藉。人们在以八卦聚合的想像（象）社区中，获取一种与碎片化社会相抗衡的集体感。工业社会乃至后工业社会不似农业社会，鸡犬相闻中即可获知邻里长短并引为谈资，信息社会分工明确，窥人隐私的工作交给了专业的狗仔队，且所窥之人为隐私权受到一定限制的公众人物，于是，各界名人尤其是演艺明星替代了左邻右舍，受众在名人的生活中感叹自己的生活，八卦成为特殊的情感联络方式。对于普罗大众而言，适度八卦也是人生的小小发泄和慰藉。”[①] 从这个意义上就不难理解，为什么在 2018 年的夏天，“南京水游城原配打小三”会迅速成为各大社交网站的热门事件，公众会对发生在他人

---

① 殷乐：《“八卦新闻”之流变及传播解析》，《新闻与传播研究》，2011 年第 4 期，第 26—34 页。

身上的绯闻事件津津乐道。

三、谣言

谣言指那些非官方（非正式）的、未经认可的话语，它几乎伴随着人类社会的形成而产生。在互联网技术普及之前，传统大众媒介由于有信息把关人的存在，因此有效遏制了谣言经由大众媒介进行传播，谣言的传递多通过人际传播完成。互联网技术催生了大量个体生产信息，这些信息良莠不齐，其中不乏各种谣言。网络媒介不仅是信息传播的快捷通道，更是信息“互动”的空间，各类信息在互联网空间碰撞交汇，许多来不及被证实的信息夹杂着各方评论和演绎快速散播，最终成为网络谣言。

2011 年 7 月 23 日，甬温线两动车发生追尾脱轨坠落事故，导致二百余人死伤。事故发生之后，与事故原因、灾难救援、伤亡情况等相关的网络谣言相继出现。4 天后，人民网发布新闻《温州列车追尾事故八大谣言》①，对相关谣言进行了澄清。我们来回顾一下当时对网民造成极大不良影响的谣言。

谣言 1：重大事故死亡人数上限为 35 人

微博上流传“35 人死亡上限论”，称“超过 36 人市委书记将被撤职，所以一开始发生，就注定了死亡人数不会超过 35”。微博发图列举了从 1993 年到 2011 年国内重大事故中死亡的人数，“碰巧”的是，正好都是 35 人。网络上也一度谣传，之所以如此，是因为 35 人以上市委书记就要被撤职，所以为降低事故级别，官方在瞒报。

谣言 2：“神秘手”图片引发“掩埋活人”传言

微博热传的一则帖子称，浏览《高清：动车追尾事故现场》的图片时发现，搜救工作结束后，在从高架铁路桥上摔下成两段的动车车厢里竟然还有人。该微博一发布，就引来无数网友热转。这张被称为“神秘手”的图片引发了网上“掩埋活人”的传言。

谣言 3：高铁司机培训只有 10 天时间

《人民日报》一篇《“提速先锋”李东晓》成为“高铁司机培训只有 10 天”的信息源头，网上摘选片段“上级下了‘死命令’：培训时间 10 天，必须把第一列

---

① 《温州列车追尾事故八大谣言》，来源：人民网，2011 年 7 月 27 日，http://society.people.com.cn/GB/86800/15264699.html.

时速350公里的动车组开回北京！‘没两三个月，你们是开不走的！’德国专家迈克斯连连摇头。‘那就打赌吧！ 10天后我们肯定能开走！’”，以此为开端，甚至许多传统媒体引用了这一消息。

这些谣言“有图有真相”，有的来自媒体的公开报道和数据，看起来都像真的一样，令人不容置疑。所以在事故发生之后，谣言的传播速度极快，影响范围极广，很多网民都信以为真，并且针对谣言发表了各种质疑政府的评论。杜撰谣言是容易的，辟谣则要更为严谨的事实和更权威的出处。针对上述三则谣言的扩散，相关人员和部门也快速进行了辟谣和澄清。

辟谣1：

经记者查证，2008年9月山西襄汾溃坝事故致277人死亡，2009年9月河南平顶山矿难至少44人遇难，与该微博中所列的均未超过35人的死亡人数相悖。新浪微博虚假消息辟谣官方账号“微博辟谣”25日发表声明，经过网友查证，相关微博所列举的近年我国发生的事故或灾害死亡数字中，18个数字与事实不符。发布此消息的12名用户已被新浪微博官方暂停发布和被关注功能一周。

辟谣2：

该图片的拍摄者鞠焕宗上传图片表示辟谣，根据其微博后附3张连贯的照片，可以看出该手抓住栏杆并松开的过程，鞠焕宗也表示，事实上为清理车厢内部的施救人员。随后，新华社也在其官方微博发布声明：本社记者鞠焕宗在温州动车事故现场拍摄的两张照片中，受损列车窗户里救援人员露出的手、脚，被网友误认为是遇难者，在微博上引起极大反响。在此特别予以澄清，请广大网友勿再误传、误转！

辟谣3：

事实上，原文完整的信息为：7月1日，京津城际高铁进入试运行。此前的4个月，动车必须在线路上跑完40多万公里，以配合线路、信号、供电、车辆等各部门完成调试。为了节约列车运回北京的时间，多出时间进行调试，当了20多年火车司机的李东晓只用了10天时间来熟悉列车，将列车开回北京。在高铁列车开回北京后，到6月份，司机李东晓就亲身参与了200多次联调联试。网友将其归纳为“高铁司机培训只有10天”，是对原文的断章取义，完全曲解了原文本意。

那么这些谣言为什么会迅速被人采信并广泛传播呢？谣言研究的先驱卡认为普兰非正式渠道——人与人之间的社交网络——在谣言的传播过程中扮演着重要

角色。在互联网空间中，超链接的陌生人社群构成了这种非正式渠道的基础。比如谣言 2 的传播扩散渠道是这样的：

2011 年 7 月 25 日，网友在天涯论坛中的天涯杂谈版块发帖，题为“动车残骸大漂移，竟然没发现这里还有人”，帖子里面综合了新华社记者鞠焕宗拍摄的现场图片和视频链接。

帖子发出十余小时，点击量达 18 万次之多。网友在跟帖时重复“车厢内还有一只手”“车厢还有人”的判断，并有网友表示“真的看到手”。

谣言在传播过程中变异。网友在转发原帖的过程中发表评论“这就是活埋”“迫不及待掩埋真相”。

传播谣言的网友并不一定真的相信这些谣言的内容，参与传谣的最根本原因在于谣言的内容正好与网民内心所相信的事实一致。比如在这次动车事故中，“有两种‘社会真实’为人们所相信。一种‘社会真实’是‘官方隐瞒真相’以及‘官方救援不力’……另一种‘社会真实’是‘经济发展威胁人们的基本生存及生活’”[①]。

由“7·23 动车事故”中的谣言传播我们可以得出以下几条简要结论：

（1）权威发布渠道的信息如果不及时、不透明，就会成为滋生谣言的温床，谣言一旦产生并扩散，辟谣的难度就会加大；

（2）大多数人并不具有辨识谣言的能力，因此面对一条既有“事实”又有“来源”的谣言时，他们并不会去核实信息来源；

（3）大多数人在面对无法证明真实性的信息时，往往会先选择相信，并将这些未经证实的信息作为评论的依据；

（4）谣言造成的心理焦虑会在公众中蔓延，从而影响更多人参与谣言传递，使谣言传播和变异的速度加快，导致更严重的后果。

除此以外，有一些特定的内容极易被别有用心的人利用，杜撰谣言，发泄不满情绪。这些特定内容包括但不限于以下几个方面：

第一，由于社会财富两极分化、资源分配不均、官员腐败等现象依然存在，有些谣言恰恰抓住了人们的弱势心态，刻意制造二元对立，营造仇富、仇官情绪。

第二，科学知识欠缺也为谣言的传播提供了可乘之机。普通的信息用户知识

---

① 蔡骐，朱丹：《网络谣言场域中的话语协商——以 7·23 温州动车事故为例》，《武汉科技大学学报（社会科学版）》，2013 年第 2 期，第 180—185 页。

储备不够全面，对不了解的科学都存在盲目崇拜的现象，因此“伪科学”类的谣言泛滥，并且极易让人丧失判断力，从而听信谣言。

学会辨识谣言是大学生应当具备的重要信息素养，所以在平时接触多方面信息的时候，大学生应当有自己独立、理性的思考，不能人云亦云，盲目从众。

四、知识

知识是被反复验证过的、正确的而且是被人们相信的人类对物质世界以及精神世界探索的结果总和。知识也是人类在实践中认识客观世界（包括人类自身）的成果，它包括事实、信息的描述或在教育和实践中获得的技能。我们着重来了解被信息呈现的那些知识。

在信息技术不发达的时代，人们学习知识的途径主要是学校教育，通过基础教育、中等教育和高等教育几个环节，人们从学生转变为具有相当知识水平以及工作技能的社会人。随着信息技术的发展，一些因为各种条件限制无法进入学校进行知识学习的人可以借助信息技术完成知识学习，比如远程教育、在线教育等等。而到了信息技术高度发达的现代社会，竞争压力增大，现代人总是处于一种知识焦虑状态中，各种知识类公众号、App、知识付费程序应运而生。所以说，在当今的信息洪流中，夹杂着大量有价值的知识。

泛科技兴趣社区“果壳网”就是专门给用户提供科学知识的网站。果壳网的愿景是要通过对身边的生活进行有意思的科技解读和创造，消除包裹科技知识的那层冷冰冰的外衣。

我们可以看一下果壳网的文章都在告诉我们什么知识，比如：

- 跳跳糖为什么会“跳”？到显微镜下看看它的秘密
- 没有这项技术，青霉素只能在实验室里沉睡
- 这一次，我们真的在火星找到“地下湖泊”了吗？
- 天气预报不准也就算了，各家的预报还都不一样这算怎么回事
- 当中国拒当“世界垃圾桶”，塑料垃圾危害会离我们远去吗？
- 木星：一觉醒来，又多了12颗卫星？还有一颗“超级幸运星”

从这些题目不难看出，果壳网中的文章涉及天文、大气、环境、健康等多个方面的相关知识。这些文章的撰稿人也都是相关领域的科学家或者专业研究人员。通过阅读这些文章，普通人能够获知很多有价值的科学知识。然而麻烦的是，现

代人可以选择的知识信息太为庞杂，信息用户如果自己逐一选择，会耗费大量的时间，所以通过付费购买优质的知识产品来代替个人盲目搜寻，这就让知识付费成为可能，包括亲子、家庭、职场、兴趣、创业、情感、新经济在内的各个方面，我们都可以找到与之相关的知识付费平台。从最开始的微信授课群，到得到 App、喜马拉雅等知识服务商崛起，再到微课等课程直播平台介入，知识付费的模式也在不断发展变化。

“吾生也有涯，而知也无涯。”学习之于当下的人们，可谓无比重要。知识付费为互联网用户提供了一种更快捷、高效的知识获取方式，为知识生产者带来收益的同时，也让知识得到了更多尊重。但互联网时代的知识付费也存在很多问题，有一些优质的内容确实让用户受益匪浅，但是有些明星的“花边新闻”竟然也成为“知识”被拿到平台上进行售卖。还有些课程使用各种低级的营销策略吸引用户去购买付费知识产品，但实际上仅仅是为了推广。还有些课程内容质量低下，知识付费变成了智商交税。另外，碎片化的零散知识，并不能让用户在某一方面形成系统化的认知，最终不能真正提升用户的知识水准。

第四节　大众媒介中的自媒体信息

在今天的信息素养教育中，自媒体信息有必要用专门的章节去讲解。自媒体人和菜头在他的微信公众号“槽边往事”上曾经写过这么一段话：“我们生活在一个传统媒体衰亡的年代里，专业新闻记者和专业新闻编辑日渐凋零。所以，我们时常会看到一条传统媒体采写的新闻稿发出来之后毫无声息，过了几天之后因为自媒体的转载、扩散，突然变成了一条新闻，无数自媒体迅速跟进，在极短的时间内提供了大量稿件。这是因为自媒体和新媒体掌握了新闻分发的渠道，也掌握了移动互联网时代吸引注意力的技巧。而这两点，都是传统媒体和传统媒体人所没有的。随之而来的问题就是：新闻，尤其是新闻事实，失去了看门人。短时间大量涌入的网络资讯良莠不齐，所以，你得自己去做事实核查，小心地避免那些被高频转发但是并非事实的部分。活在这个世界上，面对你自己的人生，你就像是一个面对着战场的指挥官。你的决策正确与否，取决于你的判断正确与否；你的判断正确与否，取决于你的信息来源正确准确与否。这件事情，如今只能靠你自己来做了。”[①] 微博、微信公众号、百度百家号、知乎专栏……随着社会化媒体兴起，这类个人账户也随之繁荣起来。只要申请一个账号，用户也可以像运作媒体一样把自媒体经营起来，可以获得广告收入，甚至被风险投资人看中，最终进行真正的资本化运作。但自媒体毕竟不是真正的新闻媒体，其发布的信息具有相当大的主观性和随意性。

一、自媒体信息多以观点为主

自媒体丛生的时代，更像是观点的自由市场时代。“人人都有麦克风”也意味着每个人都可以通过自媒体平台把自己的观点散播出去。既然是观点，就意味着这些内容都是信息发布主体的个人观点，是对很多事件、现象的主观认知。观点水平的高低与观点发布者的经历、受教育程度、表达能力、对情绪的控制能力等方面密切相关。在对待观点类信息的时候，一定要理智分析，做到“取其精华，弃其糟粕”。

“咪蒙”是一个拥有超过 500 万粉丝的公众号，目前这个公众号的文章基本都由咪蒙公司的创作人员完成，咪蒙本人在成立公司之前，就已经是经常写出“爆款”文章的网络大 V。咪蒙公众号中的文章几乎每篇的阅读量都在百万以上，而且被读者频繁转发到朋友圈。咪蒙的文章模式也成为很多自媒体人效仿的对象。在被人追逐的同时，也有很多人批评咪蒙的文章是“毒鸡汤”，认为转发咪蒙文章的人不在乎文章所提供的这些观点是否有逻辑、有论据，他们只是要发泄情绪，只是需要一个道具，而作者适时提供了这个道具。有杂志记者在采访咪蒙时这样描述：“‘咪蒙’是 2016 年的现象级公号，文章大多关于情感、女性、热点八卦或者励志鸡汤，总阅读数达 7.4 亿，数据显示读者并不仅是简单地打开了这些文章，还对它们有更多的感情投入：咪蒙是微信女性用户收藏文章最多的公号。而男性用户最关注的公众号是‘人民日报’。”[②]

咪蒙公众号里的文章，比如《职场不相信眼泪，要哭回家哭》这篇文章以“我又把一个实习生惹哭了”的事例开头，吐槽实习生不帮自己拿快递，最后总结道，职场自有规则，员工的一大职责是帮老板省时间。文章发出后，自媒体圈热烈讨论“实习生是否要帮老板拿快递”。大量看似真实的故事，外加作者对故事的

---

① 和菜头：《在历史的耻辱柱上》，槽边往事，2018 年 7 月 22 日。

② 靳锦：《咪蒙：网红，病人，潮水的一种方向》，GQ 杂志，2017 年 3 月 14 日。

感想和评价，运用短句和粗俗的语言，使得这些文章毫不费力就抓住了读者的注意力，迎合了读者的情绪。

有人曾经针对自媒体的影响力做过一个排名，我们列出几个影响力较大的作为参考，来看看这些对信息用户产生强大影响力的自媒体都在发布什么内容。

表 2-1　2016 年影响力较大的自媒体

自媒体名称	发布内容
papi 酱	利用变音器制作和发布原创短视频，对时下一些热门现象进行吐槽和讽刺
咪蒙	被称为都市女性依赖的“毒鸡汤”，情绪化、煽动性文字较多
毒舌电影	对电影的看法、对世界的看法
杨毅侃球	体育评论
黎贝卡的异想世界	时尚观点、生活方式，引导消费

上述自媒体都是微信公众号一类，所发布的内容也基本都是个人观点。从内容生产角度来说，严肃新闻内容需要耗费人力物力去一步步求真查证，对于一般的自媒体而言门槛太高，所以现在大部分吸引流量的自媒体的内容生产都以发布观点为主。

二、自媒体信息缺乏把关人

自媒体以电子化、数字化手段，向特定或者不特定的对象进行点对点的信息传播，BBS、贴吧、微博、微信等这些自媒体平台具有广泛性、自主化、平民化和个性化特点。当下的现实情况是，尽管传统媒体高度重视新闻把关，具有信息发布的权威性，但是越来越多的传统媒体需要通过自媒体去寻找热点，而且这种情况早在 20 世纪就已经初现端倪。我们先来看看德拉吉报道的例子：

德拉吉报道（Drudge Report ），是一个新闻聚合网站，诞生于 1995 年，曾因报道美国前总统克林顿的丑闻而声名鹊起，在今天它依然为传统媒体导去大量的点击量和阅读率。《德拉吉报道》由德拉吉一人运营，网站保持了 20 世纪 90 年代的简陋布局，没有视频、没有搜索优化、没有幻灯片，也没有原创内容；但就是这么一个网站产生的新闻转链流量排在了 Facebook 和 Twitter 之上。

在美国率先发布戴妃身亡消息

《德拉吉报道》创始人马特·德拉吉以“每个公民都可以成为记者”的理念掀开了全球网络“博客”的风潮。而且，这名美国网络玩家还曾与美国有线电视新闻网（CNN）创始人泰德·特纳、无线通讯（信）奠基人马可尼等一同被法新社评为“20世纪最具推动力和影响力的十大人物之一”。

1997年，由于在法新社工作的“内线”的主动帮助，德拉吉在美国率先发布了黛安娜车祸身亡的消息，比美国各大电视网早七分钟。随后，《德拉吉报道》的电子邮件订户一下子超过了5万多人。

1998年1月17日，一个历史性的时刻到来了。这天，德拉吉在其个人博客网站上发布了一条震惊世界的消息。“在最后一分钟，星期六（1月17日）晚上6点，新闻周刊杂志扼杀了一个重大新闻。这条新闻注定将动摇华盛顿的地基：一个白宫实习生与美国总统有染。”

德拉吉的故事迅速传播，很快有人将德拉吉的报道转贴到一个个网上新闻组中。星期一早晨，德拉吉报道更新了新闻，第一次说出主角莫尼卡·莱温斯基的名字，指出她就是总统的情人，并提供了莱温斯基的简历。

未核实消息来源而官司缠身

一夜之间，《德拉吉报道》成为全球最有名的新闻媒体。德拉吉利用传统媒体的犹豫不前，甘愿冒错误报道的风险，在没有证实报道完全属实之前，就抢在其他新闻报刊、电视、电台和网站之前公布消息。可信性虽然打些折扣，但却因此成为世界媒体和民众关注的焦点。

但是，德拉吉的工作方式在绝大多数新闻记者眼中仍是充满疑问的。他以网络的快节奏工作，批评家们指控他不对消息来源进行核实，为了赢得轰动效应而不计后果，草率行事。而这也正是他目前官司缠身的原因。①

自媒体的全面开花，为传统媒体发现新闻提供了富矿。它不仅为传统媒体提供了海量的新闻线索，而且能与当事人取得最直接的联系。每一个人都可以利用自媒体进行“在现场”似的直播，这大大提升了信息传播速度，甚至很多传统媒体要参考自媒体信息，还原新闻事件最真实的场景。但自媒体自诞生以来就有其难以克服的缺陷，比如上文提到的《德拉吉报道》，也存在一味追求信息发布速度

① 《美国〈德拉吉报道〉》，来源：广州日报大洋网，2004年8月7日新浪网转载，https://news.sina.com.cn/o/2004-08-07/09523320428s.shtml.

而忽略了对信息源进行核实的问题。由于自媒体的信息生产者没有任何准入标准，人人都可以随意发布信息，这就导致大量未经核实的虚假信息混淆公众视线。再加上网民因猎奇心理和跟风心理，而对虚假信息大肆转发，进一步增加了公众辨别信息真实与否的难度。

本章思考题：

1. 你每天浏览最多的是哪类信息？请思考一下，为什么这类信息最吸引你？

2. 在浏览严肃议题的新闻报道时，你会针对某些热点问题和现象产生深入的思考吗？请结合具体例子来谈一谈。

3. 请简要概括自媒体信息传播的特征。

第三章　大众传播与媒介伦理

大众媒体除了报道、陈述、娱乐、监督等基本的功能之外，还应承担其所对应的社会责任。经过把关的新闻消息是置于整个信息系统之中的，尽管如此，在新闻、广告、娱乐以及其他方面还是经常会见到欺骗、经济上的诱惑、对暴力的模仿以及隐私被曝光等现象。所以信息用户在使用媒体信息的时候，应当具备相当的洞察力，以免让自己陷入不知所措的境地中。

第一节　媒体的社会责任

在前文中，我们曾经提到“人人都有麦克风”这一信息传播现状。互联网时代到来，人们发布信息的门槛降低，每个人都可以在网上发表自己的言论，并且让不计其数的陌生人看到，这样就代表我们可以随时随地想看什么信息就能看到什么，想说什么就可以说吗？答案当然是否定的。每一个在公共空间发布信息的机构或者个人，拥有传播信息的权利和自由，但同时，也必然要承担相应的社会责任。

一、报刊的四种理论

《报刊的四种理论》（*Four Theories of the Press: The Authoritarian, Libertarian, Social Responsibility and Soviet Communist Concepts of What the Press Should Be and Do*）是施拉姆、赛伯特、彼特逊合著的关于媒介制度、媒介理论的经典著作，是三位作者对当时世界的报业系统进行的划分。《报刊的四种理论》一书中论述了关于媒介性质与功能的四种理论，分别是：集权主义理论、自由至上主义理论、社会责任理论和苏联共产主义理论四种理论规范。“这类理论着重研究和探讨在既定的社会价值观念下媒介应该如何运作（ought to operate），这类理论十分重要，因为它对媒介机构的型塑与合法化起着重要作用，而且对其他社会机关（social agencies）甚至媒介自身对自己的角色期望都有相当影响。许多大众媒介研究都是试图应用社会和文化规范的结果，一个社会关于其媒介的规范理论通常会出现在法律、规章、媒介政策、道德信条等等中。虽然规范理论不是客观的，但却可以用社会科学的客观的方法来研究它。”①

集权主义理论属于一种绝对控制的传播体制与观念，理论来源为君主和政府绝对权力的哲学思想。集权主义理论的核心观点认为处于统治地位的精英阶层应该引导智识、能力均处于下等的普通大众。该理论产生于16世纪的英国，到现在在很多地方仍然被广泛接受并采用。柏拉图在《理想国》中，提出过个人可以在实际上离开自己的国家，但是在思想上必须保持对国家的绝对服从的观点。报刊的集权主义理论在这一点上可以说和柏拉图一脉相承：国家拥有对报业控制的绝对权威，任何个人的言论都必须在国家的绝对控制之下，如果损害了国家的最高目标，个人观点都必须要受到控制和惩罚；大众媒介必须统一步调，国家才能顺利地为公众的利益服务；在某些情况下（如在交战状态的国家里、军人统治下），集权原则甚至体现人民的意志。所以，对报刊应严加控制和审查。因此精英阶层统治时会采用各种策略来迫使报界顺从，包括颁发许可证、出版前的内容审查、对少量受优待的报刊授予独有的印刷权、出版业工会的自我约束等。在权威主义体制下，虽然报业既可以是集体所有，也可以是私人所有，但仍被认为是加强政府统治的工具。

自由至上主义理论与集权主义理论的基本思想相对立。自由至上主义理论是西方社会政治思想中的自由主义理论在新闻出版领域中的逻辑延伸，它是在17、18世纪的英国形成和发展起来的。自由至上主义理论最初来自17世纪的约翰·弥尔顿。弥尔顿在《论出版自由》中提出了人的理性高于一切的观点，其认为理性是上帝赋予人类的灵性，言论和出版自由是天赋人权的首要部分。到了19世纪，约翰·密尔的《论自由》出版：自由意味着成年人只要行使自由时不伤害别人，就可以做自己想做的事，社会要赋予个人支配自己思想和行动的权利。《独立宣

① Denis McQuail. *Mass Communication Theory: An Introduction. London*. P5. 转引自：刘金顺：《再论赛伯特与〈报刊的四种理论〉》，《湖北社会科学》，2005年第2期，第117—118页。

言》的起草者托马斯·杰弗逊提出："我们的第一个目标是给人打开所有通往真理的道路，迄今为止，找到的最好的办法是新闻自由。"总体来说，自由至上主义者相信普通公民有权得知问题的所有方面，以辨别事实和谎言。既然政府对于观点表达的任何限制都侵犯公民的权利，那么政府只有不干涉媒介才能最好地为人民服务。[①]自由至上主义理论的主要内容包括：报刊不是政府的工具，必须不受控制，包括不必申请营业执照，不受任何形式的事前检查，拥有完全采访权；报刊拥有对政府的监督权，有权批评政府和官吏；新闻报道的最终目的不是向公众灌输某种标准的观点，而是客观地反映现实，真理和"谬误"应当同样得到传播。自由至上主义理论认为大众传播媒介是社会公器，而不应当被视为"工具"，政府的唯一职责只是保障新闻自由。

社会责任理论是继自由至上主义理论之后出现的一种理论规范，虽然脱胎于传统的自由至上主义理论，但其中注入了一些新的元素，是当代西方最具代表性的资产阶级传媒责任理论。1947 年，美国新闻自由委员会结合媒介从业人员的实践、媒介自律守则与新闻自由委员会的工作，出版了研究报告《一个自由而负责任的新闻界》，首次提出了媒介的社会责任理论。报告的一开始，新闻自由委员会就开宗明义地提出一个问题：新闻自由是处于危险之中吗？其回答自然是肯定的。之后，新闻自由委员会又指出，新闻自由之所以处于危险之中，其原因有三点：第一，随着新闻业的发展，大众传播作为一种工具，对于人们更加重要了，但是却极大地降低了那些依赖报业表达意见和思想的人的比例。第二，那些将新闻机器当作大众传播工具使用的少数人，不能满足社会的需要。第三，那些掌管新闻机构的人，时常参与为社会所谴责的活动。如果这种状况持续下去，社会就不可避免地要采取限制和控制措施。于是，在这种情况下，媒介社会责任理论的提出就显得顺理成章而又十分必要了。[②]社会责任理论的主要内容包括：新闻界有对政府和其他机构的监督权，但也同样有责任适当地让公众知晓以及回应社会的需求及利益来维护民主；新闻报道和信息传播符合真实、正确、客观、公正的原则，把握事件的真实意义；没有绝对自由的传媒机构，新闻界不能随心所欲，必须对公众和社会承担责任和义务；如果公众的利益没有得到充分的维护，政府可以通

① 董璐：《传播学核心理论与概念》，北京：北京大学出版社，2008 年，第 55 页。

② 吕杨：《西方媒介社会责任观念及其流变探析》，南京：南京大学硕士学位论文，2013 年，第 8—9 页。

过颁布一些法令来介入媒体的运作；传媒机构在法律和制度范围内自我约束，不煽动犯罪、宗教或种族歧视；受众有权要求媒介从事高品位的传播活动。[①]

苏联共产主义理论是由施拉姆提出的，施拉姆认为，苏联共产主义理论实际就是集权主义理论的演变体，不同的是集权主义下的报刊由私人拥有，政府起干扰约束作用，而在共产主义社会中，报刊完全归政党管理。总的来说，在苏联政府的管理下，大众传播媒介与组织传播不可分割；传播媒介和传播资源是作为国家和党的工具来使用的，不允许私人占有；传播媒介主要用于宣传和鼓动，在思想和组织上实现共产党对工人阶级的领导；传播媒介必须按照马克思列宁主义原理、社会主义的意识形态和价值体系来传播信息。

二、媒体的社会责任

媒体社会责任是指媒体及其从业人员在信息传播活动中必须履行的对国家安全、社会安定和公众心智健康所承担的法律、道德等公共责任和社会义务。由于西方大众媒介的起步和发展都早于我国，因此西方学者也较早意识到媒介的社会责任问题，但随着大众传播业市场化程度日渐加深，人们的日常生活已经和大众媒介息息相关，公众对媒介所应承担的社会责任吁求呼声也越来越高。媒介承担社会责任的具体实现路径要么是形成有效监督新闻界的机构，要么是媒体自觉以保障公众利益为己任。1954 年第一个全球性的新闻道德公约《联合国国际新闻道德公约》正式颁布。这项公约包括许多新闻职业从业者应当具备的道德理念，比如：新闻事业是一项崇高神圣的事业；新闻事业必须致力于公共利益；新闻报道必须保持独立；新闻报道要真实、客观、平衡；新闻报道不得侵犯个人名誉、人格、隐私及其他权益。在随后至今的几十年中，各国都制定了符合国家政策制度的准则或者守则，这说明在媒体行业内部，准则的制定与实行在国际范围内已经成为一种较为普遍的现象。而从官方立场来看，负责任的新闻界也是受到肯定的。1980 年，联合国教科文组织发表了题为《多种声音，一个世界》的学术报告，这份报告被视作国际新闻与传播领域最重要的学术文献。报告建议：新闻界应该提高他的标准和质量，作为一个真正的行业，使任何国家都认可它；新闻工作者应该具备广泛的教育积累的专业训练，这些内容不应仅仅针对新人，而应该还能使老资格的新闻工作者受益；职业道德准则存在于世界各地，应该由各国新闻界自

① 董璐：《传播学核心理论与概念》，北京：北京大学出版社，2008 年，第 56 页。

觉采纳，而不是由政府进行干涉；新闻工作者应该提高职业道德修养以实现对社会公益的责任，并自觉与媒体所有者、政府、商业势力保持距离；与其他职业化行业一样，新闻工作者和媒体服务于公众，是公众的成员，这说明他们对自己的行为负有责任，同时，公众可以组成监督机构监督、约束、评价新闻界的表现。[①]

尽管媒体从业者与官方在新闻工作者应当遵守的职业道德层面已经达成共识，但在实践中，媒体从业者，尤其是新闻工作者实际受到来自内部、外部的种种压力。从内部来看，是新闻生产流程本身造成的压力，从寻找新闻线索，到新闻采访环节，再到记者成稿，再到编辑把关，最后到各个阶段的新闻审查制度把关，在这样的新闻生产流程反复循环之下，记者很容易产生职业倦怠。就外部而言，任何新闻机构都存在于特定的社会中，是为特定的政治体制服务的，政治因素和市场因素对新闻传播过程造成双重压力。李良荣认为美国的新闻业的运作模式基本上可以这样解释：新闻媒介通过新闻信息换取受众的注意力，再将这些注意力卖给广告商而获利，通过吸引大量的目标受众使媒介公司盈利程度增加，吸引更多的投资者购买其股票，从而为其提供更大的资金支持。另一方面，媒介要通过消息来源取得新闻线索和新闻素材，构建新闻产品的信息流。[②]为了获得更多广告商的广告投入，新闻媒体必须适应市场化的要求，将大量的媒体时段让渡给广告商。同时，媒体还要想尽办法吸引更多的广告商来购买时段，“传媒消费主义大大地破坏了新闻业的自律性，功利主义的大行其道使得新闻业产生严重的物化现象，从而遮蔽、挤兑媒介应有的公共性、公益性本质，给社会带来危害。一些媒体更是日渐抛弃了社会责任，从社会的‘公器’变成了谋取利益的‘私器’”[③]。媒体究竟应该向受众传递怎样的信息？新闻、广告、各种娱乐节目等，都应当以一定的道德标准作为底线，而不是终日以烂俗的电影电视剧充斥时段，或者以对暴力或性进行露骨描述的花边新闻来吸引眼球。

除了传统大众媒体有严格意义上的新闻把关之外，互联网平台上大多数的新闻发布都没有把关人对信息进行过滤。信息化社会中，信息借助网络传播得更快捷、更广泛，影响的人群也更多。网络除了发挥信息传递的功能之外，也在充当

---

① 转引自熊澄宇：《西方新闻传播学经典名著选读》，北京：中国人民大学出版社，2004 年。

② 李良荣，等：《当代西方新闻媒体（第二版）》，上海：复旦大学出版社，2010 年，第 139 页。

③ 吕杨：《西方媒介社会责任观念及其流变探析》，南京：南京大学硕士学位论文，2013 年，第 73 页。

放大镜的角色，能够将一件不足为奇的小事，经过网民的裂变式传播，无限放大，对网络空间产生不良影响，甚至影响社会稳定。同时，虚假信息、不良信息、违法违规信息也通过网络得以发布，污染网络生态，侵害公众利益。近几年，我国加大了对网络空间的治理，出台了一系列网络空间治理条例，如《中共中央办公厅、国务院办公厅关于加强和改进互联网管理工作的意见》《全国人民代表大会常务委员会关于维护互联网安全的决定》《互联网信息服务管理办法》《互联网新闻信息服务管理规定》《全国人民代表大会常务委员会关于加强网络信息保护的决定》等等。这一部部法律法规，在推动和规范我国网络空间发展、打造清朗网络空间过程中都发挥了重要作用。[①] 根据傅亦军的观点，从媒体的特性、作用、功能来看，无论传统媒体还是新兴媒体，他们所承担的社会责任都是为社会和大众服务。媒体的社会责任可分为政治责任、道德责任和文化责任。

一是政治责任。媒体的政治责任是第一位的，是首要责任。其具体体现在：媒体要坚持马克思主义新闻观、坚持新闻工作的党性原则，牢牢把握正确舆论导向；坚持四项基本原则、中国特色社会主义基本政治制度和经济制度；坚持以正面宣传为主，宣传科学理论，传播先进文化，弘扬社会正气，倡导科学精神，全心全意为人民服务，为全党全国工作大局服务。

二是道德责任。近年来，随着媒体市场化程度加深，出现低俗之风、有偿新闻、虚假新闻、功利主义新闻观抬头等问题，这都属于道德范畴，要求媒体人加强道德素质修养，正确树立道德观、人生观、金钱观，真正承担起“上情下达”和“下情上达”的职责，为社会的和谐发展和人民的福祉安康起到积极推动作用。

三是文化责任。在构建社会主义和谐社会中，媒体还承担着文化责任。具体表现在：正确引导社会舆论，抵制歪理邪说，弘扬社会正气；客观真实全面反映社会现实，抵制虚假报道，树立媒体公信力；传递与传承先进文化，抵制网络低俗、媚俗、庸俗之风，营造健康有益的文化环境等。在大众传媒技术日新月异、对社会影响越来越大的今天，媒体必须树立起一种全新的、前瞻性的责任意识，强调对大众传播事业积极的思想启迪与行为指导。由于文化产品影响人的规模大、范围广，更要强调媒体的社会责任。[②]

---

① 冯家胜：《正本清源，还网络一个清朗空间》，来源：中青在线，2017 年 11 月 1 日 http://news.cyol.com/content/2017-11/01/content_16643683.htm.

② 傅亦军：《谈媒体社会责任的原则与对策》，《新闻实践》，2010 年第 12 期，第 25—27 页。

第二节　媒体社会责任缺失的具体表现与相关案例

伴随市场竞争的加剧，有些媒体的社会效益逐渐下降，在一味追求经济效益的过程中，他们的社会责任逐渐缺失，给社会及公众带来了不良影响。本节我们根据相关案例来探讨媒体社会责任缺失的具体表现。

一、媒体低俗化

新兴媒体行业的迅速发展，给媒体低俗化的盛行也创造了温床。我们先来看一则新闻报道：

新京报快讯（记者 白金蕾）今日，抖音通过其官方账号发布《抖音对违规账号及内容的处罚通告｜2018 年 6 月》，称 2018 年 5 月 1 日至 5 月 31 日，抖音平台累计清理 26,356 条视频，6,989 个音频，91 个挑战，永久封禁 21,786 个账号。

通告显示，受处罚账号及内容主要包括 7 种类型：色情低俗、侮辱谩骂、造谣传谣、垃圾广告、侵犯版权、内容引人不适和涉嫌违反法律法规等。对于违规账号，抖音根据情况严重程度，相应给予审核不通过、删除违规内容、内容不推荐、后台警示、限制上传视频、永久封禁、报警等处理结果。

自 2018 年 4 月以来，抖音每月都会发布一次处罚通告。在平台治理方面，抖音近期进行了不少有益的尝试。6 月 8 日，抖音官方宣布，将于近期全面上线未成年人保护工具。这一工具主要包括时间锁和青少年模式，是基于此前抖音一系列未成年人保护功能的升级，旨在帮助家长管理未成年人和未成年人自我管理。（新京报新媒体，2018 年 6 月 11 日，作者：白金蕾）

抖音的低俗化表现，只是媒体低俗化现象的一个个例，色情低俗的内容充斥互联网，给网络用户尤其是青少年用户造成了非常恶劣的影响。媒体信息低俗化主要体现在以下几个方面：第一是对暴力、猎奇等行为热衷，以奇闻为宣扬热点，着重报道抢劫、杀人、强奸等内容，对血腥、暴力的场面直接进行描述，通过刺激读者感官来提升关注度；第二是对娱乐八卦内容的炒作，新闻从业者不惜用大量的时间和精力来窥探明星隐私、爆炒明星绯闻，将严肃的媒体内容变成人们茶余饭后的谈资；第三是漠视苦难，丧失基本的人文关怀，一些新闻媒体在报道中以幸灾乐祸的方式对灾难人群或地区冷嘲热讽，缺乏人类最基本的善良，对读者进行漠视洗脑，把别人的苦难当成娱乐新闻。低俗内容可以给网站带去流量，可以增加文章的点击量，甚至有很多严肃媒体的新闻报道也走入低俗化报道的误区。

美女服务员不小心拉掉了男子的裤子，没有想到男子是董事长的儿子

女星收5000万与富商发生性交易，却被法官认定是真爱

“手撕小三”现场，妻子痛斥：老公给她全家40多套房

女子睡觉半夜被窝钻进1.8米长大蟒蛇，网友：它怕冷想找个伴

上面列举的都是网络新闻的标题，虽然这些标题都没有脱离事实，但以低俗取代端庄的趋势却是不可取的。如果记者一味追求轰动效应，就可能无视职业责任感，单纯追求利益。

假新闻事件：纸包子露馅

先将纸箱浸泡，再加入具有强烈腐蚀性的工业火碱，然后将湿纸剁成纸浆，按6 ： 4的比例加入肉馅，这样制作纸馅包子已成为行业内公开的秘密。

“纸馅包子”子虚乌有，是北京电视台聘用人员訾北佳一手策划导演的“新闻戏”。

一边是热腾腾的包子，一边是散发着霉味的废纸箱，而前者正是由后者做成的。2007年7月8日，北京电视台《透明度》栏目讲述的这一幕让无数首都人民找到了呕吐的感觉。一个名叫訾北佳的记者通过暗访，把北京市朝阳区一包子摊“纸箱变肉馅”的不法行为公之于众，还称“这已成为行业内公开的秘密”。

报道里描述的这个骇人听闻的过程是这样的：先将纸箱浸泡，再加入具有强烈腐蚀性的工业火碱，纸箱很快就褪色且一捏就碎。将湿纸剁成纸浆后，再按6：4的比例加入肉馅，再撒上猪肉香精，这个特殊的包子馅就完成了，蒸熟后颜色还没什么异样。

这则调查节目播出后马上引发轰动。很多自觉成了奸商废纸篓的北京市民纷纷上网发帖，谴责这些泯灭良知的行为，并发誓以后再也不吃包子了。由此引发的食品安全恐慌引起了更多媒体的注意，他们或全文转载訾北佳的报道，或亲自跟进寻找黑作坊。而訾北佳在接受其他媒体采访时更怒斥这些黑心商贩“麻木”。随后，海外媒体也开始关注此事。

节目播出3天后，北京市工商局等单位在朝阳区展开拉网式的专项检查行动，但半个星期下来却一无所获。工作人员最后不得不请来专家做模拟试验，结果显

示“蒸熟后纸肉馅呈散状，且很容易分辨”。这些与报道相左的情况让工作人员的工作陷入困局，公安机关随之介入调查，并成立专案组。

公安人员把注意力重新放在首揭黑幕的北京台记者訾北佳身上，他们反复观看訾拍摄的原始录像带，结果疑点频现，如虚构举报人，对包子和肉馅未进行法定监测等。几经侦查，訾北佳最终承认做假，“纸包子惊魂”是他一手策划导演的“新闻戏”。

结果让人啼笑皆非。那个引得京城人人得而诛之的“黑心商贩”原来只是一个“假想敌”，訾北佳记者也只是贼喊捉贼。

訾北佳在向警方的交代中承认，今年6月初，节目组通过了他报的“纸馅包子”选题，但随后他用了10多天在北京各处暗访都没吃出过什么不妥。随着截稿时间临近，急于立功的他就花钱请了几个包子工导演了这场戏。其中肉纸比例、火碱说法也是由訾所创，然后教与一个农民工说出，以增加节目的视觉、听觉效果。

“我既想出名，又想赚钱。”訾北佳被刑拘后的这番自白很快就把人们原先对“纸包子”的愤怒迅速吸引过来。感觉被戏弄的人们通过各种方式抨击这起假新闻及其造假者，有网友用“信任危机”来形容此次假新闻事件对媒体社会公信力所造成的难以挽回的损害。“媒体用公信力去换取收视率，无疑是杀鸡取卵的做法。”而一路为造假者开绿灯的北京电视台则向社会深刻道歉，相关栏目负责人也受到不同程度的处分。

2007年8月12日，北京市第二中级人民法院公开审理了“纸箱馅包子”虚假新闻案。訾北佳因犯损害商品声誉罪，被一审判处有期徒刑1年，并处罚金1000元。这起峰回路转、情节跌宕的媒体事件，终落帷幕。[①]

“纸包子事件”给媒体从业者敲响了警钟，发布信息者应当为信息的真实性负责，更何况是以真实性为生命的新闻内容，更容不得半点虚假。这些低俗信息的存在，会极大影响信息用户的判断，并且产生误导，使信息用户认为在网络媒体当中出现假新闻很正常，最终导致公众不再相信媒体发布的内容。

---

① 叶伟民：《假新闻事件：纸包子露馅》，来源：《南都周刊》，搜狐网转载，http://news.sohu.com/20071229/n254380891.shtml.

二、媒体中的性别歧视

媒体信息反映着当今时代各方面的思想交锋。20世纪90年代以来，我国的大众传媒业蓬勃发展，极大丰富了公众的文化生活。媒体传播的内容也成为塑造大众文化、引导大众审美趣味的最重要场所。公众会通过媒体内容获取未知领域的信息，也会通过广泛传播的内容来强化自己的既有认知。大众传媒中的性别信息传播，更是影响着公众的性别认知。健康文明的媒介性别文化，对中国妇女的发展乃至构建文明、和谐社会的作用可谓举足轻重。[①] 从目前的媒体内容来看，其中仍然存在很多对女性有偏见或者歧视的传播内容。美国媒体文化研究者道格拉斯·凯尔纳认为媒体正在通过自身的宣传灌输给我们“什么意味着男人或女人的典范。从报纸到音乐电视，媒体塑造着我们对于性别的理解。通过向我们展示有关女性、男性及其关系的形象，媒体暗示我们，作为男人和女人，我们的个性形象应该如何”[②]。

学者冯媛早在1998年就对当时全国的八家主流报纸《人民日报》《光明日报》《经济日报》《法制日报》《工人日报》《农民日报》《中国青年报》《文汇报》的公开报道做过一项统计。统计数据显示：在这些主流报纸的新闻报道中，男性作为新闻人物被采访、引用、报道、拍摄的频率要远远高于女性。其中在有言论被引述的新闻人物中，男性占91%，女性仅占9%；男性新闻人物中拥有政治性身份的占70%，女性仅占18.7%。首都女记协在2009年重新对上述八家主流报纸的报道进行统计调查，结果与冯媛当年得出的结论出入不大，其中值得一提的数据是，在被记入统计数据的18,619条新闻中，以妇女或妇女问题为主题的报道只有175条，仅占0.9%。丰虹在2011年完成其媒介性别歧视的相关硕士论文时，援引了上述数据。不仅如此，丰虹还列举了具有明显倾向性的报道实例：

2011年2月16日《羊城晚报》的A19版上有一篇题为《少妻离家稚子声声找妈妈》的报道，单从题目上看，记者只强调了女主人公作为妻子和母亲的两种社会角色，特别是后半句“稚子声声找妈妈”给读者以“先入为主”的错觉，潜意识中会认为这位女当事人没有尽到做母亲的责任。而接下来的文章主体则对整个

---

① 张晨阳：《当代中国大众传媒中的性别图景》，北京：中国传媒大学出版社，2010年，第6页。

② ［美］茱莉亚·T.伍德：《性别化的人生——传播、性别与文化》，徐俊，等，译，广州：暨南大学出版社，2005年，第186页。

事件的经过进行了阐述，三个小标题分别为“老夫少妻”“妻子变了”“儿子找妈”，记者仅通过对丈夫的采访就将事情的来龙去脉串联了下来，因此报道具有明显的倾向性：同情丈夫，责怪妻子。在正文的旁边还有一个几百字的小附稿，是《羊城晚报》记者对这位妻子的采访。记者的几个问题分别是“你们之间到底出了什么问题”“为什么没有过日子的感觉”“他说你在外面有了人”“你想过小孩吗”。这些问题中透露出明显的质问口气，而且都没有脱离婚姻、孩子的范畴，对于当事人的个人状况欠缺起码的考虑。在妻子简短的回答中，我们了解到她其实是因为丈夫长期使用家庭暴力，并且严重干涉她的人生（身）自由才选择离开的。对于这样的情况，记者没有表示应有的同情，却用一句“你想过小孩吗”来试图使妻子产生愧疚感，这种明显的漠视女性权利的做法着实令人气愤，我们不禁要问：难道女人为了孩子，就该长期忍受丈夫的打骂而不离开吗？总之，这篇报道的记者对于事件的调查不够全面，带着歧视女性的心理和个人情绪去写报道，是非常不负责任的表现。[①]

在广播电视节目中，性别歧视现象也比比皆是。因为广播电视丰富的信息传播手段，更容易制造出媒介奇观，而女性则居于这类奇观的中心位置。

深圳卫视的真人秀节目《来吧孩子》于2014年5月9日一经播出，立刻引起观众的广泛议论，有媒体报道称“在播前已有数十万讨论量的《来吧孩子》在播出当晚轻松破百万，并跻身微博话题榜前十”。节目制作方则将自己的节目定位为“国内首档大型观察类真人秀”，“巧妙地将戏剧和纪实相结合”，其节目制作人认为该节目“无须煽情就已惊心动魄，无须刻意就已击中人心”。而节目首期播出之后，《新京报》与优数咨询联合推出的“京报调查”对1,002名观众进行了调查，结果显示34.8%的被调查者认为节目“太重口味”，45.7%的人认为在产房内拍摄“不妥，可能干涉助产过程”，38.5%的被访者认为播出生孩子的画面“不好，血腥场面有违传播伦理”。

一、生育——真人秀节目不可承受之重

深圳卫视官方网站对于《来吧孩子》的部分内容介绍如下：节目从（以）一个生命的起点作为切入点，从怀孕到生产，展现出新生命的降临给家庭成员带来的新的生活情感体验，同时生活中许多不确定的因素也融合其中，浓缩了婚姻情

① 丰虹：《媒介性别歧视的现状、成因及对策研究》，太原：山西大学硕士论文，2011年6月，第7—8页。

感、家庭关系、婆媳问题、医患关系等普通人生活中所要面对的种种社会热点话题。新生命的降生，成为该节目的主线，并且通过多镜头全方位的拍摄，展现婴儿如何脱离母亲，成为一个独立的个体；母亲临产时的痛苦，婴儿诞出时的血腥，这些隐秘又极具隐私的生育过程成为节目的最大卖点。……

（一）真实作秀的生育景观

作为女性独特个人体验的分娩过程，其对女性肉体造成的疼痛，将以一种撕心裂肺的面貌呈现给节目观众。观看生育，似乎已经“大胆”突破了以往的某种禁忌，而事实上是这档真人秀节目借助高科技的拍摄技术制造了满足观众窥私欲的“生育景观”，给观众带来新的视觉快感。……

（二）被塑造出的伟大女性

……男性的观看，既是了解女人怀孕生子的艰辛和危险，同时也通过对女人的关怀鼓励女性生育。通过对生育痛苦的展示，塑造女性“伟大”的形象。但事实上，女性的伟大与生育之间并无直接联系，像天赋人权一样，生育是女性所必备的最为本原的能力。女性在镜头前的分娩，痛苦不堪的表情、刻不容缓的节目氛围，无疑渲染了成为母亲的一种悲壮，强化了成为母亲的“伟大”。而正在镜头前分娩的女性，也会把自己正在承受的生育疼痛视为“一种价值证明，一种性别荣耀”。节目在女性的生育与伟大之间划（画）上等号，无疑是强化对女性的规训：成为母亲才是伟大的。但是在女权主义者看来，女性解放的最大障碍就是他们的生物繁衍角色，生育这一过程压制着女性，“怀孕和母亲角色本身就构成了本质上的伤害，因为胎儿和孩子都是闯进来的不速之客”。①

复旦大学陆晔早在十几年前就曾警告说：“真人秀绝对不能成为节目的主流，媒体应该以伦理道德作为行业规范之一。”但从目前各类以女性为中心的电视节目的受欢迎程度来看，电视观众与电视媒体已经完成了相互的形塑：严肃已被消解，窥私成为常态，价值让位娱乐。大众媒体所承担的性别教育功能，不应被曲解为任何和女性沾边的话题都可以藏在娱乐的外衣之下，让严肃的性别议题成为娱乐受众的消遣。

现今社会中，网络媒体大行其道。由于网络的信息储备数量巨大，要想在海量的信息中吸引网民，获取更多点击量，网络媒体往往会在标题中突出女性的性

① 李兰：《真人秀节目创新的伦理思考——以〈来吧孩子〉为例》，《传播与版权》，2014 年第 12 期，第 72—73，75 页。

从属地位，不管正文内容是否有所涉及，只要在标题中以赤裸裸的性暗示进行包装，就能够换取较高点击率。比如下列网络文章的标题：

港姐身着透视装下厨煮饭

女孩被男友骗进淫窝

英超名将娇妻裸晒秀雪臀 豪乳出淤泥净如莲玉

艺考生穿泳装上阵如选美

“小三”打工妹的法律成本

少妇和公公偷情 丈夫愤而出走 寻夫3个月无果

一女嫁三兄 轮流入洞房

银幕上的性感“女间谍”

“印度夫人”热辣选美

……

从上述标题中我们可以看出，在与女性相关的报道中，过分强调女性的身体部位比如“臀”“胸”；给女性进行身份划分如“娇妻”“小三”；用具有性挑逗意味的词语对女性进行描述如“性感”“热辣”等。在这样的报道中，女性只是被媒体视为视觉感官满足的对象。女性就像物体一样具有观赏价值。卜卫认为“在商业化的报道中，大众媒介强调的是女性的观赏价值。当女性不被看作一个包含智力、勇气等品质的完整个体，仅仅成为被看对象时，其观赏性（或漂亮程度）的高低就决定了这个女性的价值”。学者李腊花则认为，在大众媒体中，女性与男性的不平等或者女性被歧视的现象主要体现在媒体报道多以男性为中心视角；女性的角色多被定型化为妻子或者母亲；女性被当作“祸水”；过分强调传统的“贞操观”，强化公众对女性的刻板印象；还有就是如前文所述，媒体内容突出强调了女性的观赏价值。①

三、媒体失语

媒体失语实际上是媒体“缺位”，也就是指传媒的社会责任在传媒行为中被遗忘或搁置在了一边，尤其是当影响重大的新闻事件发生时，媒体对该事件没有进行报道，或没有在受众迫切需要了解事件真相时给予报道。“这种现象一般可以分

① 详见李腊花：《新闻媒体语言中的性别歧视》，《华中农业大学学报（社会科学版）》，2004年第3期，第75—78页。

为两种情况：一是记者采写了稿件或制作了节目，但由于某些原因，取消了报道或播出；二是媒体虽然认为报道有利于社会公共利益，但根据以往惯例或潜规则估计到报道出去会‘踩雷’或有风险，而自觉地保持沉默。失语的现象有全国性的，有地方性的，有时还会呈现出集体性特征，故又称‘集体失语’。”[①] 媒体没有尽职履行信息沟通职能，公众没有能够获取真相的正规渠道，就会给谣言留下可乘之机。媒体失语最典型的事件是2003年的“非典”事件。

2003年2月8日中午，一条内容为“广州发生致命流感”的消息通过手机短信迅速流传开来。统计数据显示，仅2月8日当天广州的手机短信流量就达到4,000万条，9日达4,100万条，10日攀升到4,500万条。与此同时，广州各大医院也通过“小道”传出令人不安的消息。8日晚上消息进入网络，传言也越来越走样。随后广州出现了抢购风潮，板蓝根的价格一度由平时的一包6.5元涨至20元，白醋的价格被炒到了每瓶100元。深圳、香港、贵阳的相关市场也闻风而动，烟台、苏州、杭州、太原、沈阳也开始了药品抢购。面对上述混杂的传言和全国各地媒体同行的求证询问，一向活跃的广州媒体表现出少有的沉寂。2月10日的《羊城晚报》才在新闻中首次提到“非典”一词。该条新闻的标题是：

主标题：广东发现非典型肺炎病例

副标题：该病有一定传染性，专家提醒市民做好预防措施

2月11日上午10：30时，广州市政府召开新闻发布会，对传言作了澄清，广州各大主流媒体当日开始详细报道事件真相。局面迅速得到控制。

传播是公众联系世界的纽带，现代社会的人们已经不自觉地生活在传播所营造的拟态环境中，并在很大程度上对传播形成了依赖。倘若舆论传播的主渠道不畅，边缘渠道就会立即替补上来；报纸、广播、电视媒体一旦失声，网络、手机短信、电话就会即时充当起主流媒体的角色。这是现代社会公共信息流量平衡调节机制的自发作用。网络寻呼机、网络聊天室、网络电子公告牌的使用使得广州2003年春季“致命流感”谣言获得了最佳传播环境，不需要“把关人”的手机短信传播甚至可以违背受者的意愿随意发出，类似于口耳相传，却又超越了时间、空间和经费限制，导致比口耳相传更易出现的信息扭曲和变异。在网络和手机短信未能触及的地区，电话则在谣言的传播中发挥了重要作用。由于人们与生俱来

① 杜志红：《传媒社会责任的缺失原因与实现路径》，《中国广播电视学刊》，2006年第7期，第10—12页。

的多疑，人际传播更容易成为谣言和恐慌传递的主渠道。而上述三种现代传播工具均具有人际传播的某些特征，在2003年春季的“非典”事件中成为谣言传播的“优质”载体。在主流媒体的声音重新恢复两天之后的2月12日晚，广州社情民意研究中心用电话访问的广州市12个区（市）的525位不同收入、年龄和性别的市民中，仍然只有42.4%的受访者对“非典”的疫情公布表示满意。在其后满意率才逐渐回升。沉痛的教训警示我们：在突发事件中，主流媒体稍有迟钝，不能在第一时间把真相告诉受众，边缘媒体必将迅速取而代之，占领主流媒体的传统传播通路。与此同时，主流媒体多年精心培育起来的公信力和公众对政府的信赖，就会以惊人的速度丧失。[①]

“非典”事件之后，媒体学界对这次事件中传媒的集体失语现象进行了深刻地剖析和反思。在这类重大突发事件面前，媒体担任的角色就好似船头的瞭望哨，对一切不测风云和浅滩暗礁进行监控，不论出于何种原因的失语，都是自身职责的缺失和对公众知情权的侵犯。在危机事件发生时，各种复杂因素已经让受众无法明确辨别自身的处境，媒体失语的同时谣言就会滋生、传播并影响公众的行动，不利于公众团结一心战胜危机。更严重者，媒体失语还会导致社会监督的严重缺位，成为影响社会稳定的不利因素。尽管在“非典”事件之后，媒体失语现象得到了逐步的纠正，但是在很多公共事件中，媒体仍然存在失语现象，“没有履行应有的信息沟通职能，只是被动地传递政府需要传播的信息，对各自地方政府不希望传播的信息则讳莫如深”[②]。

四、媒体迷失

根据杜志红在其研究中的分类，媒体社会责任缺失除了媒体失语这种“缺位”表现之外，还有一大类媒体行为被称为“媒体迷失”，“迷失”指传媒的社会责任在传媒行为中发生了异化或扭曲，或者称为传媒谋取私利的借口和幌子。具体包括：

“媒体寻租”：又称“有偿新闻”或“媒体（从业人员）受贿”。这是一种利

---

① 陈集泰，刘梅，贺忠，王首程：《突发事件中新闻媒体的责任》，《广州大学学报（社会科学版）》，2004年第3期，第1—7，39—92页。

② 陈力丹，陈俊妮：《松花江水污染事件中信息流障碍分析》，《新闻界》，2005年第6期。转引自杜志红：《传媒社会责任的缺失原因与实现路径》，《中国广播电视学刊》，2006年第7期，第10—12页。

用手中的采访报道权牟取媒体或从业人员私利的行为，多年来三令五申仍屡禁不止，且花样翻新。近年来，媒体寻租现象已经从个体行为发展到了集体行为，由“秘密寻租”到“公然创租”，甚至利用媒体的批评报道权对被曝光单位进行敲诈勒索。

“媒体媚俗”：为了吸引受众眼球而对趣味低下或感官刺激的内容进行大肆炒作、煽情，或是把严肃的内容进行“泛娱乐化”的处理。尤其以一些小报、小台和互联网媒体较为普遍。

“媒体侵权”：即媒体在采访和报道过程中对被采访和报道对象的人格尊严、名誉权、隐私权、肖像权和信用权的侵害。具体表现为暗访偷拍成风、新闻侵权官司不断、缺乏人文关怀等等。

“媒体崇富”：报道内容更多地关注富裕地区和富裕阶层，媒体的价值趋向更贴近消费主义和富人的价值观，而对弱势群体和贫困地区漠不关心。

“媒体弱智”：指媒体缺乏独立创新能力和认识反思能力，内容和形式“克隆”、模仿成风，呈现出低智化、幼稚化倾向。

“媒体失节”：指媒体及其从业人员缺乏职业操守、职业意识和道德规范。

“媒体造假”：指媒体为了某种目的在内容或形式上采取作假的手段，并将其作为真相告诉受众，达到以假乱真的效果。①

我们来看一个具体的案例。首先看一下这个案例对应了哪种媒体“迷失”现象，其次通过这个案例，我们也可以了解到媒体“迷失”现象发生发展的原因何在。

记者因矿难封口费事件被捕　自曝为报社创收内幕②

“封口费”已经成为中国媒体顽疾，“蔚县矿难事件”更成为近年来媒体行为失范的最大丑闻。细察这一典型案例的背后，既有记者个人沉沦之痛，更有体制错位之忧。

李俊奇的记者生涯在2008年11月13日走到了终点。

这天夜里，一群陌生人敲开了他落脚的宾馆。来人自称警察，在一番盘查询

① 杜志红：《传媒社会责任的缺失原因与实现路径》，《中国广播电视学刊》，2006年第7期，第10—12页。

② 此报道为刊登于《南都周刊》的报道《“封口费”背后的新闻寻租》，新浪网2010年4月13日转载，http://news.sina.com.cn/c/sd/2010-04-13/093220063010.shtml.

问之后，随即将李俊奇带走。

2010年3月30日，在蔚县矿难时隔一年多以后，新闻出版总署公布了10名在矿难中收取“封口费”的记者名单，涉事记者十人，其中九人被判刑。曾为《农民日报》河北站站长的李俊奇，就在这十人名单之中。

李妻吕建平一度以为这是一次报复式的绑架。“没想到第二天早上，还接到李俊奇的电话，他要我把心放到肚子里”，吕建平回忆说。但随后，她接到报社电话，告知李是被河北赤城县检察院拘留了。

被抓走当晚，李俊奇和通讯员许伟民二人正在邢台市隆尧县兑现发行费，年底是记者站最繁忙的时候。

吕建平并不知道，等待李俊奇的却是一场牢狱之灾。2009年10月23日，河北赤城县法院以受贿罪判处李俊奇十年有期徒刑、以贪污罪判处其七年有期徒刑，合并执行十六年有期徒刑的刑罚。此后二审维持原判。

李俊奇被捕的第二天，赤城县检察院办案人员抵达位于北京市朝阳区八里庄的农民日报社查账。

此时距河北蔚县矿难发生恰好四个月。

2008年7月14日，蔚县南留庄镇李家洼煤矿发生爆炸，造成34人死亡、1人失踪，直接经济损失1,924万元。

事故发生后，矿主隐瞒不报，转移尸体，破坏现场，销毁证据，同时在当地政府要求下支付了260万元收买来自全国各地的真假记者。85天后，这一特大事故始被曝光。

三次公关

从事后看，蔚县矿难成了李俊奇命运的转折点。围绕矿难展开的公关战也将数十家媒体裹挟其中。

河北省赤城县检察院指控：李俊奇身为国家工作人员，利用职务之便，非法收受他人财物20万元，为他们谋取利益，还利用代领发行员发行补贴之机，侵吞公款9万多元，应以“受贿罪”和“贪污罪”两项罪名追究刑责。其中受贿罪指的就是李俊奇接收由蔚县政府支付的20万元订报款。

《南都周刊》记者通过阅读大量卷宗、笔录，采访当事人及律师，大致勾勒出蔚县当地政府和李俊奇之间公关与被公关的整个过程：

2008年8月7日，李俊奇驾车前往蔚县，与通讯员许伟民会面，走访矿难家属，进行了半天的采访。随后，二人到蔚县县委宣传部，要求对“李家洼煤矿事故”进一步了解，采访要求未获接纳。临行前李俊奇留下名片，便离蔚回京。

5天后，蔚县县委宣传部派副部长高占俊、南留庄镇司法所所长马俊、矿主之弟李向奎三人前往北京，与李俊奇见面商量不要报道矿难。当时李俊奇执意要求同县领导面谈，双方协商未果。

8月16日，高、马、李三人再次到京。这一次李俊奇提出要对方订2,000至3,000份《农民日报》，约需款50（万）—60万元。高占俊认为订报量过大，涉及钱数过多，而且报纸无处发行，遂回蔚县向领导汇报。

8月23日，高马李三人第三次到京，在位于朝阳路的远洋天地咖啡屋与李俊奇见面。双方协商之后，谈妥花20万元订阅《农民日报》，李俊奇表示不再对矿难事故进行报道。当日，高马二人在咖啡屋外的路旁分两次将20万元现金交给李俊奇。

三天后，李俊奇将20万元交到农民日报社财务，并由出纳出具加盖有报社公章的收据：“今收到李俊奇交来现金20万（贰拾万元整）未开票。”此后20万元进入农民日报社账户。

在事后司法层面的攻辩上，这20万元“订报款”和9万多元发行组织费的性质成为焦点。

两份证明

李俊奇事发后，农民日报社强调李属于个人行为。

在检察部门的专案组驻报社调查数月之后，2009年8月6日，农民日报社出示了一份证明，从中强调：财务收款未入报社有关明细账内，报社有关部门负责人和社领导对此毫不知情，李俊奇对该款有实际处置权。

在农民日报提交给上级部门的一份检查报告中，农民日报社进一步指出：“李俊奇将收受的20万元‘封口费’现金通过非正常手段嫁祸于报社。对此，主管部门记者部、社领导一概不知晓。”

这样的认定引起吕建平的不满。她认为，李俊奇收取的20万元是订报款，收取之后三天就已交到报社，是报社长期认可的创收行为，“这是报社为了撇清关系”。

一份李俊奇书写于看守所中的笔录中也提出质问：“我交款时，为什么报社在不知来源和用途的情况下，能将款收下？”

李俊奇二审辩护律师周泽认为，蔚县宣传部提出要为报社做贡献，李俊奇提出订报纸的条件下，双方谈妥并给付20万元，李俊奇收到钱款后就交给了报社，自己并未占有。李俊奇在这里完全是在为报社创收，这显然不属于个人收受他人财物，为他人谋取利益，不符合受贿犯罪的构成。

对于另一项罪名——“贪污”发行组织费，农民日报社同样出示了一份证明。该证明由通联发行部主任杨志华签名，内容指出：发行组织费用于报社工作人员之外的地方报刊发行员，各记者站不能自己享有、使用。

为此，记者采访了多名农民日报社的资深员工和部分驻省记者站站长，多位受访人介绍，发行组织费实际上就是报社给记者的发行补贴，由记者提供发票即可，方便财务报账。

记者查阅《关于农民日报发行组织费使用及报销暂行办法的通知》（农社办〔2008〕6号），其中对发行组织费的表述为：在发行工作中所发生的劳务费、交通费、住宿费、通讯（信）费、燃油费、过路费、停车费以及与发行工作有关的会议、活动等符合财务报销规定的费用。内容上包括报社内部与记者站报纸推介组织费，这与报社所示证明矛盾。

而检方提出的两项罪名在这两份由报社出具的证明上得以印证，并被法院采信。

发行的压力

李俊奇从1984年由山东大学毕业后分配到农民日报社工作，先后任总编室责任编辑、发行部副主任、山东记者站副站长、记者二部主任，2003年任河北记者站站长，曾获中国新闻奖三等奖。

李俊奇的个人形象，在他周围的人看来形成了两个极端。

2006年5月，李俊奇在《农民日报》上发表了一篇舆论监督文章，反映河北灵寿县一名被开除党籍多年的“党员”当上村支书的事件。这篇报道引来了当地人物的记恨，曾多次打电话到报社和李家进行威胁。一位与李俊奇相熟的同事回忆，当时那篇稿子李俊奇坚持要求报社发表，事后不卑不亢，“表现得很有风骨”。

在另一位同事的描摹中，李俊奇业务出色，但嗜好钱财，精于谋划。“他当到记者部主任之后觉得职务提升已经碰到天花板了，就主动要求下到记者站，因为记者站创收机会要多很多，报社要生存发展，当然也乐见其成。”

在农民日报社的检查报告中如此评价李俊奇：“他在‘潜规则’的熏陶下，

私欲不断膨胀，把收受采访对象的红包、礼品等视为正常，理想信念发生扭曲。2007年在支部民主生活会上，大家有针对性地对他开展了严厉批评，可他表面一套、背后又做一套，以致发展到今天胆大妄为的地步。”

如果确实存在着这种转变和蜕化，那么，其中的推力是什么？

吕建平坚信的是，自己的丈夫被报社“出卖”了，“他一直是报社的发行创收能人，所以才会把他派到河北记者站”。她拿出报社颁发给李俊奇的一堆奖状，其中包括个人于1998—2001年度荣获农民日报社“发行先进奖”，其所在河北记者站于2003、2005、2006年度荣获农民日报社“先进记者站”。吕建平称，个人和记者站所有的评优评先均与发行挂钩。“出事之后，报社把关系撇得一干二净，原因是他们鼓励记者站搞发行。”

农业部（现更名为农业农村部）、新闻出版署、国务院纠风办曾于1999年联合发布《关于坚决制止向农村和农民摊派报刊征订任务的通知》，要求各地一律不得下发向农村和农民摊派报刊征订任务的文件；不准以“奖励”“提成”“回扣”等不正当方式扩大发行；不准报刊征订与干部考核评先内容挂钩，搞变相的报刊订达标评比活动。

但《南都周刊》记者查阅《农民日报》从02（2002）年到07（2007）年每年的发行工作文件发现，不但记者站站长聘用与发行业绩挂钩，而且记者的年度目标考核中，发行业绩占60%以上，而新闻报道仅占30%，“对于没有完成目标任务的同志，在年度评先评优中实行‘一票否决’”。

具体的奖惩办法每年都有规定。比如2004年度内部发行奖惩办法规定：编辑记者联系的重点县（市）稳住上年发行数字，200份以上每份奖励2元，300份以上奖励3元，1,000份以上则为6元。

梁勤侠曾经是农民日报社四川省记者站的站聘记者，2008年因揭露记者站问题而被开除。她向记者出示了多份“收条”，内容是记者站奖励给站聘人员的“发行费”。其中梁勤侠于2008年4月24日收到因发行224份报纸获得的2,688元提成，另外两名同事分别收到9,750元和4,170元。

混乱的记者站

萧信仁是一位已经离职的农民日报社中层干部，他既对李俊奇收取封口费的做法极不认同，又对李俊奇承担所有责任感到不平。

“地方记者站都有很重的发行任务，为了完成任务有些人就以负面新闻曝光来威胁地方政府和企业。在很长一段时间内，报社起码没有制止这样的做法。”萧信仁说。

《南都周刊》记者查实的一个细节是，报社部分领导曾对记者站的发行、创收进行过鼓励。

农民日报内部员工向记者提供的一份会议纪（记）录，内容是报社一位副社长在一次全国记者站工作会议上的工作总结。该领导提出按照有关规定，记者站的记者是不允许抓发行、搞经营的，“但是，农民日报发行经营完全靠自己，记者站如果发行经营都不管，只能是死路一条”。

该领导谈话中举了个例子，某省记者站抓住了一个开发区占地的线索，要求对方必须扶贫送报5,000份，没有商量，对方找到有关部门告状，最终一份报纸都没有订成。该领导提示记者们：“既要执行有关规定，又要干成事。这就到了考验我们的智慧的时候了。”

一位驻省记者介绍，一些地方为促进发行进行假舆论监督时有发生。《南都周刊》记者注意到09（2009）年4月底的两则报道，河南记者站一位卢姓记者对河南省渑池县发生的同一事件先是发表了监督批评稿，时隔三天又翻然进行高度赞扬。该记者认为：“其中的原因不言自明。”

据了解，过去数年间农民日报驻陕西、云南、青岛记者站站长陆续因涉嫌受贿、行贿和诈骗被捕。

在记者的采访了解中，以曝光要挟进行创收的例子并不仅仅在《农民日报》一家存在。

一位来自《法制日报》中部某省记者站长介绍，很多所谓全国性的“主流”媒体在地方都有大批的“通讯员”，一旦地方上出了什么突发事件，他们都会迅速赶到现场讨要封口费，封口费可以讨价还价，视地方对事件的重视程度而定，少则数千，多则上万。

4月2日下午，《南都周刊》记者电话联系上农民日报社社长沈镇昭。沈镇昭解释：“我们的发行与个人没有关系，都是由重点县市的宣传部、农业部门引导重视发行的。李俊奇的事情只能说是一个个案。对于以曝光负面新闻推动发行，我们是绝对不允许的，报社文件有明确规定。”

机关报的困境

在农民日报社内部一份对李俊奇事件的反思报告中提到（道）：“此举从一个侧面看促进了报社事业发展，如发行工作，记者站的贡献占本报发行总量的70%以上；从另一个侧面看，也使一些素质不高的记者逐渐失去了职业的荣耀和尊严。”

对李俊奇事件的发生，萧信仁认为实际上是《农民日报》一类机关报影响力急剧萎缩的必然。“事实上大部分记者并不愿意用极端的手法搞发行，毕竟要么是求别人，要么是威胁，都是很难堪的事情。”

1985年《中国农民报》正式改名为《农民日报》，其时正值改革开放从农业起步阶段，很多改革文件通过《人民日报》与《农民日报》同步发布，报社在当时享有极高的政治地位。

萧信仁回忆起报社曾经的辉煌依然十分自豪，“当时的主管单位是中共中央农村政策研究室，农民日报以‘为民立言，为民请命’的宗旨著称，在中央与地方农村之间起了重要的上通下达的渠道作用”。

（20世纪）80年代，《农民日报》日发行量曾达到40万份的顶峰。1989年以后，中共中央农村政策研究室被撤销，农民日报由农业部代管至今。在这一期间，大多数省农业厅、市县农业局曾要求当地订阅农民日报，个别地方有具体指标。

90年代之后，报业改革渐次启动，新闻媒体开始从政府包办的直属单位转型为企业化运作的事业单位。在市场化媒体冲击之下，同时由于农业产业弱势化，农民日报发行部急剧萎缩。

发行量的意义被农民日报社提升到政治高度，《2005年度发行工作决定》（农报社〔2004〕46号）开篇提出要“维护农民日报中央主流媒体的尊严，理直气壮占领农村舆论阵地”。而这背后是报社生存的深刻窘境。

据萧信仁介绍：2000年以后报社的大部分经费来源于农业部拨款，每年拨款在千万以上，这部分资金约占全社年收入3/4。其次是专刊、专版，大部分出于地方政府宣传形象之用。广告收入很少，全年累计纯商业广告（收入）少于20万（元）。

北京外国语大学教授展江对媒体改革长期关注，在他的观察中，许多报纸在市场化潮流中，不能以内容来吸引读者和广告客户，面临着广告枯竭。

“在此状况下，报社往往层层分解创收指标，广泛依赖记者站完成，不少记者站主要任务已经不是采访报道，而是打着采访报道甚至舆论监督的旗号去收钱。新闻寻租就成了必然。”展江说。

一人之罚？

2009年的最后一天，吕建平接到了河北张家口市中级人民法院维持一审的判决书：李俊奇被判处受贿罪、贪污罪成立，合并执行有期徒刑16年。

时隔两个月之后的2010年2月4日，由农业部主办的“送《农民日报》下乡项目”正式启动。启动仪式上，农业部副部长危朝安宣布：由财政部安排4,000万（元）财政资金购买《农民日报》20万份，赠送给西部地区12个省区、东中部地区11个粮食主产省的20万个行政村。

社长沈镇昭在打给《南都周刊》记者的电话中解释：《农民日报》今后走的是公益报纸的道路，这4,000万（元）拨款属于国家买单，赠送给农民。他否认这样的转变与该报频发的媒体违规事件有关。

记者咨询多位农民日报驻省负责人，大部分对报社的这一举动表示欢迎。一位站长表示，发行任务的取消令他们如释重负，“想方设法搞发行的事情就不存在了，李俊奇的事情以后就会少发生”。

但萧信仁对此不以为然：“这4,000万（元）可以保证《农民日报》三年的开销，但是这以后呢？媒体改革的初衷是抛开财政上的包袱，这笔拨款是一种倒退。”

展江认为，“媒体应有退出机制，不适应社会需求的媒体应该倒闭。”

2008年11月13日夜里，记者李俊奇在邢台被带走，和他差不多同一时期被带走的各个媒体记者人数甚众。

让吕建平不解的，作为蔚县矿难的主要负责人、蔚县县委书记李宏兴被判处有期徒刑13年，而作为记者李俊奇被判了16年之久。

2010年4月6日，吕建平的律师向记者发来刚起草的一份刑事申诉书，吕建平打算开始（启）替她丈夫的申诉之路（替她丈夫申诉的路）。

面对记者，吕建平并不讳言丈夫那些曝光负面新闻要求地方订报的做法。但这究竟是全行业之罪，或者仅仅是李俊奇一人之罚？

这个答案并不只是她一个人在找寻。

（应受访者要求，许伟民、萧信仁为化名）

本章思考题：

1. 请简要叙述报刊的四种理论分别是什么？

2. 你如何看待媒体中的性别歧视现象？

3. 请结合教材中给出的具体事例，谈谈你对媒体迷失的看法。

第四章　媒介素养教育

媒介素养教育在国内外发展至今，已有近 90 年的历史，包括我国在内的世界许多国家都已经把媒介素养教育纳入正规的国家教育体系。我国的媒介素养教育课程是新闻传播专业学生的选修课程之一，很多欧美国家则把媒介素养教育纳入除大学之外的中、小学正规课程体系中。例如在英国，“超过三分之一的中学毕业生都已参加过媒介研究学科的中等教育证书考试”[①]。我国学者从 20 世纪 90 年代末开始关注媒介素养教育。媒介素养教育在我国不仅起步时间晚，普及程度也远远不及欧美国家。伴随着媒介技术的快速发展，人类生存越来越与媒介工具息息相关，人类生存在现实环境和由媒介信息构建的虚拟环境之中，提高个体的媒介素养显得越发重要。

第一节　媒介素养

首先应当明确的一点是，媒介素养应当作为信息社会公民应具备的基本素质。“素养”一词的基本含义指的是一个人的读写能力，那么“媒介素养”最基本的要求是对媒介内容的阅读理解能力。1973 年，联合国教科文组织首次为媒介素养明确了定义：“媒介素养教育是对现代传播媒介的研究与教学，它具有独特而专门的知识范围，其作用跟利用传媒达到其他教育目标有所区别。”1992 年，美国媒介素养研究中心提出：媒介素养是指人们在面对媒介各种信息时的选择能力、理解能

① 南长森，屈雅利：《媒介素养教程》，西安：陕西师范大学出版总社，2017 年，第 5 页。

力、质疑能力、评估能力、创造和生产能力以及思辨的反应能力。[①] 中国社会科学院新闻与传播研究所的宋小卫指出："所谓媒介素养教育，简单地说，就是指导学生正确理解、建设性地享用大众传媒资源的教育，通过这种教育，培养学生具有健康的媒介批评能力，使其能够充分利用媒介资源完善自我、参与社会发展。"对于媒介素养应包含的内容，不同学者也提出了不同的看法。本教材结合目前媒介素养教育开展的现状以及媒体技术发展的实际情况，将从下述几个方面对大学生应当具备的媒介素养展开讨论。

一、媒介接触和使用能力

媒介技术发展不仅改变了媒体形态，同时也让媒介使用变得日益复杂。在印刷媒介时代，人们获取信息只需要有识字能力，能够读书看报就可以，而今数字媒介时代，人们必须掌握智能手机的使用，或者会使用电脑，才能在互联网世界自由进出，获取无尽的信息。媒介接触和使用能力是媒介素养所涉及的媒介技术层面的能力。如果排斥新的媒介技术，就无法在个体的媒介素养上获得提升。

重庆邮电大学一位同学为了让自己的爸爸妈妈学会微信，专门自制一本微信使用说明手绘本，如图 4-1 所示。

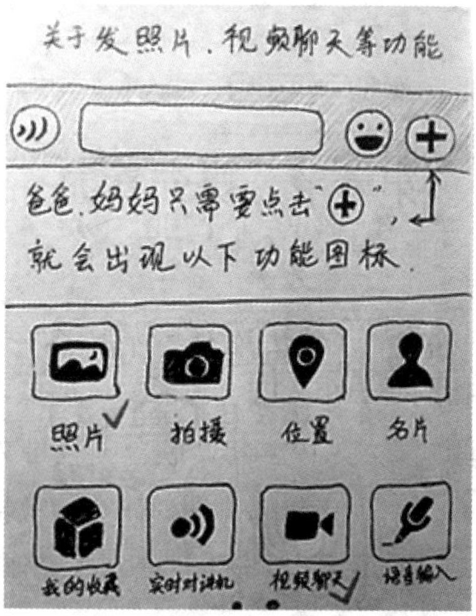

图 4-1 微信使用说明手绘本

① 张玲：《媒介素养教育——一个亟待研究与发展的领域》，《现代传播》，2004 年第 4 期。转引自李舒东，等：《新媒介素养教育》，北京：高等教育出版社，2015 年，第 4 页。

媒介接触和使用不只是简单意义上的日常使用，公众对媒介的使用应该是持续、有效且有意义的。个体首先要明确自己使用媒介的目的，是获取信息还是单纯打发时间；其次再根据自己的目的来主动寻求将要使用的媒介。在前面的章节中，我们曾讲过“信息鸿沟”理论。事实上，媒介技术发展速度越迅猛，在用户之间生成的“技术鸿沟”则会越明显。使用口语传播进行信息传递的时候，因为个体只要会用口语进行表达，就能够完成日常的人际传播，除了地域造成的方言区隔，个体基本不会有什么交流障碍。文字传播时代就要求个体必须识字，才能通过阅读来获取信息。广播电视传播时代，信息用户不仅要有收音机或者电视机这些设备，同时还要会使用它们才能实现这些传播技术对自我的延伸。数字时代更是如此，信息用户要有电脑、手机等数字化设备，然后要学会对各种电脑软件或者手机 App 进行操作，不然就会被数字时代所淘汰。

不同年龄段的用户所进行的媒介接触和使用也有显著的不同，如图 4-2 所示。2013 年，郑州大学针对大学生媒介使用情况的一项调查研究表明，大学生与报纸、广播等传统媒体接触的时间大大压缩甚至直接消失，与互联网新媒体接触的时间却在迅速增长。在中国互联网络信息中心所发布的第 42 次《中国互联网络发展状况统计报告》中则有如下内容：“截至 2018 年 6 月，中国网民中学生群体最多，占比达 24.8%。”在这一大规模的学生群体中，初中、高中 / 中专 / 技校学历的网民占比分别为 37.7% 和 25.1%；受过大专、大学本科及以上教育的网民占比分别为 10.0% 和 10.6%。如图 4-3 所示。该报告同时还对非网民不上网的原因进行了数据统计，调查显示：电脑或网络知识缺失，以及拼音等文化水平限制导致非网民不上网的占比分别为 49.0% 和 32.5%；年龄因素是导致非网民不使用互联网的另一个主要原因，因为年龄太大或太小而不使用互联网的非网民占比为 13.7%；因为无需求或兴趣丧失而不使用互联网的非网民占比为 10.2%；因可支配上网时间有限，以及网络使用设备缺失或宽带无法连接等接入障碍造成非网民不上网的占比均低于 10%。如图 4-4 所示。[①]

① 详见第 42 次《中国互联网络发展状况统计报告》第 22—25 页。

图 4-2　中国网民年龄结构

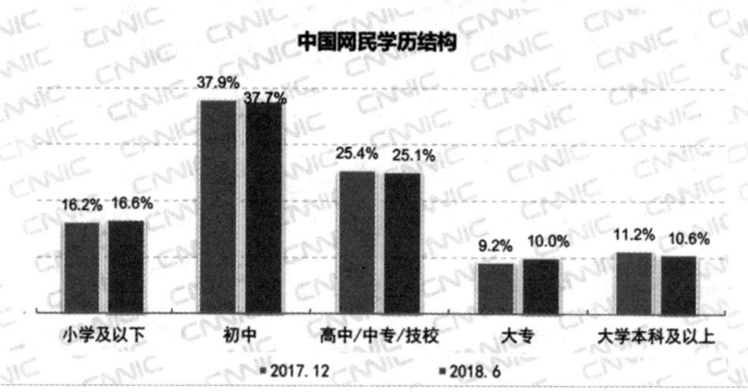

图 4-3　中国网民学历结构

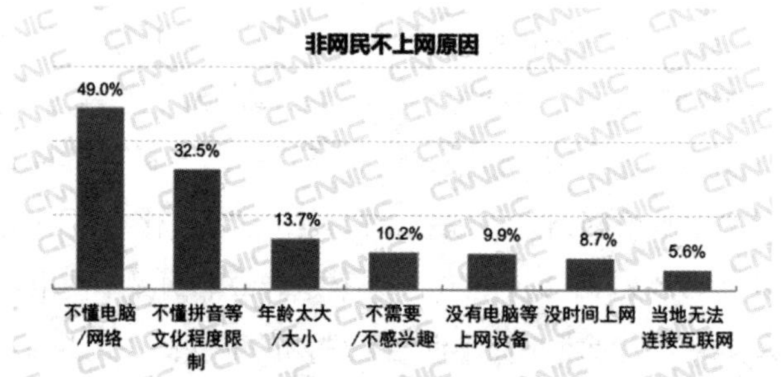

图 4-4　非网民不上网原因

由此可见，以互联网的接触和使用为例，个体之间由于主客观双重因素的作用，还存在较大差异。信息社会的到来，则对个体在信息获取和媒介使用方面提出了更高的要求，最基本的要求即个体能够有效获取信息，不论通过使用哪种媒介形式。

二、媒介内容认知和理解能力

李舒东等在其著述中提出媒介素养除了包括媒介接触获取能力，还要涵盖媒介认知理解能力等其他几种能力。这里的“媒介认知理解能力”作者认为是“能否较正确地认识各类媒介、使用新型媒介”。本教材认为“较正确地认识各类媒介”这一能力素养，还是应当属于媒介接触能力的范畴，而对“认知”能力的强调，则应该将关注点放在媒介内容上面。所以本教材认为媒介素养能力中第二项重要能力指标是对“媒介内容”的“认知和理解能力”，也就是对媒介中所传递的各种信息能够做出正确解读并从中获取有效信息。

（一）辨识媒介内容

在前几章中我们已经介绍过大众媒介传递信息的几种不同形式，虽然都是文字加图片或者都是视频，但每种符号组合而成的内容却各有不同。有的是以告知为目的的新闻信息，有的是以促销为目的的广告信息，还有的是以娱乐为目的的八卦信息。个体在使用大众媒介获取信息的过程中，要注重对上述媒介内容进行辨识。我们以2014—2016年的“魏则西”事件为例，来看一下辨识媒介内容具体指哪些方面。

2014年4月，就读西安电子科技大学的大二学生魏则西被查出患有恶性肿瘤。他曾随父母一起去各大医院寻求治疗方案，在束手无策的情况下，魏则西通过百度搜索看到了搜索头条上列着某武警医院的生物免疫疗法。为了进一步打消疑虑，魏则西又专门百度了一下相关医生。通过搜索魏则西发现：当时接待他们的李主任曾上过中央电视台第十套的节目。魏则西后来在这家医院接受了4次细胞免疫治疗，共耗资20多万元，然而病情未见好转，2016年4月，魏则西不幸去世。2016年2月，魏则西把自己的经历发布在知乎网上，在帖子里他这样写“其中有一个在美国的留学生，他在Google帮我查了，又联系了很多美国的医院，才把问题弄明白，事实是这样的，这个技术在国外因为有效率太低，在临床阶段就被淘汰了，现在美国根本就没有医院用这种技术，可到了国内，却成了最新技术，然后各种欺骗（患者）”。根据《南方周末》2014年报道，免疫细胞疗法在全世界都仅是临床研究，却意外地在我国遍地开花。这种情形与国外小心谨慎、不断试验求证的情形截然相反。2016年4月28日，媒体爆出魏则西就诊医院存在外包诊所给民营机构、百度竞价排名等问题。

在魏则西悲剧发生后，媒体和公众不断追问的一个问题是，百度公司和武警北京二院，谁是“罪魁祸首”？魏则西生前在知乎所发帖子的标题是“你认为人性最大的‘恶’是什么?”，从其自身经历控诉了百度搜索引擎和相关医院。学者潘燕桃和李龙渊认为，这起悲剧的主角是大学生，可是，从事件的经过可看出，他（魏则西）的“信息素养都不高，既缺乏信息安全防范意识，也不了解网络信息鱼龙混杂的严重程度；既缺乏对信息真伪的甄别、判断、分析和评价能力，也不知晓网络求职招聘平台运作（原文的另一个案例）和搜索引擎的工作原理等基本知识”[①]。潘燕桃和李龙渊还指出：“信息技术是一柄双刃剑，如何利用，在很大程度上取决于利用技术的人，取决于这个利用技术的人的信息素养。假如李文星（原文的另一个案例）和魏则西及其家人拥有较高的信息素养，或许就会知道网上信息良莠不齐的严重程度，或许就不会如此盲目轻信，或许就会对所有的网上信息进行甄别、评价并核实之后才加以利用。”[②]我们从前述事件过程也能看出来，魏则西作为一名在校大学生，是具备了一定信息素养的，他知道通过搜索引擎来寻求解决办法，并对相关医生进行信息核查。但是比较可惜的是，魏则西仅仅掌握了新媒体的使用技能，对新媒体中发布的内容并不能很好地进行辨识。比如百度竞价排名体系决定了，出现在相关搜索结果页面前几位的内容可能都是标注为“推广”的广告信息。比如中央十套的电视节目也有可能是医院花钱购买的时段，实际上还是为自己医院做广告。

在前面章节的内容中已经提到，不同类型的信息，会有比较明显的标识，比如新闻信息会有非常明确的新闻要素，准确可靠的信息源；广告信息最终目的是让信息用户产生购买行为。学会对不同类型的信息进行辨识，才不会轻易被虚假新闻或者广告蒙蔽双眼。

（二）正确理解媒介内容

在传播学对人类传播模式的经典概括中，将人类对信息的理解称为“解码”过程。信息传递者负责“编码”，而信息接收者就要对接收到的符码进行解读。只有正确的解码，才有可能准确理解这些信息的含义，也才可能按照原意对信息进行再次“编码”并加以传递。建立在正确“编码”“解码”基础上的传播过程才是一个良性循环的过程。但我们曾经玩过一个叫“你做我猜”的游戏，这一游戏证

---

① 潘燕桃，李龙渊：《信息素养通识教育的理论创新及其实践探索》，《图书馆杂志》，2017年第12期，第45—53页。

② 潘燕桃，李龙渊：《信息素养通识教育的理论创新及其实践探索》，《图书馆杂志》，2017年第12期，第45—53页。

明人们在进行信息传递的时候往往不能准确“解码”。“你做我猜”是让游戏参与者排成一排，排在第一的人可以看到一个有明确含义的词语或者成语，然后他用动作把这个意思表现出来，第二个人只能通过第一个人的动作来猜测词语或者成语，再用自己的动作把猜到的意思表现出来，以此类推，直到最后一个人来说出究竟是什么词语或成语。但在玩游戏的过程中，最后一个人几乎很难准确地猜出他所看见的动作究竟是什么意思，因为信息在通过动作传递的过程中，早就被曲解了很多次。没有正确的理解，自然不会有准确的表达。所以这样的现象在媒介信息传播过程中也同样存在。每一个信息用户对所接收的信息都会有主观解读，这个主观解读不一定是信息传递者所要表达的意思，如果“解码”者解读的意思和“编码”者传递的意思有所差池，那么“解码者”再次传递信息的时候自然就会夹杂自己“再编码”的内容进去，从而使信息失去原本的面貌。这也是为什么我们看到同一则媒介信息的时候，彼此之间会产生争论；为什么人际传播过程中的八卦信息会越传越走样。

“谁认识这小孩的请到沙河派出所认领，人贩子已抓到！”1月12日下午，赣州市民的微信朋友圈开始流传这一消息，不过1月13日，记者采访发现，这是一条被添油加醋了的寻人信息，目前孩子已被其家长接回家。

“微信中疯传的找小孩家长的事情，是真的吗？”13日，不少市民提出疑问。当记者联系上章贡公安分局沙河派出所一名民警时，对方无奈地称：“是有人误传了寻人信息。”12日下午3时50分许，该所接到报警称，沙河镇黄龙村有一名走失的男孩，男孩约2岁，民警赶至现场后在周边找了一圈，未能找到男孩家长，便将他带回了派出所。在民警的安抚下，男孩很快睡着了，一名热心民警给正熟睡的男孩拍了一张照片，将寻找孩子家长的信息发在了朋友圈及黄龙村服务微信群中。短时间内，很多人帮忙寻找孩子家长并转发寻人信息。下午5时许，男孩的父亲和爷爷赶至派出所把他接回了家。原来，男孩老家在赣县大埠乡，目前他一家人租住在沙河镇黄龙村，12日下午，可能因家人疏于看管，男孩不小心走丢了。

正当大家为找到孩子家长而高兴时，沙河派出所民警却发现，他们原本发的寻找孩子家长的信息被添油加醋了，新增了“人贩子已抓到”这一内容，这让简单的寻人信息变了味。就此，民警提醒市民，面对微信中流传的信息，请先核实清楚后再转发，更别添油加醋。（客家新闻网——赣州晚报，2016年1月14日）

上述真实事例，就来自我们对社交媒介的日常使用过程。在高速发展的信息世界，信息在传递过程中，会因为某些内外因素共同作用而导致失真。因此媒介素养能力之一，就是对媒介信息做出准确的理解、正确的解读，不让自己成为谣言传播的中间环节。

三、理性使用媒介能力

理性使用媒介能力的意义在于结合了科学的认知逻辑和有效的批判性思维，对媒介信息进行了偏向于合理的筛选和过滤。李舒东同时还认为，在使用媒介时应当结合理性与建设性，而建设性的意义则在于面对一些消极甚至是不良的信息和内容时，能够以一种积极的、对事态的正常发展有促进作用的态度和行为来处理。[①] 理性使用媒介，意味着能够从媒介所传递的海量信息中去粗取精，不为错误言论和偏见所引导；不沉迷娱乐，善于利用媒介拓展个人知识面，完善自我成长和发展。

华中科技大学陈先红教授曾经针对网民网络素养的培养和提高这一问题，提出应重点培养网民的五种能力：价值判断能力、自我保护能力、识别选择能力、质疑理解能力、创造参与能力。这五种能力已经涵盖了理性使用互联网的大部分能力，我们也可以将其合并概括，延伸到理性使用大部分媒介的能力上来。

理性使用媒介意味着具有对媒介内容进行正确价值判断的能力。价值判断能力也体现出个体的道德水平。信息用户的世界观、价值观及人生观越正确，道德边界越清晰，越能够对媒介信息内容的属性做出正确判断。

理性使用媒介意味着在纷繁复杂的媒介信息中具备自我保护的能力。当信息载体落入不法分子手中之后，信息也会成为害人的利器。2016 年 8 月，山东省临沂市一名家境贫寒的女孩徐玉玉，在当年的高考中通过自己的努力考取了南京邮电大学，并收到了学校的录取通知书。但在 9 月 1 日开学前，徐玉玉接到了一个打到其母亲手机上的陌生电话，电话称有一笔助学金要汇款给徐玉玉。因为之前曾接到过教育部门发放助学金的通知，徐玉玉信以为真，就按对方的要求赶到附近一家银行，通过自动取款机领款。根据徐玉玉的叙述，她通过自动取款机操作后并未成功。对方得知她带着交学费的银行卡后，要她取出卡上的 9,900 元，把钱汇入指定账号，对方再把她的 9,900 元连同助学金 2,600 元一起打过来。毫无戒备

① 李舒东，等：《新媒介素养教育》，北京：高等教育出版社，2015 年，第 213 页。

的徐玉玉按照对方的说法操作后，再与对方联系，没想到对方手机已经关机。徐玉玉意识到家人省吃俭用积攒下的学费被人骗走后，冒雨骑车回家，在母亲面前非常懊悔、自责，哭得很伤心。当天19点多，徐玉玉与父亲一起到派出所报案。从派出所返家后，一向身体健康的徐玉玉坐在三轮车上突然昏厥，被紧急送到医院。21日晚9点30分左右，徐玉玉抢救无效离开了人世，医生给出的死亡原因为"呼吸心脏骤停"。尽管事后公安部门已经侦破了案件，但18岁的徐玉玉再也无法回到这个世界。因为一通诈骗电话，导致准大学生丧生，这样的事例让人心痛，也不得不让人深思。日常的联络工具怎么会成为"夺命手机"的？在当前无处不在的利用信息进行商业运作的背景之下，有效的自我保护能力应当成为重要的媒介素养之一，这一素养可以最大限度避免自身被不良信息侵害。

理性使用媒介意味着信息用户对内容具有批判解读的能力。不盲目相信权威，不轻易人云亦云，对媒体传播的内容保持独立判断和理性思考。作为具有一定媒介素养的受众，不仅要具有识别媒介内容优劣的能力，还应当对所接收到的内容大胆存疑。不仅要了解媒介内容是如何运作、如何组织、如何产生意义、如何说服公众和引导舆论的，还要了解媒介传达某些特定信息的意图。

总而言之，媒介素养是社会公众认识和使用大众媒介应具备的基本能力，提升媒介素养同时也是提升公众的参与创造能力。在大众媒介已经深入公众日常生活的时代，媒介素养教育在一定程度上决定了公众日常生活的水平和质量。

第二节　大学生媒介素养养成指南

对于今天的大学生而言，传统媒介的概念已经逐渐淡出了他们的视线，因为所有传统媒介都被转接到了网络平台之中。所以今天大学生媒介素养的养成，基本就是新媒介素养的培养。尽管年轻的大学生们几乎都是网络时代的"原住民"，但这并不代表他们已经具备了在网络时代生存的良好素养。在这一节的内容中，我们会从不同的新媒介形态入手，提出对大学生媒介素养的新要求。

一、网络社区

网络社区，也被称作网络虚拟社区。阿姆斯特朗在《网络利益》中认为：

所谓虚拟社区，就是一个供人们围绕某种兴趣或需求集中进行交流的地方。埃瑟·戴森在其《2.0 版数字化时代的生活设计》一书中承认网络世界里存在着社区的前提下认为，“在网上的世界里，一个社区意味着人们生活、工作和娱乐的一个单位”。[①] 在网络社区中，用户可以有自己的个人空间，也可以到社区论坛参与话题讨论，或者在社区提供的在线游戏中进行娱乐。网络社区是一定规模虚拟用户的集散地。

以我国知名度最高的网络社区“天涯社区”为例，我们来看看网络社区的构成：

天涯社区（www.tianya.cn）创立于 1999 年，社区以“全球华人网上家园”为愿景，致力于打造最具影响力的全球华人内容创作和知识分享社交平台。目前，天涯社区注册用户超过 1.3 亿，月覆盖用户超过 2.5 亿，拥有大量高忠诚度、高质量用户群所产生的超强人气和互动原创内容，形成了独具天涯特色的网民文化，其开放、包容、充满人文关怀的特色受到国内网民乃至全球华人的推崇。

天涯社区提供论坛、部落、博客、问答、文学、相册、个人空间等服务。拥有天涯杂谈、娱乐八卦、情感天地等人气栏目，以及关天茶舍、煮酒论史等高端人文论坛。

从天涯社区的定位和简介中我们不难看出，天涯社区为其规模庞大的用户提供了多样化的服务。而且“精神家园”的定位也让天涯社区的服务吸引了大量的高学历人群和知识分子。随着加入社区人数的增多，天涯社区也成为国内很多网络事件的溯源地，也同时成为新闻记者寻找新闻线索的重要途径。

2005 年 9 月 8 日，《南方周末》发了一篇题为《一场虚拟世界的反歧视大战》的整版文章，这篇文章记录的就是 2005 年 2 月 22 日开始的，在“天涯社区”上演的大论战。论战的双方是“北纬 67 度 3 分”和“易烨卿”，论战内容围绕着财富、服装、赛马等“上流社会”的生活。这场论战吸引了 22.3 万多人次围观，近 4,000 人参与讨论。更有网友称“行走论坛，此帖独尊”。这次论战是一次观点之间的交锋，网民参与的方式也都是支持或反对某一种观点，或者表达自己的观点。除了言论之争，天涯论坛还被戏称为“反贪”“打假”“挖小三”的战场。比如 2007 年的“正龙拍虎”事件。2007 年 10 月 12 日，陕西省林业厅宣布陕西发现华南虎，并公布陕西村民周正龙拍摄到的一张野生华南虎的照片。这件事首先是在一个专

---

① 黄楚新：《新媒介素养》，北京：知识产权出版社，2012 年，第 94 页。

业的摄影论坛遭到质疑，同一时期，天涯论坛的网友开始发帖质疑华南虎照片的真实性。随后，很多网友跟帖讨论，从照片的构图、光线来进行分析，并且有网友找到了跟华南虎照片中的老虎相同的年画。天涯网友对事件的关注和持续讨论，吸引了传统媒体参与报道，最终揭开了华南虎照片的真相，农民周正龙也因此获罪。

互联网强大的技术支持给网络社区提供了有力保障，使得网络社区成为参与者广泛、互动性强、讨论自由的虚拟空间，这一虚拟空间同时具有巨大的传播力量，“成为更加具有公共性对公共议题和公共事务交流和辩论的平台”[①]。除此以外，网络社区还具备以下几种功能：

第一，消费购买功能。这类网络社区以网络用户的产品使用分享为主，从而吸引其他社区访客产生购买行为。消费购买功能也可以嵌入网络社区的论坛板块中，不一定是完全以消费为主的社区模式。比如网络社区“西祠胡同”，除了常规的虚拟社区服务功能之外，在其讨论区中还有很多具有消费购买引导作用的版块，“二手车”“败家MM集中营”都是专门针对有二手货品或者二手车交易需求的网友开设的。

第二，社交功能。网民在虚拟的网络社区中就某一话题进行讨论，或者参与某一种共同的游戏，或者交换某种共同的人生经验，从而对网络中的倾听者产生依赖。有的网民在虚拟社区的交往会延伸至线下，建立实在的人际关系。

大学生在使用网络社区的时候应当注意以下几点：

首先，明确网络社区中人际互动的虚拟性。在网络可以隐匿真实身份的技术支持下，网民在人际交往的过程中实际是塑造了一个虚拟自我来进行社会互动，建立虚拟的社交关系。对于这种虚拟关系，不能轻信，更不能过分依赖，否则会影响现实空间的人际关系。

其次，网络社区中，尤其是网络论坛的谣言泛滥，容易造成群体非理性行为。由于网络匿名性的掩护，网民有了畅所欲言的机会，但正是这种匿名条件，也给了谣言滋生蔓延的机会。有很多谣言甚至会激发网民的非理性行为，进而演变成网络暴力。2015年，曾经因与美国前总统克林顿的绯闻事件而“声名大噪”的莫妮卡·莱温斯基在Ted Talk做了名为“耻辱的代价”的主题演讲，这场演讲以及

① 吴风：《网络传播学：一种形而上的透视》，北京：中国广播电视出版社，2004年，第226页。

随后《名利场》杂志对她的采访，在线收视量超过150万次。莱温斯基把美国社交媒体长期存在的网络霸凌，社交媒体上的“耻化运动”，放到美国大众意识和公共舆论的聚焦点——社交媒体里流行的“耻化”，是通过社交媒体的病毒式传播，把本来属于私人空间的不当或者敏感性质的行为，迅速公开，在几天之内达到众口铄金的效果，轻则让受害者名誉扫地，丢了工作，重则出人命，受害人受不了人言可畏的压力，走上自杀的绝路。[①] 对待网络论坛或者网络社区中的言论时，我们要保持理性，不要盲目从众，随波逐流，也不要轻易融入非理性的网络情绪中，造成难以挽回的现实后果。

最后，对网络色情与恶俗信息保持警惕心。由于网络社区技术的开放性，信息发布的匿名性，从而导致网络社区中的信息良莠不齐，很多恶俗信息、色情信息也有了便捷的传播通路。在网络社区中出现的这类信息会对大学生产生一定的不良影响。现在还有国内和境外的一些敌对势力利用网络抹黑中国，在互联网上刊载许多煽动性、反动性以及低级庸俗的文章，大肆宣传西方思想、文化等。如果长期受到不良思想和文化的影响，就有可能误入歧途。因此大学生在使用网络社区的时候，应当对网络色情、低俗信息以及反动信息保持警惕心。

二、博客与微博

博客（Blog），是Web2.0时代的产物，又被称为网络日志，是一种由个人管理，不定期张贴文字、图片或视频的网页形式。2002年，博客的概念被引入中国并得到快速发展。艾瑞市场咨询2005年的数据显示，中国的博客用户由2003年的20万增长到2004年的100万，增长比率为400%。[②] 而到了2005年，博客用户得到规模性增长，因此2005年被称为中国的“博客元年”。伴随着博客注册数量的增多，博客以极快的速度融入社会生活中，逐步大众化，成为基于互联网的基础服务。并随之带来一系列人民群众的变化，诸如博客广告、博客搜索、企业博客、移动博客、博客出版、独立域名博客等创新商业模式地兴起。

微博（WeiBo）相对于博客而言，体量上更微小，所以也被称为微博客（Micro Blog）。微博是一种通过关注机制分享简短实时信息的社交网络平台。美国的Twitter是最早的微博应用。在中国，新浪微博于2009年8月上线，并迅速成

---

① 凌岚：《谁是网络暴力的罪魁祸首》，腾讯网，《大家》栏目，2018年9月1日。

② 数据来源：上海艾瑞市场咨询有限公司：《中国博客市场研究报告2005年简版》，第4页。

长为中国最具影响力的信息交互平台。在新浪微博的带动下，综合门户网站微博、垂直门户微博、新闻网站微博、电子商务微博、SNS 微博、独立微博客网站纷纷成立，甚至电视台、电信运营商也开始涉足微博业务。《2010 中国微博年度报告》显示，“从 2009 年 8 月新浪推出微博，截至 2010 年 10 月，中国微博服务的访问用户规模已达 12,521.7 万人。2010 年也因此被媒体称之为微博年”[①]。

从博客到微博的快速更迭，也让网络用户迅速适应了基于互联网平台的即时发布、图文并茂、朋友互粉、围观热点的网络社交生活。2010 年 11 月出刊的第 335 期《新周刊》，封面主题为“围观改变中国——2010 网络生活价值榜”，在这个榜单中，“新浪微博”被评为“年度中国首页”。评语这样描述新浪微博：“一年时间，千万名注册用户，每天上百万条原创，几千万条转发评论——它是 2010 年中文互联网最大的惊艳，借助中文网络第一新闻门户的资源和以 Twitter 为基础的创新，迅速成长为华语世界声音最大、人气最高涨、观点最多元、传播最有效的互联网话语场。它让名人与草根直接对话，让网民从看客变身说客，让坚硬的世界随时融解在趣味的观点和话语里。它制定了限字发言规则，却横扫了社会各阶层的眼球，与社会无限时紧密互动，构筑了千万人同时驻足的网络广场。”

相对于博客而言，微博的使用门槛更低、更便捷，由于智能手机的普及，微博借助移动互联网的东风，成为大众化应用的潜力也更大。写博文需要有一定的长度，并且要具有逻辑性和一定的思想深度，所以更新博文对于博主来说是件费时费力的事情，而微博客的写作则随意得多。只要在限定的字数以内写个三言两语，关于自己的生活状态、精神面貌，或者针对某个新闻事件写几句评论，甚至只是转发其他微博或者网站看来的内容，“随手转发是种美德”，一时之间也成为网民的生活方式。

微博独特的信息传播方式使每一个网民都有了发言机会，并且可以通过微博的 @ 功能直达喊话对象。在人人都能发声，人人都可能成为被关注对象的传播模式中，微博舆论场能够通过某一个传播节点产生的裂变效应从而快速成型。2011 年汕头市中医院内科医护人员李某在微博发帖抱怨深夜收尸，原本一个很普通的微博账号，因为发了这些内容，立刻遭到网友的围观，截至某媒体发稿时，相关的微博已被转发 12,000 余次，网友评论达 2,000 多条。微博博主对于生命的冷漠，让众网友感到愤怒异常。这个博主也遭到了网友的人肉搜索，很快就被锁定了具

---

① 黄楚新：《新媒介素养》，北京：知识产权出版社，2012 年，第 3 页。

体的工作单位。此事也很快成为微博热点话题，李某工作的医院召开了专门会议来应对此事，并对李某的工作进行了调离。

对于现今的大学生来说，微博是他们获取信息的重要窗口，同时也利于他们发布对某些社会热点事件的观点，培养理性思考的习惯。但在使用博客或者微博的时候，也应当注意到这两个传播平台在使用过程中可能存在的一些问题：

（一）博客和微博平台容易滋生谣言

由于博客和微博的用户总量巨大，所以充斥着某些有意无意的谣言讹传、误解误读，哗众取宠、情绪化以及不负责任的宣泄谩骂。个别乱象的背后还有某些人别有用心的企图、争名逐利的利益链条、盲目从众的断章取义。

微博信息的传播速度超越以往任何一种媒介，从编写、制造到发布传播，所有环节都变得轻而易举，它能使信息在瞬间达到成千上万人的阅读界面。然而谣言信息传播的速度和辟谣信息的传播速度却不尽相同。由于受众具有猎奇、围观等心理特点，辟谣信息的转发量往往只有谣言信息的十分之一甚至百分之一。而微博主要通过“转发”来传播的特点，使得辟谣信息难以点对点地抵达真正的谣言受众。比如，认证信息为“盛大文学华文天下图书公司出版总监马志明”的微博用户，曾发出一条质疑杨澜“私吞”中国青少年基金会希望工程项目 20 万元作工作经费的微博，短时间内转发量就突破万次。随后马志明删除原文并向杨澜致歉。然而，这条致歉微博的转发量却仅有少得可怜的 174 次。此外，经“转发”而抵达微博用户的信息，往往来自用户的好友、同学、同事等熟人，或用户信任关注的公众人物，这无形中赋予谣言一种心理上的可信度。[①]

另外，由于微博有加“V”认证功能，这仿佛是给那些网络的虚拟用户加上了现实身份的保障，从而部分地将信息接收者对现实中信息提供者甚至是对传统媒介的信任引入微博。因此，在微博发布的形形色色的信息中，加“V”用户发布的信息，其转发量往往是普通网友的成千上万倍，一条未经证实的消息，经过数位加“V”用户的转发后，其扩散量会以几何级数骤增。

但这种信任也会使微博信息接收者对加“V”用户制造或转发的信息先信任、再论证，或者干脆等谣言被澄清后才放弃信任，而不是先怀疑信息真假。曾为武

---

① 光明网记者赵宁，鲁思雯，刘畅，曾繁华：《微博挺真善美也滋生谣言 辟谣赶不上传谣成隐忧》，2011 年 8 月 18 日。来源：新华网，网易转载，http://news.163.com/11/0818/10/7BNV2SSP00014JB5_all.html.

汉大学信息管理学院教授的沈阳认为，微博的认证系统和传播过程中的名人效应，降低了接收者对虚假信息的警惕心理，增强了接收者的主动传播心理，使得传言能够在短时间内快速从一个社交网络传播到另一个社交网络。一些未经证实的敏感言论传播速度更为惊人，甚至产生了煽动网络舆论的效果。

有网友称："宁可相信认证用户的一句流言，也不相信普通用户的一万句真话。"可以说，实名认证体系已被网友看作保障信息真实性的重要方式和公信力的来源。但是2011年发生的"郭美美事件"，却将网友对认证用户的信任度降到最低。

2011年6月20日，认证为"中国红十字会商业总经理"的新浪微博账户"郭美美baby"发表的一则炫富微博"住大别墅，开玛莎拉蒂"，迅速引发关注。以新浪微博为例，到（2011年）6月23日23时，关于"郭美美"的微博在短短48小时内就达到了110526条。一个20岁女孩，因炫富而被"围观"，但让其爆红的更关键原因是其微博官方认证身份"中国红十字会商业总经理"。事件一出，迅速引发公众对红会的质疑狂潮。6月21日郭美美就在微博澄清自己所在的公司简称是"红十字商会"，两者是不同性质，只是与红十字会有合作关系。6月22日红十字会官方微博@中国红十字基金会发表声明称郭美美事件与红十字会无关。新浪微博也迅速澄清在认证中出现错误，6月21日"郭美美"的微博已经去"V"，并删除郭美美部分微博。6月24日，红十字总会在官方网站再次声明郭美美与红十字会无关，并宣称将启动法律程序维护红十字会的声誉。6月26日，沉寂多天的郭美美也在新浪微博发表声明称自己从未在中国红十字会工作，身份也纯属自己杜撰，并对给红十字会造成的损害给予道歉。但是这些声明和回应并未平息舆论，网民对这一连串的澄清和声明不买账，质疑之声持续发酵，关于红十字会的负面消息依然在增多，网络舆情开始恶化。①

实名认证的"郭美美"并不是中国红十字会的工作人员，但郭美美的炫富行为却给红十字会带来了前所未有的信誉危机。直到2014年，郭美美最终被捕，以及红十字会在各种突发的自然灾害中积极作为，红十字会才逐渐重塑了公众形象。

大学生在使用博客和微博的过程中，应当明辨信息来源，不要轻易对认证用户所发布的信息做出判断，要学会多信源交叉求证信息。

---

① 宗良，卢娜娜：《"郭美美事件"红会舆情应对评估》，2018年7月30日。来源：大众网舆情中心，大众网转载，http://www.dzwww.com/yuqing/yqjd/201408/t20140826_10908341.htm.

（二）微博信息过于碎片化，用户难以产生理性思考

微博在创建之初，规定了140字的发布限制。这种字数上限的规定，限制了用户的长篇大论，凸显了微博信息零碎化、个性化的特征，符合现代人快节奏的生活方式，因此很多微博用户会利用日常生活中所有碎片化时间“刷微博”，获取最新资讯。但这种逐条出现的碎片化信息，非常不易集中用户注意力去深入关注一个事件，导致的结果往往是，微博用户了解很多热点事件，但对这些事件的来龙去脉等更深入的信息并不清楚。因此，仅仅依靠微博碎片化信息的发布，无法消除事件的不确定性，反而会增加不确定性。同时，由于碎片化信息出现的时间先后不一，用户也无法对事件产生完整的认知，从而进行理性思考。在微博信息传播过程中，热点变更的速度非常快，人们难以长时间关注某个事件。微博用户的思维方式也已经完全适应了这种变化节奏，只是一味追逐变化的热点，并不追求更加有深度的信息。

微博信息碎片化传播造成的另一个结果是，微博平台中大量同质化、无用的信息泛滥。比如2010年金庸“被去世”信息，虽然事后被证明是虚假信息，但在当时有上万用户聚集在新浪微博进行转发。由于缺乏过滤机制，一时之间同一个谣言被大量刷屏，而那些有用的信息则被淹没在这些碎片洪流之中。并且微博私人化的“碎碎念”霸屏，“吃了什么”“喝了什么”“去哪里玩了”类似这些缺乏实际意义的信息成为普通用户发微博的主旋律。这种信息发布不仅容易让人患上“微博依赖症”，还容易让人成为不思考的刷屏机器。

大学生在使用微博的时候一定注意不要在海量的信息碎片中迷失自己。对那些能够促进社会变革，关系到国计民生的热点事件不能“浅尝辄止”，一定要利用新媒体工具整合碎片信息，深入观察事件，进行理性思考，得出自己的结论。

三、网络视频和网络直播

网络视频作为一种重要的互联网应用，已经成为国内网民生活中不可或缺的重要组成部分。CNNIC（中国互联网络信息中心）数据显示：截至2018年6月，网络视频用户规模达6.09亿，较2017年增加3,014万，占网民总体的76.0%。手机网络视频用户规模达到5.78亿，较2017年增加2,929万，占手机网民的73.4%。在市场层面，网民观看网络视频使用的网络平台主要为腾讯视频、爱奇艺和优酷。现在的网络视频平台已经串联视频、文学、漫画、音乐、线下娱乐、智能娱乐硬

件等多个领域。伴随网络应用的普及和深入，短视频应用也已经迅速崛起，侵占了网民的娱乐时间。短视频作为一种立体的信息承载方式，内容丰富多样，互动性强，能满足网民碎片化的娱乐需求和草根群众自我表达的愿望，吸引用户使用。2017 年起，尤其是 2018 年春节期间，短视频应用迅速下沉至三、四线城市，用户规模持续增长。截至 2018 年 6 月，综合各个热门短视频应用的用户规模达 5.94 亿，占整体网民规模的 74.1%；合并短视频应用的网络视频用户使用率高达 88.7%，用户规模达 7.11 亿。①

与网络视频同步发展起来的还有网络直播。截至 2018 年 6 月，网络直播用户规模达到 4.25 亿。网络直播内容覆盖体育、游戏、真人秀、演唱会等多个细分领域。由于网络直播内容具有即时性和互动性，缺乏专业媒体的把关机制和把关环节，加之平台对主播的监管作用有限，因此网络直播行业也一直存在很多问题。②

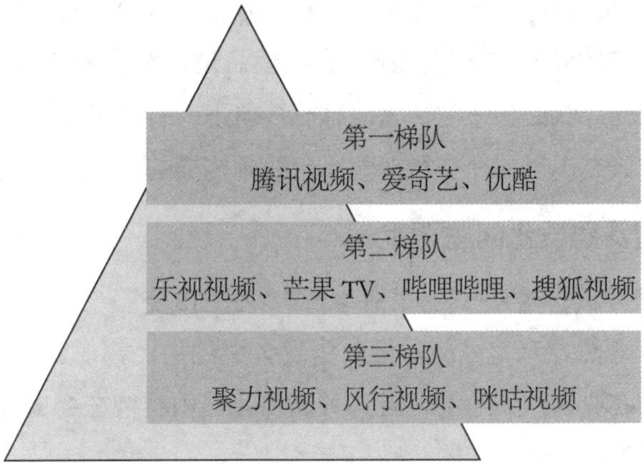

图 4-5　2017 年商业视频网站移动端格局③

① 相关数据来源于 CNNIC：第 42 次《中国互联网络发展状况统计报告》，2018 年 7 月，第 45—46 页。

② 相关数据来源于 CNNIC：第 42 次《中国互联网络发展状况统计报告》，2018 年 7 月，第 47 页。

③ 图片来源：中国网络视听节目服务协会：《2017 中国网络视听发展研究报告》，2017 年 11 月。

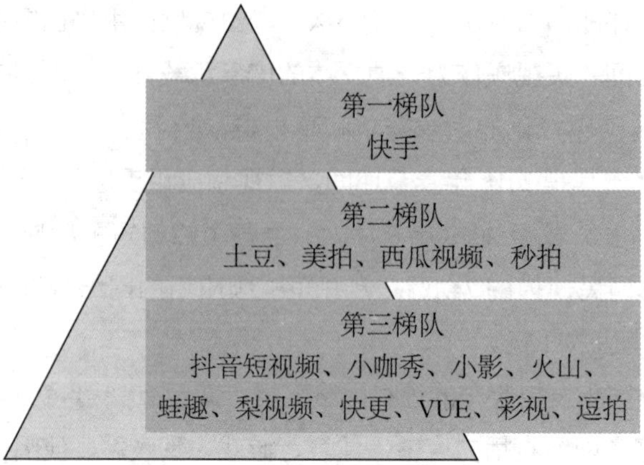

图 4-6　2017 年移动端短视频应用市场格局[①]

网络视频和网络直播的盛行，也表达了网民对于“有图有真相”的视频传播方式的喜爱。在 2018 年，凭借火遍全国的“海草舞”，抖音成功逆袭已经上线 7 年的快手 App。与此同时，网络视频平台在信息过滤和流量变现的过程中也出现了严重的管理问题，低俗和违法视频信息泥沙俱下，对网络用户造成了不良影响。

根据学者的研究，目前社交微视频平台视频传播的典型问题包括以下几种：[②]

（一）抄袭及同质化问题严重

2018 年春节期间风靡抖音的“海草舞”“丢围巾变脸”“C 哩 C 哩舞”等，都是依靠明星的社会热点示范效应，继而引发大量的网民模仿。这些纯粹娱乐、没有实际意义的内容成为效仿热潮，且这种同质化的内容往往会被快速模仿和复制，而这势必会影响到主流价值观的弘扬和传递渠道。

（二）平台缺乏正确社会价值导向，违法内容时有发生

2018 年 4 月，央视《新闻直播间》对微视频平台传播“未成年人怀孕生子”并引发 00 后效仿事件的关注，将整个直播平台的导向缺失甚至是违法推送行为推到了整个社会关注的风口浪尖。而类似“未成年人怀孕生子”这些不良导向甚至违法信息在微视频社交平台的传播并不在少数：直播偷窃过程、视频教授制假方

---

① 图片来源：中国网络视听节目服务协会：《2017 中国网络视听发展研究报告》，2017 年 11 月。

② 详见：王利芹，苗巧针：《“微时代”移动社交媒体微视频传播问题及对策研究——以快手和抖音为例》，详见《新闻爱好者》，2018 年第 8 期，人民网转载 http://media.people.com.cn/n1/2018/0927/c421472-30316596.html.

法、公然挑衅警务人员等。视频平台不但缺乏相应的过滤机制，反而推波助澜地利用人工智能和精准算法，将同类人群进行社群集中。

（三）精准算法推送导致信息传播呈现“马太效应”

人工智能和精准算法是抖音能够在极短时间内赢得重大关注的制胜法宝之一。但是就目前的应用结果来看，智能科技也仅仅是视频社交平台谋取商业盈利的工具。平台在运营过程中并未考虑到社会媒介的社会公益性以及应当承担的社会职责。而从受众个体的实际需求来看，人工智能和精算推送虽然满足了短期内人们的喜好及需求，却并未考虑到受众的长远发展需求和宏观的社会公益。视频平台单一追求对粉丝的细致分析和喜好计算，在信息和社群推送时唯受众当下喜好是从，最终将会导致受众个人信息结构的严重失衡：一方面是某些低俗信息源源不断地推送，另一方面是平衡有效信息机制的长期匮乏。从宏观的个人发展和社会发展来看，这种“马太效应”的长期偏重都不会是一种良性的信息发展之道。

基于以上分析，可以看到，正是由于微视频平台在信息传播力及主要受众人群的传播特点，微视频平台中出现的各种社会问题及传播劣态都会呈现出一种快速膨胀的状态，形成不良的社会影响。大学生在使用网络视频平台的时候，尤其要注意遵守国家相关法律法规，不要随意转发可能会触及法律法规红线的视频内容。更不能沉浸在网络视频内容的世界中，让无意义的短视频充斥自己的大学生活。

本章思考题：

1. 你熟悉的媒体应用有哪些？你在应用互联网平台的过程中有过上当受骗的经历吗？你是怎么应对的呢？

2. 你认为在使用微博的过程中，有哪些注意事项？

3. 现在的网络短视频传播，你认为存在哪些问题？

下篇 信息素养篇

第五章　专业学习的信息需求和获取

第一节　大学生专业学习的需求

大学生进入大学校门，意味着他们的人生开始一段崭新的旅程。对于绝大多数的学子来说，大学的生活意味着更高的自由度、更高的独立性。中国的学子很大部分在历经上学、考学一路走来之后，往往丢失了一些主动性、探究性和批判性，习惯性的接受往往导致了在大学学习上的脱节。而大学里的学习也不再单一，只要你愿意，你可以捡起你由于考学而暂时放弃的画笔，也可以根据你的兴趣设计自己所喜欢的游戏，也可以学习一些软件工具来提高学习效率。但记住，无论何种学习，浮于表面的永远到不了远方，只有深入、专业的学习才会给你的学习生涯和将来的职业生涯抑或是生活情趣增光加彩。

因而，这里所要谈到的专业学习并不仅仅局限于学生升入大学之后的某一专业，而是学习内容的深入性和专业性。

一、专业课程学习的需求

国内的很多大学根据社会发展需要，对本科生的培养目标和要求随之进行相应的更改，很多学校从以往的单一专业招生转换成了大类招生，即把不同院系或同一院系的相似专业合并成一个学科大类，进行统一招生，经过一至两年的大类学习之后，根据学生自身兴趣和双向选择原则进行专业选择。在高校招生和教学改革的引导下，学生的学习内容不再局限于某个小专业，而是扩展成相对较大的学科门类。国内的一流大学都有自己的本科生培养方案，现举证如下。

2016 年，北京大学通过了《北京大学本科教育综合改革指导意见》，其思路与措施包括了：融通识教育理念于培养全过程，促进学生在知识、能力、品格等方面的全面成长；发挥综合性大学多学科优势，完善多样化人才培养体系；将学术研究优势转化为教学优势，鼓励以发现和探索为中心的教学；系统改进教学方式和学习方式，注重学生的学习体验与效果。根据此指导意见，北京大学的学生培养方案提出：主修专业教学计划包括公共与基础课程、核心课程、限选课程、通识与自主选修课程四个部分，分别占毕业总学分的30%、20%、30%和20%。在2016年北京大学教学计划中，本科生一般毕业学分为140学分左右，其中实践教学占总学分平均比例为20%，选修课学分占总学分34.25%。……由于学科特点不同，不同专业实践实验教学学分比例不一。在实验实践性强的医学、物理、化学、生科、地空、环境、考古等院系专业，实验实践课程学时约占总学时的30%左右。此外，其他理工院系专业含实验实践（实习）环节的课程学时约占总学时的20%左右；文科院系专业含实验实践（实习）环节约占总学时的15%左右。①

清华大学构建以通识教育为基础、通识教育与专业教育相融合的本科教育体系，通过优化本科培养方案、建设优质本科课程、持续提升本科教育质量，努力培养学生成为“高素质，高层次，多样化，创造性”的人才。② 其土木工程专业的培养方案是：第一学年土木工程大类的学生共同学习公共基础课程和土木工程课程，第二学年选择土木工程专业的学生按照土木工程培养方案及教学计划要求学习相关课程。土木工程本科培养总学分172分，其中通识教育课程44分，专业教育课程118分，自由选修课程10分。

南京大学2013年版的本科生培养方案中指出：要贯彻“学科建设与本科教学融通，通识教育与个性化培养融通，拓宽基础与强化实践融通，学会学习与学会做人融通”的“四个融通”人才培养理念，构建个性化、多元化的创新人才培养体系，为社会各行各业培养具有创新精神、实践能力和国际视野的未来领军人才。南京大学在2009年正式开启了以“充分保障学生的自主选择和个性发展”为出发点、构建和实施本科人才培养新体系为核心，办中国最好本科教育为目标的系统

① 北京大学教务部：《培养方案》，2018年4月24日，http://www.dean.pku.edu.cn/web/student_info.php?type=1&id=2，2018年7月5日。

② 清华大学：《本科生教育》，http://www.tsinghua.edu.cn/publish/newthu/newthu_cnt/education/edu-1.html，2018年7月5日。

性、综合性、全方位的“三三制”本科教学改革。具体方案如图 5-1 所示。[①]

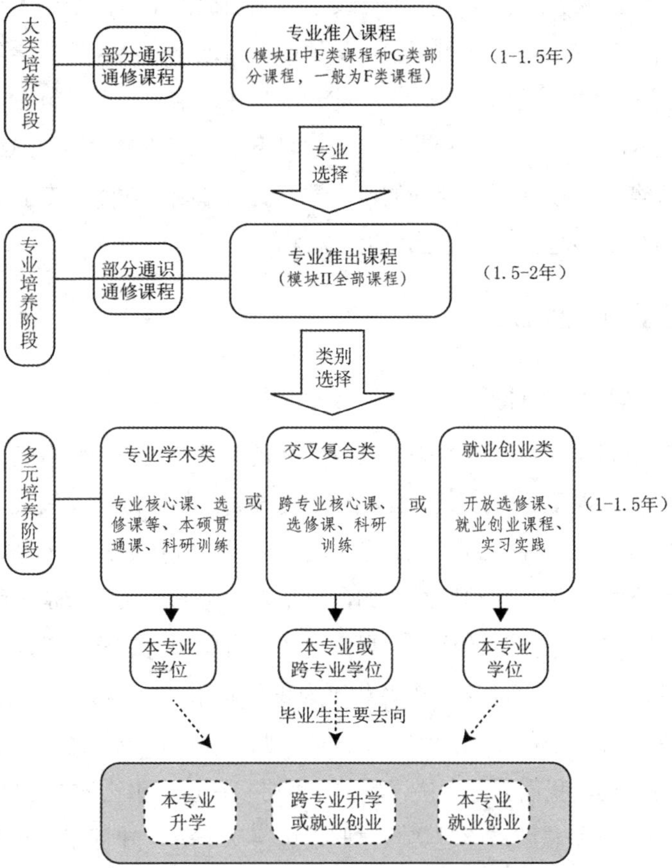

图 5-1　南京大学“三三制”培养方案示意图

参照课程框架表，南京大学四年制本科专业的毕业学分一般不超过 150 分，包括 I 通识通修课程模块 49 ～ 59 个学分、Ⅱ学科专业课程模块 41 ～ 62 个学分、Ⅲ开放选修课程模块 31 ～ 52 个学分、毕业论文 / 毕业设计 8 ～ 10 个学分。

随着高等教育的逐步普及化，学生群体的多元化给传统的高等教育提出挑战，教学中整齐划一的单方教学方式已经不能满足不同兴趣、不同需求、不同动机的学生群体的学习需要。从以上三所国内著名高校的本科生培养方案来看，高校人

① 详见：南京大学教务处：《南京大学人才培养方案及指导性教学计划》，2017 年 5 月 23 日，http://jw.nju.edu.cn/EduContentList.aspx?MType=PX-SSZJGZQ-PYFAJXJH&FType=SSZJGZQ&res_type=eInfo，2018 年 7 月 6 日。

才培养模式随着高校入学群体的多元化已然有了很大的变化。通识性教育和个性化教育的比重大大增加，大类招生的普及给学生们提供了从高中至大学时选择专业的时间缓冲，在这一两年的时间内，学生可以通过在大类课程的学习中逐步了解各专业的成立背景、前沿发展、就业前景等，并可结合自身兴趣在专业分流时做出适合自己的选择。因而，专业课程的学习不仅贯穿整个大学的始终，在大学刚入学的一两年内，初始专业课程的自主学习更为重要，对不同专业的试探性学习决定了在以后的学习生涯中是否可以继续深入。

二、科学研究的需求

（一）什么是科学研究

我们要理解科学研究，就要先弄清楚什么是科学。我们一般意义理解上的科学，总是和自然科学联系在一起，如数学、物理、化学、地球、天文等学科。昂利·彭加勒在论述科学的客观价值时提到了一些勒卢阿的关于科学的一些观点，勒卢阿认为“科学仅仅是由约定组成的，科学表面上的确实性只是归因于这种情况；科学事实是科学家人为的产物，科学定律更有理由是这样。因此，科学不能教导我们以任何真理，它只能作为行为规则为我们所用”[①]。确实，所有的科学言论都是由人类建立在自己的认识探索之上，最终归纳总结而成。而科学就是客观存在的规律或者事实，我们想要去认识事物，就必须在认识事物的过程中有所行动，例如对经验的分析和总结，通过实验对假设进行认证等，并且在这些行动的过程中建立一些规律体系，这些规律体系就是科学。王星拱在《科学概论》中阐述科学与哲学的区别时提出：科学是研究现象的；科学是研究事实的；科学是研究实质的[②]。从这段话中我们可以看出客观的事实、事物的本质是科学的核心。李克特在《科学是一种文化过程》中指出：“科学暂且被定义为一个过程，或一组相互关联的过程；通过这个或这组过程，我们获得了现代的、甚至是正在变化之中的关于自然世界（包括无生命的自然界、生命、人类和社会在内）的知识。通过这个过程获得的知识可以被称为是‘科学的’，而且在某个时期被认为是科学的知识很

---

① [法]昂利·彭加勒：《科学的价值》，李醒民，译，北京：光明日报出版社，1988 年，第 309 页。

② 详见：王星拱：《科学概论》，武汉：武汉大学出版社，2008 年，第 115—120 页。

有可能在以后的日子里被认为是过时的。”[①] 我们可以把科学看成是一个获得知识的过程，而获取的知识跟随获取过程的不同有可能发生更改，成为“不科学的”，这符合了事物是不断变化发展的哲学规律，也可以认为对事物的认识总是往前进的。

以上提出科学可以是知识体系也可以是过程，而我们对科学研究的传统理解，就是认识事物的探索验证的过程。科学研究的起源来自我们的好奇和怀疑。这种现象是什么？为什么会产生这样的现象？如果改变一些条件，能不能产生其他的现象？心中的疑问带领我们走向不断探索的道路。科学研究根据不同的研究对象可以分为自然科学研究、社会科学研究、人文科学研究。自然科学研究的对象是整个自然界，即自然界物质的各种状态、形式、性质和运动规律。自然科学研究的任务是揭示自然界事物的形成原因、形成规律，并形成推测，以预见新的自然现象和形成过程，从而为人类有效地利用这些规律开展一系列实践活动。它包括了物理、化学、生物、天文、地球科学等。社会科学研究的对象是人类社会，即人类社会衍生出来的种种现象。其研究任务是揭示社会本质、规律、结构、趋势、功能等各个方面，从而帮助人们认识社会，预测未来社会现象与事件的发生、发展和结果等各种可能性，从而为社会管理、文化、教育等方面提供决策支持。它包括了社会学、政治学、心理学、经济学、人口学等。人文科学研究的对象是人的精神活动，指向的是对人类自身存在价值和意义的探索。通过对人的精神活动的研究，可以培养出良好的人文素质，促进人们综合素质的提高。它包括语言学、人类学、史学、宗教等。由于人类社会由人类活动而来，因而在学科划分上，社会科学的研究和人文科学的研究难以得到严格的区分，学科往往是交叉发展。

（二）科学研究的过程

科学研究的过程是科学思维发展的过程，杜威在《我们如何思维》一书中，用三个由简到繁的事例，阐述了人们思考逻辑上不同的五个步骤，如图 5-2 所示。

（1）感受到的困难、难题；

（2）它的定位和定义；

（3）想到可能的答案或解决办法；

（4）对联想进行推理；

---

① ［美］小摩里斯·N. 李克特：《科学是一种文化过程》，顾昕，张小天，译，北京：生活·读书·新知三联书店，1989 年，第 3 页。

（5）通过进一步观察和实验肯定或否定自己的结论，即树立信念或放弃信念。①

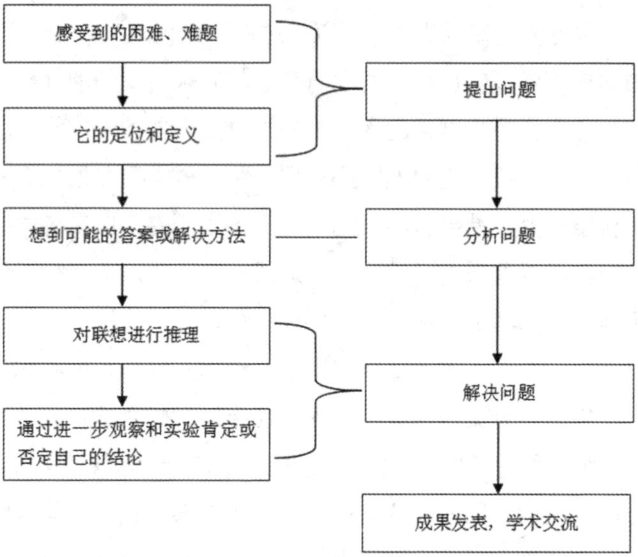

图 5-2　杜威思维五步法和科学研究过程

学生在进入大学学习后，随着专业知识的深入，会逐步产生一些学习中的疑问，这些疑问依靠已有知识结构和课堂上的知识获取难以得到解答，甚至从现有文献资料中也无从得出可靠的答案。这是杜威五步法中的前两步，也是科学研究的第一步即提出问题，科学研究的第二步在于分析问题，相当于杜威五步法中的第二步即要想到可能的答案和解决办法，此思维步骤正是在分析问题的基础上产生。科学研究最重要的过程在于解决问题，在此过程中可以先提出自己的推测，然后在推测的基础上提出研究思路和计划，确定研究方法，收集整理分析资料，最后通过搜集而来的事实和证据对自己的假设进行论证，也可以通过实验，即个体亲自动手实验，通过分析实验结果来验证假设的有效性和正确性。这包含了杜威五步法的最后两步：对联想进行推理和通过进一步观察和实验肯定或否定自己的结论。然而科学研究不仅仅止步于结论的验证，成果的展示是单次科学研究的总结，学术交流是科学研究的继续发展。成果的总结交流是科学研究重要的一部

① ［美］约翰·杜威，《杜威全集·中期著作．第 6 卷：1910～1911〈我们如何思维〉》，王路，马明辉，周小华，等，译，上海：华东师范大学出版社，2012 年，第 185 页。

分，成体系的知识可称之为科学，科学的过程就是让知识体系化，而研究结果的公开发布是科学形成的重要部分。形成学术论文发表，或参加学术会议，和他人进行交流互动，在展示、报告、回答问题之中，新的疑问（困难）随之产生，即产生新的研究方向和研究思路，再一轮的科学研究活动得以展开。

对于大学生来说，知识储备力量的薄弱，往往会把经验总结当成是科学研究。纵观人类发展过程，人类过去的信念、信以为真的知识，只不过是以往的意见的累积，其中有许多是谬误。即使有部分正确的，人们也仅凭权威而接纳，未曾予以了解。但科学研究的车轮总是在理论的建立和推翻中滚滚向前，就像哥白尼的“日心说”推翻了亚里士多德和托勒密的“地心说”，伽利略利用比萨斜塔实验确立了自由落体定律。就科学研究来说，贝尔纳说过，阻碍我们研究的不是我们未知的知识，而是我们已知的知识。我们在从事科学研究过程中，要搞清的是经验总结和科学研究的区别。如夏天天气闷热，蜻蜓低飞，以过去很多次蜻蜓低飞之后暴雨将至的生活经验总结可得出，这可能是暴雨来临前的预兆；而对科学研究来说，通过分析蜻蜓的生活习性、生活环境，暴雨来临前的气压、湿度等综合情况，最终得出蜻蜓低飞是暴雨将至的预兆。又如地震来临之前，以往的生活经验显示小动物的躁动提示着人们有即将到来的灾害，而科学研究从地壳活动对动物神经系统产生的影响来论证小动物们对灾害的预知。因此科学研究要搜集的信息是前人科学研究的资料，在此基础上依赖科学的方法，运用科学的思维，设计一些实验来验证事物内部的性质或者事物之间的联系。

三、应用技能的需求

大学生接受大学教育，是人生知识储备很重要的一个阶段，因为这个阶段衔接了理论和实践，在这一过程中，理论和实践的融合得以体现。我们常常听学生说“线性代数学了有什么用啊”，“微积分学了有什么用啊”，却听不到有学生说“计算机学了有什么用啊”，“英语学了有什么用啊”。应用类的课程总能得到学生更多的青睐，因为学习论文、毕业设计的提交统统离不开计算机，而英语则会带来更多的对外交流机会。

大学生在进行应用技能学习时，需要有一定的规划。应用技能的学习一方面是为了提高学习技能的需要，更重要的是为了将来的职业规划。譬如说一个金融专业的学生，在为自己的职业进行学习准备时，需要做到以下几点：一是对自己的职业有初步的规划。是否从事金融方面的职业，是首先需要确定的问题。如果要更换自己的专业，那势必要付出更多的努力。二是根据自己的职业规划，要进行资料搜集，要了解自己将要选择的职业的所需技能、发展现状、发展前景，有哪些职业证书可以增加自己的竞争筹码，有哪些公司是此行业内的翘楚。金融行业相关的证书有证券从业资格证书，此为入门证书，是进入证券行业的必要证书；CIIA（注册国际投资分析师），为金融和投资领域从业人员量身订制的一项高级国际认证资格；CFA（特许注册金融分析师），它是证券投资与管理界的一种职业资格称号。此外金融行业的数据量比较大，熟练使用相关的大数据分析系统是必备的技能。金融行业的相关板块有银行、保险、证券、信托，各板块内的翘楚都要熟知。随着以互联网为代表的信息技术的快速发展，金融专业的学生要时时关注互联网金融商业的动态。三是资料收集后的学习和实践。大学阶段是最好的学习阶段，大学是最好的学习地点，大学有着社会上所没有的专业资源，且这些专业资源居于专业发展前沿，此外还有随时可以请教的老师。大学生一定要充分利用大学里提供的各类学习资源，如图书馆的纸质图书、图书馆的各类数据库、学校举办的各类专业比赛等。一些最新的计算机软件应用如 SPSS 数据分析软件，专业的发展前沿如快速发展的互联网金融，这些都可以在图书馆找到合适的图书进行学习。而图书馆购买的各类数据库，如 CCER 经济金融研究数据库、中经网—中国地区经济发展报告、中经网—中经网统计数据库、中经网—中经网产业数据库等，可以为了解经济与金融的最新发展提供准确权威的数据支持。大学里还有很多竞赛可以提高自身的实践技能，如金融类的“全国大学生金融建模大赛”“外汇以及大宗商品模拟操盘大赛”“全国大学生金融精英挑战赛”“股指期货知识竞赛”等。通过竞赛，学生将学会如何通过收集信息来获得所需要的技能。

“工欲善其事，必先利其器”，器是工具，更是技能的准备，早做规划，尽早着手，才有可能实现自己的理想和目标。大学生在进行技能磨炼的同时，职业目标的制定要有一定的高度，要按行业内最严格的标准来要求自己，要给自己树立进入行业翘楚的目标。要记住，用一百分的能力去应聘只需八十分技能的岗位，你可以充满自信，绰绰有余；但如果用六十分的能力去应聘八十分技能的岗位，那只能是战战兢兢，如履薄冰。即便没有详细的职业规划，不断提高自己的基本技能，如学习办公软件的熟练运用（Office、Excel、Powerpoint 等）、提高自己的外语交流能力、社会礼仪的熟知、各类公文文本的撰写等等，都可以帮助自己尽快的适应不同的职业岗位。

第二节　认识信息源

信息时代，我们生活在信息的海洋里，每时每刻都享受着信息带来的便捷。在教材上篇的内容中，我们已经详细介绍了大学生日常接触的大众媒体的一些基本情况。由此我们能够了解到，随着计算机技术和网络技术的快速发展，大学生获取信息的地点不再局限于课堂，获取的方式不再局限于接受教学。如果想了解哪方面的知识或信息，只需要接入网络，在搜索引擎中输入几个关键词，鼠标轻轻一点，就可以有大量的信息展现在面前。然而这些信息究竟出自哪儿，是出自专业图书，还是个人见解，常常没人去关心，而对这些信息的阅读常常是眼神扫过，草草了事，浅尝辄止。但对于大学生的专业学习来说，这种粗浅的认识完全不够，我们应当对信息的来源了解清楚，这样才能对自己的学习有所帮助。现在很多小学老师会很明确地告诉自己的学生，预习新课文查找字词义时，不允许百度查找直接抄写，而是要求他们查阅新华字典，因为网络上的释义不一定准确。我们大学生对待学习也是如此，不能靠输入几个关键字进行搜索，而要充分地认识每一种信息来源，选择最专业的学习资源来巩固自己的知识体系。

一、信息的发展

从人类出现那一刻起，信息的交流就开始存在，但囿于传递技术的落后，信息传递的方式难以打破时间和空间的障碍，而通信技术的发展，使得这一障碍得以打破，并且通信的发展一日千里，近百年来的发展速度远远超越了以往千年的发展速度。

在古代，信息常常等同于消息，但随着时代的发展，信息包含的不仅仅是一个事件、一则资讯。1928 年，哈特莱（R.V.Hartley）在《信息传输》一文中把信息理解为选择通信符号的方式，并用选择的自由度来计量信息的多少。他认为发信者所发出的信息就是他在通信符号表中选择符号的具体方式。发信者选择的自由度越大，所能发出的信息量也就越大。这就把信息和消息区分开来，消息是代码、符号，而不是信息内容本身。1948 年，信息史上重要的一年，克劳德·香农发表了《通信的数学理论》，提出一个新词“比特”，比特是用于测量信息的单位。他认为通信的基本问题是，在一点精确地或近似地恢复另一点所选择的消息，这些消息是有含义的。同年，贝尔实验室对外宣布他们发明了一种小型电子半导体。这是“一种出奇简单的设备”，真空管能做的任何事它都能做，而且效率奇高。它就是“晶体管”。在 1960 年，生产 1 只晶体管要花 10 美元，而今天，1 只嵌入集成电路里的晶体管的成本还不到 1 美分。这给通信的快速发展提供了硬件基础。

为了能被应用于科学领域，很多专业图书给信息赋予了解释。美国数学家、控制论的主要奠基人维纳（N.Wiener）在 1950 年发表的论文《人有人的用处——控制论与社会》中提道：“人通过感觉器官感知周围世界”，“我们支配环境的命令就是给环境的一种信息”，因此，“信息就是我们在适应外部世界，并把这种适应反作用于外部世界的过程中，同外部世界进行交换的内容的名称”。“接收信息和使用信息的过程，就是我们适应外界环境的偶然性的过程，也是我们在这个环境中有效地生活的过程”[①]。钟义信在《信息科学原理》中提出，“某事物的本位论的信息，是指该事物所呈现（所表述）的运动状态及其变化方式”。“主体关于某事物的认识论信息，是指主体所表述的该事物运动状态及其变化方式，包括运动状态及其变化的外在形式、内在含义和效用价值”。“同时考虑事物运动状态及其变化的外在形式（称为语法信息）、内在含义（称为语义信息）和效用价值（称为语用信息）的认识论信息称为‘全信息’”[②]。1991 年，于清文、李振中主编的《简明信息词典》指出，信息是“世界上一切事物的状态和特征的反映。事物的状态和特征不断变化，这就不断地产生信息。信息普遍存在于自然界、人类社会、人们的认识及思维过程中。例如政治、军事、法律、宗教等社会信息，生产、科学技术、遗传等物质信息。信息载荷于数据、信号等消息之中，人们通过感官获得信息，通过信息区别不同的事物及其变化，并认识和改造世界。信息是以消息的形式传递的，信息和消息是内容和形式的关系。书报上的文字、电视屏幕上的画面、讲话的声音等等都是传递信息的消息。消息是负载信息的有一定次序的符号序列，这种符号序列被称为广义的数据（包括数字、字母、文字、符号及公式等等）。消息中含有的信息量的大小与消息减少事物的不确定性程度相关联，消息减少事物

---

① 钟义信：《信息科学原理（第五版）》，北京：北京邮电大学出版社，2013 年，第 59 页。

② 钟义信：《信息科学原理（第五版）》，北京：北京邮电大学出版社，2013 年，第 66—68 页。

的不确定性越大，那么该消息中包含的信息量也就越大。反之则小。人类社会正迈向信息化的时代，信息是一种重要的资源，能否充分有效地大量利用各种信息，已经成为社会经济和科学技术发展的重要标志”[①]。

通过以上信息的发展概况和信息的各类定义描述，相信我们对信息有了一定的了解。随着计算机技术和网络的快速发展和普及，信息进入了人类社会生产生活的每一个领域，人们对信息的理解包括在网络上传输的一切数据、符号、信号，包括文字、语音、视频等，信息是一个无所不包的庞大的集合体。

二、信息源

信息源顾名思义就是指信息的来源，联合国教科文组织出版的《文献术语》将信息源定义为：个人为满足其信息需要而获得信息的来源，称为“信息源”。一切产生、生产、载有、贮存、加工、传播信息的源泉都可以看作是信息源。

信息的来源根据信息的加工层次和集约程度，可以分为 4 个层次：所有物质都表现出或向外发送着某种信息，称本体论信息源。所谓“万物皆为信源”，一切自然之物和存储在头脑中的信息可称为一次信息源或初始信息源；被人们所感知并借助某种载体传播的信息被称为二次信息源，也称感知信息源，如话语信息、体语信息、文字信息、视觉信息等，二次信息源是人们对初始信息源加工的结果；三次信息源又称为再生信息源，是利用二次信息源对一次信息源加工的产物，如文献信息源和人工产品信息源；四次信息源也称集约信息源，是将三次信息源再次加工集成的结果，如图书馆、档案馆、数据库、博物馆、信息检索工具等，也是人们获取信息的主要工具。[②]

（一）文献信息源

在众多信息源之中，文献资源是专业学习和知识传递最重要的信息源。文献资源载体不再局限于纸张，但以文献出版和传播为目的的各类不同的载体形式或不同的数据符号，仍然在信息交流和知识传递中具有独特的作用，尤其对于大学生学习来说，文献信息源是最为可靠、最为专业的学习资源。

图书是指论述或介绍某一领域知识的出版物，是最常见、人们最熟知的文献

① 于清文，李振中：《简明信息词典》，北京：经济科学出版社，1991 年，第 1 页。

② 沈固朝，施国良：《信息源和信息采集》，北京：清华大学出版社，2012 年，第 33—34 页。

形式。图书根据《中国图书馆分类法》分为马列主义、毛泽东思想，哲学，社会科学，自然科学，综合性图书五大部类，22个基本大类。各个大类可以再进行细分。图书包含了阅读类图书，如消遣读物、教科书、科普读物和一般生产技术图书，还包括工具型图书，如辞典、手册和百科全书等。对于大学生专业学习最有帮助的是各类专著，它的特点是内容比较系统、全面、成熟、可靠，但专著的出版周期较长，报道速度相对较慢。图书主要用于需对大范围的问题获得一般性的知识或对陌生问题进行初步了解的场合。如想要初步了解地质学，可以去翻阅《普通地质学》；想要做一道美味的家常菜，可以翻阅《家常菜80例》；等等。图书还有一个很重要的功能——消遣，如现在大量出版的网络小说等，这些小说传递的知识性不强，主要还是用来娱乐消遣。不过也有可能读者被小说中出现的某个知识点引发了兴趣，再从某一知识点出发翻阅相关图书，这样的信息连续性就引发了知识的传递。一本图书有书名、著者、出版社、出版时间、出版地、版次等，正规出版的图书都具有标准书号（ISBN），书号是区分是否是正式出版物的最主要的标志。

期刊，一般是指名称固定、开本一致的定期或不定期的连续出版物。期刊论文内容新颖、报道速度快、信息含量大，是传递科技情报、交流学术思想最基本的文献形式。事实上，随着期刊论文的评审制度的日趋严格，一些核心期刊论文的报道时间并不是非常快，如上海图书馆等单位主办的《图书馆杂志》，从一篇论文的投稿，到最后刊出会历时18个月之久。一些权威的英文期刊历时可能要更久。这也可见权威学术期刊治学的严谨。期刊大致可以分为以下几类：大众期刊，即通常指内容通俗、读者面广、销量较大的各种期刊，包括综合性期刊、新闻期刊、妇女期刊、文学期刊、评论期刊，以及各行业期刊中的普及性期刊。学术期刊，即指专门刊载学术论文、研究成果、学术动态内容的期刊，通常以"期刊""通报""会报""学报""会刊"等命名，它是专业期刊的组成部分。行业期刊，即指专门刊登各个行业专业信息、研究成果、发展动向内容的期刊，是专业期刊的组成部分。信息期刊，即指专门刊登供科研人员、专家、学者使用的各个学科、专业之文摘、文摘累积索引、文献题录、文献累积索引、近期进展、近期期刊目次等文献源的期刊，通常以"文摘""索引""文献题录""近期进展""快报""公报"等命名。

报纸，《新闻学大辞典》认为报纸是以刊载新闻和时事评论为主的定期连续向公众发行的散页出版物。我们在媒介素养章节中也曾对作为大众媒介的报刊进行介绍，在这里我们讲的是经常为公共图书馆所集纳的报纸种类。现今报纸的种类很多，以办报方针分，有：（1）政治性报纸，它们以追求政治利益为目的，多由政党、政治团体、政府机关主持，用以宣传各自的政治主张、纲领和政策。（2）商业性报纸，以追求利润为主要目的。（3）企业性政治报纸，它既追求利润又追求政治利益。以报纸的内容分，有：（1）综合性报纸，面向全社会，刊登政治、经济、军事、文化、社会等各方面新闻。（2）专业性报纸，以反映一个部门、一个方面或某一阶层群众所需要的新闻为主，如工人报、农民报、妇女报、青年报、体育报、卫生报等。以发行范围分，有：全球性、全国性、地方性等。以出版时间分，有：早报、午报、日报、晚报、周报等。

特种文献，包括学位论文、会议文献、专利文献、标准文献、科技报告、技术档案和产品资料。

学位论文是高等院校或研究机构的学生为取得各级学位，在导师指导下完成的学术研究和科学试验成果的书面报告。学位论文可以分为学士学位论文、硕士学位论文、博士学位论文。学位论文一般不公开出版，学位论文可以通过学位授予单位的档案馆或者专门的数据库获取。学位论文的利用一般在以下几个方面：进行科学研究开题前的文献调研；本科生、研究生撰写开题报告或学位论文时；追踪学科前沿发展，了解研究过程等。

会议文献是指在各种学术会议上宣读和交流的论文、产生的记录及发言、论述、总结等形成的文献。会议文献有些会以图书形式出版会议论文集，也有很多学会的会议论文集以期刊的形式出版（如专辑、特辑等）。会议论文的特点是内容新颖，专业性和针对性强，传递信息迅速，能及时反映某个专业领域的研究水平、新发现、新成果、新成就以及学科发展趋势。很多文章都是先以会议文献的方式分开，会议文献是了解世界水平动向的重要途径和获取科技情报的重要来源。

专利文献是实行专利制度的国家及国际性专利组织在专利申请、授权等过程中产生的官方文件及其出版物，包括专利的各种说明书、专利申请书、专利公报、专利文摘出版物和专利索引等。专利反映的发明都是首次取得、在此之前不曾发表过的有关文献，这些发明在技术上有独到之处，并对实际应用有价值。全世界发明创造成果的90%～95%首先出现在专利文献中，而且一般80%以上的专利文献不会再以其他形式发表。因此，专利文献对于了解各个领域的最新技术水平非常有价值，是世界上最大的技术信息源，是发现新技术新信息的独特的、非常重要的信息源。

标准文献是指标准化工作的文献，具体是指按规定程序制订、经公认权威机构批准的一整套在特定范围内必须执行的规格、规则、技术要求等规范性文献。作为一种规章性文献，它具有一定的法律约束力。通常在产品设计、生产、检验，工程设计、施工，进出口贸易，写作、文献著录等各个方面会用到标准文献。

科技报告是国家政府部门或科研生产单位关于某项研究成果的总结报告，或是研究过程中的阶段进展报告。报告的出版特点是各篇单独成册，统一编号，由主管机构连续出版。在内容方面，报告比期刊论文等专深、详尽、可靠，是一种不可多得的信息源。科技报告可以分为技术报告、技术备忘录、通报和其他（如技术译文、专利等）几种类型。根据研究进展程度，科技报告可以分为初步报告、进展报告、中间报告、终结报告。有些报告因涉及尖端技术或国防问题等，所以又分绝密、秘密、内部限制发行和公开发行几个等级。目前国际上较著名的科技报告是美国政府的四大报告：国防部的 AD 报告、国家航空航天局的 NASA 报告、国家能源部的 DOE 报告、商业部的 PB 报告。

技术档案指科研生产活动中形成的，有具体事物的技术文件、图纸、图表、照片和原始记录等。详细内容包括任务书、协议书、技术指标、审批文件、研究计划、方案大纲、技术措施、调查材料、设计资料、试验和工艺记录等。这些材料是科研、生产工作中用以积累经验、吸取教训的重要文献。技术档案一般为内部使用，不公开出版发行，有相应的密级限制，因此在参考文献和检索工具中极少被引用。

产品资料指产品目录、产品样本和产品说明书一类的厂商产品宣传和使用资料。产品样本通常对定型产品的性能、构造、用途、用法和操作规程等做具体说明，内容成熟，数据可靠。有的有外观照片和结构图，可直接作为产品的设计制造的参考。产品技术资料一般向厂商直接索取，在情报所可以查到一部分，有些以汇编形式出版，如 Catalog，Guide book，Master of ，Databook of 等。

（二）数据库信息源

在计算机网络普及的现代社会，电子信息已经成为我们学习、生活、生产中最主要的信息来源。电子信息源主要有两类：数据库和网络信息源。

数据库是以特定的组织方式将相互关联的数据集合存储的总汇。它将各种数据中的信息单元经过有序处理、组织，可以按照特定的方法进行维护和检索。计算机信息检索中的数据库是指一定专业范围内的信息记录及其索引的集合体，是计算机检索系统的核心部分，即信息资源。

数据库的分类可以按不同的标准进行。若按提供情报的级次来分，数据库可分为两大类：参考数据库（reference database）和源数据库（source database）。如果按其存储的数据类型来分，可以分为文献数据库、多媒体数据库等。[①] 在这里，为了论述方便和便于理解，我们按数据类型进行分类。

《中国大百科全书》认为文献数据库是指计算机可读的、有组织的相关文献信息的集合。在文献数据库中，文献信息不是以传统的文字，而是将文字用二进制编码的方式表示，按一定的数据结构，有组织地存储在计算机中，从而使计算机能够识别和处理。文献数据库是当前通过遍布于全世界的通信网络进行联机情报检索的最早的和主要的处理和检索对象。将传统文献数字化成数据库以后，则成为不同类型的数据库，常用的数据库有电子图书数据库（如读秀学术搜索、汇云博图、京东阅读、ECCO 十八世纪作品在线等）、数字化期刊数据库（如 CNKI 中国学术期刊、维普中文科技期刊数据库、Elsevier Science Direct 全文数据库、Wiley 电子刊）、报刊数据库（如中国人民大学复印报刊资料数据库）、会议论文数据库（如 CNKI 中国重要会议论文全文数据库、CNKI 国际会议论文全文数据库）、学位论文数据库（如 CNKI 中国博士学位论文全文数据库、CNKI 中国优秀硕士论文全文数据库、WorldLib-Excel 国外优秀学术论文）、专利数据库（万方数据中外专利数据库）、标准数据库（CNKI 标准数据总库）、事实数据库（如中经网—中经网统计数据库、Association Unlimited）、档案资料（Digital National Security Archive——解密后的数字化美国国家安全档案）等。

传统数据库只能提供文字、数值数据的信息服务，而多媒体可以给我们提供图片、文字、声音、视频等多方位、多感知的服务模式，给我们呈现一个立体、多彩的世界。多媒体数据库依靠网络技术，其应用日益广泛，其中最广泛的应用就是网络教育，网络教育推动了教育信息化的快速前进。2004 年，可汉学院平台的创始人萨尔曼·可汗通过笔记本给他的表妹进行数学辅导时，他希望通过

① 详见：周宁，吴佳鑫：《信息资源数据库》，武汉：武汉大学出版社，2010 年，第 166—167 页。

一种更简便的方式把这个教学视频分享给其他人，于是开始把这些教学视频放在YouTube上。短时间内，数以百万人都开始观看这些视频。可汗开发了一个不仅包括微课程，而且包括预测试、实操和追踪结果的“知识地图”的全平台。[①]2008年，一种大规模的在线开放课程——慕课MOOC出现，并快速发展，一系列教学服务研究由此展开，如翻转课堂和慕课，图书馆和慕课，网络和慕课等。在MOOC“数字海啸”席卷全球时，中国的大学也从2013年初开始加入MOOC建设实践中。清华大学、北京大学、香港大学、香港科技大学4所大学加盟edX。北京大学、复旦大学、上海交通大学、台湾大学、香港中文大学、香港科技大学6所大学加盟Coursera。各大学纷纷推出了自己的MOOC平台，并尝试着和现有的教学体系结合起来。可见，随着网络的快速发展，多媒体学习给我们带来了无限可能。除此之外，多媒体数据库还应用于艺术品、旅游产品的数字化开发上，将来的某一天，我们足不出户，戴着VR就能享受一场艺术品的视觉盛宴或开启一段风景之旅。

（三）网络信息源

相信每个人都无法否认，我们的生活已经离不开网络。我们去公共场合，第一句问的就是：“你们这儿有Wi-Fi吗？密码是多少？”常常一群人聚在一起，每个人却都低着头看手机。人们关注的不是手机本身存储的内容，而是通过网络手机连接到的内容。这些内容无论属于休闲的、娱乐的还是专业的，都可以归属到网络信息资源中。

2018年1月31日，中国互联网络信息中心（CNNIC）在京发布第41次《中国互联网络发展状况统计报告》。截至2017年12月，我国网民规模达7.72亿，普及率达到55.8%，超过全球平均水平（51.7%）4.1个百分点，超过亚洲平均水平（46.7%）9.1个百分点。……我国网民规模继续保持平稳增长。互联网商业模式不断创新、线上线下服务融合加速以及公共服务线上化步伐加快，成为网民规模增长推动力[②]。值得我们关注的是，在互联网应用的接入设备中，手机已经跃居第一位，除此之外，还有台式电脑、笔记本电脑、平板电脑和电视等接入设备。

网络信息资源从字面上理解就是通过计算机网络获得的各类信息的总和，它

---

① [美]迈克尔·霍恩，希瑟·斯特克：《混合式学习——用颠覆式创新推动教育革命》，聂风华，徐铁英译，北京：机械工业出版社，2015年，第191页。

② 中国互联网络信息中心：第41次《中国互联网络发展状况统计报告》，第3页。

并没有统一的定义，也可称为“电子信息资源”“INTERNET信息资源”“万维网信息资源”等。网络信息资源按人类信息交流方式可分为：非正式出版信息、半正式出版信息和正式出版信息[①]；按其对应的非网络信息资源可分为：图书馆馆藏目录、电子书刊、参考工具书和数据库；按信息的存取方式可分为：邮件型、交互型、公告牌型、广播型、图书馆型、书目型[②]。在这里，我们根据近年不断推陈出新的网络内容，把网络信息内容主要分为以下几种：

1. 学习信息资源

学习信息资源可以分为两类，一类是学术性信息资源，主要是以收录各种学术论文为主的网络平台，在这个平台上，用户可以进行学术论文搜索下载、文献传递、学术订阅等。这类信息主要针对大学和研究机构的学生和学者，如百度学术等。另一类是普通学习资源，包含技能性学习、生活类学习、语言类学习等各方面，形式可以是课程视频、文字资料、在线考试等，如MOOC网校、慕课网、沪江网校等。这一部分的网络信息资源对大学生的专业学习最有帮助，也最符合大学生多元化学习的需求。

2. 新闻信息资源

近年来，网络媒体相对于纸质媒体发展迅速，传统新闻媒体在快速地开发互联网新闻平台，人民日报、新华社、参考消息等传统主流新闻媒体纷纷加强对互联网媒介的重视，深度学习、快速运用互联网产品和形式，在内容、渠道、平台、经营、管理等方面深度融合，打造了一批覆盖广泛、形态多样、手段先进，具有较强传播力、引导力、影响力、公信力的新型新闻资讯平台。同时，在技术发展的推动下，新闻内容不再局限于文字、图片，还增添了短视频、直播、VR等富媒体化内容。在这里需要提醒的是，新闻信息指的是正规新闻单位发布的各类消息，而并非个人在网络平台随意发布的信息，因为这种随意发布的信息存在不确定性，甚至还会误导民众。因此2017年6月1日开始，国家互联网信息办公室开始施行《互联网信息服务管理办法》，这一办法在保护互联网新闻信息服务单位的合法权益的同时，也促进互联网新闻信息服务行业健康、有序发展。

---

① 详见：代根兴，周晓燕：《信息资源类型研究》，《中国图书馆学报》，2000年第2期，第76—79页。

② 详见：彭一中：《网络信息资源检索》，长沙：湖南大学出版社，2002年，第30页。

3. 政府信息资源

政府信息包括来自各级政府各部门的新闻报道、统计信息、办事流程、政策法规文件等。近几年，我国政务服务线上化速度明显加快，网民线上办事效率明显提升。如南京市民在“我的南京”手机应用中，可以随时查看南京的实时路况，可以预约挂号，还可以绑定自己的个人信息，查阅个人的各项社保缴纳情况、房产交易情况、车辆违章情况等，进行各项生活用费的缴纳，应用的功能几乎已涵盖生活的方方面面。而大学生可以关注一些相关教育部门、就业部门的相关信息，对自己在大学期间进行一些项目申请和职业规划都有一定的帮助。

4. 社交网络信息

从网络出现以来，人们的社交又多了一个途径。社交网络在近年来发展非常迅速，网上工作交流、网上交友、网上社区等等，已然成了人们生活中不可分割的一部分。

当前社交应用市场主要包括即时通信工具、综合社交应用和垂直细分社交应用。即时通信工具以微信、QQ 为主要代表，主要满足用户交流互动的社交需求，使用率在 90% 左右；综合社交应用以新浪微博、微信朋友圈、QQ 空间为代表，主要满足用户进一步展现自我、认识他人的社交需求，使用率介于即时通信工具和垂直社交应用之间；垂直社交应用主要包含婚恋社交、社区社交、职场社交等类别，在特定领域为用户提供社交关系连接，用户相对小众，除百度贴吧使用率（34.4%）相对较高外，其他应用的使用率都在 10% 以内。[①] 社交网络的出现虽然拉近了人与人的距离，但非面对面的交往也带来了很多不确定性，大学生在利用社交网络时，交友要慎重，不轻信他人，保护好自己，防止个人信息在社交网络上被盗用。

5. 网络金融信息

网络金融信息可以分为网络理财和网络支付。现在网络支付已遍布我们的生活，可以说网络支付已然替代了钱包。网络理财有我们熟知的余额宝以及各类 P2P 平台等。网贷现在在大学校园里已经不是一个新鲜事物，以往大学生囿于经济原因实现不了的一些小愿望，可以通过网贷来实现，但是网贷毕竟是提前消费，

---

① 中国互联网络信息中心：《2016 年中国社交应用用户行为研究报告》，2017 年 12 月 27 日，http://www.cnnic.cn/hlwfzyj/hlwxzbg/sqbg/201712/P020180103485975797840.pdf，2018 年 7 月 18 日。

对于大部分没有固定经济来源的大学生来说，网贷存在着很大的风险。2017 年 4 月，厦门一位女大学生深陷“校园贷”，在一宾馆自杀。2018 年 2 月，武汉理工大学的研究生在一小旅馆自缢身亡，生前欠 13 个网贷 App 共 5 万余元。从以上事例可以看出，网贷利用过多，当还不起时，则会造成严重的后果。大学生在利用这一类信息时一定要慎之又慎。

这两年网络的各类应用推陈出新，让人目不暇接。除了以上网络信息内容之外，还有很多重要的信息资源，如商业信息、旅游信息、公共服务信息（共享单车、网约车等）、网络娱乐信息（网络文学、网络音乐、网络视频、网络直播、网络游戏等）、网上交易信息（网络购物、网上外卖等）等。总之，人们可以从包罗万象的互联网资源中发现并筛选自己需要的信息与知识，促进自我能力的不断提高和完善。

第三节　专业学习类信息的获取和管理

随着信息越来越多，人们开始抱怨“TMI（too much information，信息过多）”。信息疲劳、信息焦虑以及信息过剩，是我们遇到的新问题。搜索引擎的利用也融入了我们的日常技能。我们掌握这些技能，精于此道，才蓦然发现信息在生活中无处不在。

一百多年前，卡片式目录进入图书馆，成为读者在图书馆查找图书的主要形式。这种形式的借阅方式虽然解决了图书编排和读者索引的问题，但囿于图书或期刊复本的数量，读者未必能及时借阅到自己想查找的资料，此外图书馆的利用在时间和空间方面都有一定的局限，因为图书馆有固定的开放时间，而读者也只能到图书馆才能利用图书馆查找资料。随着计算机及其网络的发展，20 世纪 80 年代开始，机读目录陆续进入图书馆，读者查找图书、文献的效率大大提高，而随着各类电子数据库的蓬勃发展，再加上相关的文献保障系统和图书馆之间的文献传递功能，大学生学习已不存在资源短缺和不可获取的问题。同时，对于大学生来说，除了图书馆资源以外，还有许多直接来自搜索引擎的相关学习资源。因此，学习资源的短缺不再是大学生学习中存在的问题。新出现的问题是如何从浩瀚的资源中找到适合自己的资源，如何辨别自己找到的资源是否可靠，如何判断资源的质量，以及如何管理资源和利用资源。

总之，大学生在大学里除了可以学习学校准备的专业知识外，为了提高自己的专业能力（不局限于就读的大学专业），还可以通过图书馆和网络获取其他学习资源。而获取其他学习资源最主要的部分就是提高大学生获取和选择学习资源的能力。

一、批判性思维

大学生想要在信息的海洋中具有一定的判断能力，首先要具有批判性思维，做出更好的判断的利器就是批判性思维（Critical Thinking）。批判性思维就是指审慎地运用推理去断定一个断言是否为真。值得注意的是，批判性思维往往不是指断言的真假本身，而是对我们面临的断言进行的评估。也可以说批判性思维的主旨是关于思维的思维——当我们考量某个主意好不好的时候，我们就在进行批判性思维。由于思想决定行动，我们如何考量自己的思想和观念往往就决定了我们的行动是否明智。培养批判性思维的习惯和提高运用批判性思维的技能会让人变得更聪慧，它并不是让你在一时一事上精明起来，而是让你总体上更明智。

我们在评估断言可信度的时候要从两个不同层面着手：一是断言的来源；二是断言的本身。

对于某个广告图片上的产品，如果只是产品的展示，可能不能强烈地引起消费者的购买欲；如果广告图片上是一个普通人在展示产品，效果可能要好于单单只有产品的效果；而如果把广告图片中的人物替换成一个大家熟知且信任的公众人物时，产品的宣传效果会更加好。此外，如果断言的说法源于这个领域的权威专家，就比出自普通公众人物更为可信。无论是断言本身还是其来源，可信度都有程度之分，它们并不是完全可信，也不是丝毫不可信。如果一位朋友向我们推荐某个产品，我们或许会觉得这个产品可能是可信的；当我们知道这个朋友自己在使用这个产品的时候，这就增加了可信度；可如果我们获知他在帮助推销这种产品，并且他将从我们对产品的购买中得到可观的回扣时，其可信度就随之降低了。我们在评价信息来源的可信度时，通常要关注发布信息者与其所提供的信息是否利益相关。就像前面所提的魏则西事件，正因为百度获取了北京武警二院投放的广告收益，所以它所提供的北京武警二院的相关信息就要受到质疑。

有些断言不证自立，无论从何种途径获得这类信息我们都能接受它。但与我们的观察或背景信息相冲突的断言却值得质疑。我们自己的观察提供了关于这个世界的信息的最可靠来源，但观察并非一定正确。有各种因素会影响我们的观察，譬如现场的自然条件（光线、声音等）和个人的主观条件（注意力不集中、情绪不稳等）。我们的信念、希望、担忧和期望也会影响我们的观察。当一个老师被告知某班的学生比其他班的学生更聪明后，他很可能相信这个班的学生作业优于其他班的学生，虽然事实并非如此。我们的观察还会受到个人兴趣和偏见的影响。如果这门课程是我们喜欢的，我们就会忽略它的难度，相对学得比较轻松；但如果这门课程是我们不喜欢的，我们就会不自觉地夸大它的难度，甚至找一些学不好的理由，比如我天生对这方面缺少敏感度等，而到最后这些消极的观察就会导致失败的结果。事实上，第一手观察并非绝对可靠，但它们仍然是我们最好的信息来源。任何与我们自己的直接观察相背离的断言，都将经受我们严格的质疑。

我们总是基于背景信息（大量已被证明的信念，包括我们从自己的直接观察中学到的事实和从其他途径了解到的事实）来评价各种信息。背景信息对于评价断言的可信度是至关重要的。一个人在不具备某方面的背景信息时去评价有关信息的可信度就是勉为其难；背景信息面越广，就越能胜任对给定信息的评价。例如，若不具备对中国美术的基本知识，你就无法从山水图的山川勾画笔法上区分作品的历史年代；要判断该地区是否会发生地震，你必须拥有该地区相关的地质背景知识。而扩展背景知识、丰富知识的最佳途径就是广泛阅读、与人多交流，培养探究的态度，让自己对任何事物都能有一份好奇心。

二、专业学习信息的选择

在谈论专业学习信息的选择之前，笔者想说一下学习。无论是什么样的学习，千万不要相信一本书读懂中国历史、一周让你玩转经济学等。学习是持续性的，并非一本书、一堂课就能让你能为专家。在专业学习上也是如此，信息的选择是必须掌握的学习技能，但要真正学到知识，最主要的是迈开学习的脚步、养成学习的习惯。我们更要牢记，人生是一场马拉松，坚持学习的人是耐力最强、跑得最远的人。

我们将专业学习类信息按照载体简单地分为图书、学术论文和多媒体学习资源。

（一）图书

根据国家新闻出版广电总局（现更名为国家新闻出版署）发布的《2016 年全国新闻出版业基本情况》[①]，2016 年全国共出版图书 499,884 种（初版 262,415 种，重版、重印 237,469 种）。按《中国图书馆分类法》22 大类分类，各大类图书的出版总量如图 5-3 所示。

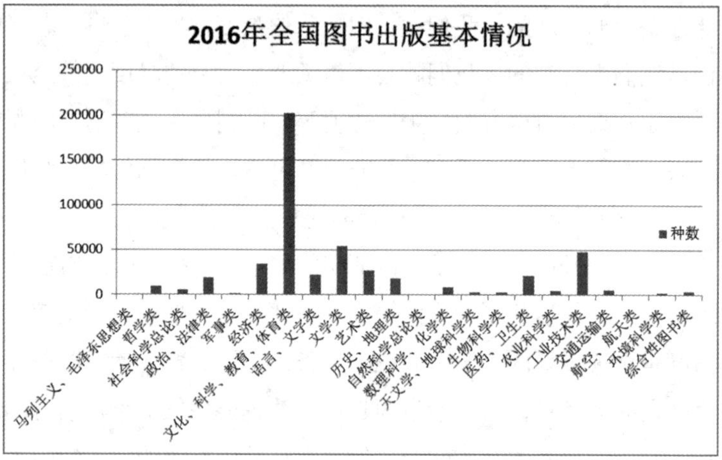

图 5-3　2016 年全国图书出版基本情况

从图中可以看出，文化、科学、教育、体育类图书出版总量远远高于其他大类，占总品种的 40% 以上，其次是文学类、工业技术类和经济类。无论是哪个大类，相对于大学生自身的学习需求来说，这些图书资源都是大量的，要从这大量的图书中选出符合自身学习需求的图书不是一件容易的事。有句老话说“尽信书不如无书”，图书对于我们的学习来说，是相对权威的资源类型，但并不是所有图书的内容都是正确的，也不一定图书上的理论就是永远正确的。我们要通过大量的读书，通过不同书籍内容之间的比较思考，形成我们自己的思维和观点。为了选择高质量的图书，我们要对图书的评价方法有所了解。目前，我们对图书评价的方法可以从定性和定量两方面来进行研究。

1. 定性的图书评价方法主要包括对图书出身的评价和书评。对于图书的出身评价是指对图书出自何人之手、出自哪个出版社这些图书源头的评价。通常认为，

① 国家新闻出版广电总局：《2016 年全国新闻出版业基本情况》，2017 年 9 月 27 日，http://www.sapprft.gov.cn/sapprft/govpublic/6689/350251.shtml，2018 年 7 月 18 日。

图书出自名作家、学者或者专家就内容好，出自知名出版社的图书就有质量保证。当然这可以作为图书选择时的初步参考之一。但需要提醒的是，这种评价并不一定准确，我们在选择书的时候要摆脱“名人效应”“名出版社效应”，尤其对名人推荐、名人作序更不能盲目信任。有些所谓的名人推荐，名人可能连书都没有读过。书评是图书定性评价的主要组成部分，包括专家评价、同行评价、读者评价；从发布平台看，书评包含了传统评价和网络评价。很多国内专家的书评越来越不被读者看好，一方面“讲人情”的评价不够公正，另一方面“有偿评价”不断出现。而读者的书评水平参差不齐，有质量的书评为数不多。对于大学生来说，有一个绝对值得信任的图书评论通道，那就是学校的各类图书推荐。从全面推广阅读以来，图书推荐已不再是图书馆一家之事，各院系、各专业、各社团纷纷推出自己的推荐书单，无论是校内哪个单位推出的图书推荐，在背后都有专业老师的专业支撑，因此他们推荐的图书具有一定的质量保证。如南京大学为了推广阅读，建立了“悦读经典计划”，这是由南京大学一批教授按照经典性、思想性、知识性、前沿性和可读性的遴选标准，涵盖“文学与艺术”“历史与文明”“哲学与宗教”“经济与社会”“自然与生命”“全球化与领导力”六个知识单元提出的书目清单，清单由经过广大师生网络投票选出的60种基本书目和100多种拓展书目组成的。这些书目可以提高学生的通识素养，促进学生全面发展，因此学生可以放心选读。

2. 定量的图书评价方法

定量的图书评价方法主要包括图书馆馆藏图书评价法、引文分析图书评价法、读者评论汇总法和综合图书评价法。[①] 图书馆馆藏图书评价法，是指根据图书馆馆藏的图书复本量、图书借阅量、图书借阅时间、图书预约量、图书文献传递量、电子图书下载或点击量等指标来进行评价的方法。引文分析图书评价法是根据图书被引用的频次对图书进行评价的方法。现有的图书引用报告有北京世纪读秀技术有限公司按年度发布的《图书被引用情况报告》和2017年1月7日《中国学术期刊（光盘版）》电子杂志社（简称CNKI）发布的《中国高被引图书年报》(2016版)。这两个大型的图书引用报告对读者选购和阅读图书，尤其是学术类图书有重要的帮助。读者评论汇总法是指利用读者形成的评论数据或者舆情数

① 详见：任红娟：《我国图书评价方法研究述评》，图书情报知识，2016年第5期，第22—29页。

据建立相关的数据模型来对图书进行评价。综合图书评价法是选取一些图书相关指标（如引用、网络书评、图书利用、核心出版社、核心作者等）赋予一定的权重系数，建立图书评价模型。最后一种评价方法虽然把图书评价可能涉及的各种因素基本囊括其中，但各个指标如何度量没有一定的标准，所以其评价是否客观准确有待商榷。对于大学生的专业性学习来说，前两种的图书评价方法能更好地帮助他们挑选和阅读图书，因为学习、学术类的图书以这两种方法评价最为可靠、准确。

（二）学术论文

学术论文是众多文献资源中的一部分，而在此我们讨论的是大学生专业学习类信息资源的选择，所以在这里我们单单讨论一下学术论文的选择和阅读。学术论文学术水平和影响力的评价受到许多外在因素的干扰，比如说期刊声望因素、作者声望因素、引文因素、合著者因素等。[①] 学术论文评价方法应当以定性评价方法和定量评价方法相结合。

1. 学术论文的定性评价方法

学术论文的定性评价方法主要是以论文内容评价为基础，其中最常见的、发展最成熟的就是同行评议方法。同行评议最早源于 1416 年威尼斯共和国邀请同行业专家对专利进行审查；20 世纪 30 年代以后，美国率先使用同行评议方法进行科研项目经费申请的评审，此后这一方法不断被许多国家采用，现已成为国际学术界通用的学术论文评价方法。此评价受到评价者的主观约束，公正性是同行评议最大的问题，但就国内来说，评议的不具名、评议人员的增加等方法可以很好地维持同行评议的公正性，能比较准确地确认学术论文的学术价值。此外由于网络的发展，同行评议不再受到时间和空间上的约束，专家们只需在网络上进入相关评审系统即可进行评议，这大大节省了成本和评议周期。

2. 学术论文的定量评价方法

学术论文的定量评价方法主要是以引文分析为基础的。该方法主要通过识别外在引文指标预测高被引的学术论文，将其视为具有较高的学术水平和影响力。分析的参数主要包括论文的被引次数、高被引论文的引用动态、高被引论文的特

---

① 详见：白如江，杨京，王效岳：《单篇学术论文评价研究现状与发展趋势》，《情报理论与实践》，2015 年第 11 期，第 11—17 页。

点、引用的文献类型、参考文献数量和特征、作者来源等方面。这些数据参数通过论文数据库查阅单篇文献时都可看到。如通过CNKI中国学术期刊数据库查阅某一领域学术论文，查询结果展示时就可看到所有结果论文的被引次数和下载次数；再次点开单篇论文时，可以在其摘要下面看到有非常详尽的引文网络和参考引证图谱。这为我们鉴定本篇论文的价值提供了很大的帮助。

除此两种方法之外，随着互联网的学术化发展，网上的学术交流越来越多，网上推荐、下载、网上排名、博客数量等也可以作为单篇学术论文的辅助评价指标。

（三）多媒体学习资源

多媒体学习资源在网络的帮助下得到了快速发展，主要包括课程视频、在线课堂、各类知识视频等。其中在线课堂和线下课堂无差别，同样可以进行实时的教学互动交流，但不受空间的限制，学习时间也可以和授课教师约好，不再固化。现有网络上的多媒体学习资源多如牛毛，且重复性高、无序、真伪混杂，难以区分选择。而现有的多媒体学习资源评价体系发展滞后于多媒体学习资源的发展，如何评价单项多媒体学习资源值得我们思考。参考图书和文献的评价方法，多媒体学习资源也可以从定性和定量两方面来考虑。

1. 定性评价多媒体学习资源

对于多媒体学习资源的定性评价包括两方面，一方面是学习资源的评价，另一方面是学习平台体验的评价。学习资源的评价可以从学习资料的来源（如出自哪个机构或高校、教师来源、学习内容来源、学习资源是否完整等）来进行。现在线上的课程视频很多来自各类精品课程，我们在使用过程中不要随便被“精品”所迷惑。最好在学习之前，根据视频的介绍去查阅相关内容，如果视频标榜的名师、名课与事实相符，则放心使用。如查阅不到相符的信息，则慎用。对于大学生来说，图书馆购买的各类多媒体学习资源，可以放心使用；如在图书馆查阅不到相关的学习资源，再去网络上寻找。学习平台体验的评价主要是看学习平台技术支持力量，资源转化是否顺畅，系统使用是否友好，等等。这些都依赖于使用者的主观感受，大学生可以多分析使用者的评论，做出自己的判断。

2. 定量评价多媒体学习资源

多媒体学习资源的定量评价很难从内容的引用得到，因为学习者通过对多媒体学习资源的学习获取的知识已转化为主观信息，再次出现时很难判断其来源。所以多媒体学习资源的评价只能通过在线学习时长、在线人数、点击率、下载率等数据作为定量评价依据。在使用这些数据进行评价时，要注意数据的有效性。点击率高，但学习时长短的学习资源可能并不一定质量高；只有那些能支撑大量学习者学完全程的学习资源才更有学习的价值。

三、专业学习信息的管理

有没有体验过在写论文过程中，想要某一方面的资料，很清晰地记得自己已经下载了这部分的资料，但找寻时却怎么也查找不到，只能再次查询再次下载的情况；有没有体验过想看某一领域的最新研究成果，点开一个个数据库，打开一本本期刊，查看一篇篇文献，费时颇多却所得甚少的情况。要高效地学习，我们必须学会对收集到的学习信息加以管理。

对于纸质的各类学习资料要善于归类。图书如果量不是很多，可以根据图书内容进行分类。相比于图书的分类简便，纸质的文献资料则显得杂乱无序，首先根据文献内容进行大概的分类，大类区分完之后，某一方面的资料可以根据出版时间排序，也可根据和该领域的相关度进行排序。除了大类根据内容区分之外，还可根据个人使用资料的习惯进行再分类。对于纸质资料的归类，必须借助于一定的文具，对于不同的资料、不同的重要程度，可以用不同的标签加以区分。

电子信息的管理在网络学习时代更为重要，手动进行电子文档资料分类，费时费力，我们可以借助网络学习工具提高我们网络学习信息的管理效率。

1. 综合性的研究平台管理工具

同方知网（北京）技术有限公司在2017年推出了CNKI E-Study 3.3（原E-Learning）。它包含了8个管理模块：一站式阅读和管理平台，支持多类型文件的分类管理，通过将学习资料按照不同的学习单元进行分类管理，为使用者构建知识地图；可在文献上记录笔记和标注，可进行划词检索，相似文献比对研读，推送参考引证网络，并可将文献直接导入；支持数字笔记及笔记管理；提供文献下载和检索；支持写作与排版；支持在线投稿；支持云同步；提供浏览器插件。E-Study基本涵盖了一篇学术论文从查询到投稿的全部步骤，将这些步骤集成在一个平台上进行管理，大大节省了使用者的时间，提高了学习效率。

2. 电子订阅 RSS 工具

RSS 是一种基于 XML（Extensible Markup Language，扩展性标识语言）的标准，将信息推送到用户端的实用技术。网络用户可以借助于 RSS 阅读器软件，有选择地在提供 RSS 服务的网站订阅感兴趣的网络信息，RSS 阅读器能自动对用户已订阅的 RSS 频道进行更新而不会影响用户阅读。用户能在第一时间阅览到新信息，而无须再次访问众多网站，也无须费时费力地再次检索收集信息。CNKI 推出期刊 RSS 订阅服务，在期刊界面的右上角点击“RSS 订阅”即可，第一订阅的是所在期刊最新一期的内容，以后打开 RSS 阅读器，只要新刊被收录，RSS 阅读器会自动更新。当然也可以不通过 RSS 阅读器，直接订阅，订阅内容收藏在浏览器的“源”目录下，并且可以重新设置更新时间和当页显示内容数量等。读秀学术搜索可提供图书的 RSS 订阅，用户可以直接在读秀学术搜索“服务中心”中找到 RSS 订阅，可使用 RSS 阅读器，也可直接订阅。

本章思考题：

1. 杜威五步法的含义。
2. 专业学习类信息类型有哪些？

第六章　文献资源的检索、评价与利用

本书的导论中详细地阐明了信息社会信息素养的重要性。20世纪把不识字或识字极少的成年人定义为文盲。进入21世纪，联合国重新定义新世纪文盲标准，将不能识别现代社会符号的人和不能使用计算机进行学习、交流和管理的人也列为文盲。随着计算机技术、网络技术在社会各个领域的广泛应用，信息素养成为一个人立足社会的重要基石。那么文献与信息有何种关系，文献如何定义，怎样检索得到相关的文献资源，如何去评价分析检索到的文献资源，又该怎样利用这些文献资源？本章将详细地介绍文献资源相关信息，希望可以在文献资源分析研读以及日常科研选题等方面给读者提供帮助。

第一节　文献概述

一、文献

（一）文献的定义

关于文献的定义，历来有许多不同的认识。"文献"一词最早出现在《论语·八佾》："夏礼，吾能言之，杞不足征也；殷礼，吾能言之，宋不足征也。文献不足故也。"这里的"文献"有专指古代典籍的意思。南宋儒家朱熹《四书章句集注》："文，典籍也。献，贤也。"这里把"文献"分解成两部分，"文"指的是典籍文章，而"献"指的是古代先贤。现代对文献有不同的解释。我国在国家标准《文献著录总则》中把文献规定为“记录有知识的一切载体”[①]。国际标准化组织则在《文献情报术语国际标准》中将其定义为“为了把人类知识传播开来和继承下去，人们用文字、图形、符号、音频、视频等手段将其记录下来，或写在纸上，或晒在蓝图上，或摄制在感光片上，或录到唱片上，或存储在磁盘上。这种附着在各种载体上的记录统称为文献”[②]。虽然随着科学技术的发展，文献的定义在不断扩宽，但是其中有三个因素是必不可少的：知识信息、记录的文字、图像等信号、物质载体。这三个缺一不可。文献是一种知识信息，需要通过文字、图像、数字等信号记录下来，并且记录的时候需要通过一定的载体才能完成。文献的历史由来已久，古代的甲骨文、青铜铭文、石刻、帛书、简牍等都是古人留下来的文献，正是通过对这些遗留下来的文献进行研究才让我们领略了中华上下五千年的文明。由于科学技术的飞速发展，现在的文献更多的是通过纸质图书、期刊，特别是一些电子出版物、视听资料保存记录下来。

（二）文献与信息、知识及情报的关系

我们常常在提到文献的时候会同时提到信息、知识以及情报，其实他们之间有联系也有区别。信息是指认识主体对所感知或所表述事物的存在方式和运动状态的反映，其具有普遍性、客观性、时效性、传递性、共享性、可伪性等特征。知识是人的大脑通过思维重新组合的系统化了的信息，是特殊的信息。而情报则是指在特定时间、特定状态下，对特定的人提供的有用知识和信息。通过上文对文献定义的详细说明，我们可以把文献理解为用文字、图形、符号、音频、视频等信息符号记录人类知识的一种载体，或者称作固化在一定载体上的知识。我们可以用下面的文氏图更好地解释四者的关系。通过文氏图，我们可以清楚地看出信息的范围是最大的，文献、情报、知识都各有重叠的部分，但并不完全相同。如图 6-1 所示。

① 国家标准化管理委员会：《文献著录总则》GB/T 3792.1—1983.

② 国际标准化组织：《文献情报术语国际标准》ISO/DIS5217.

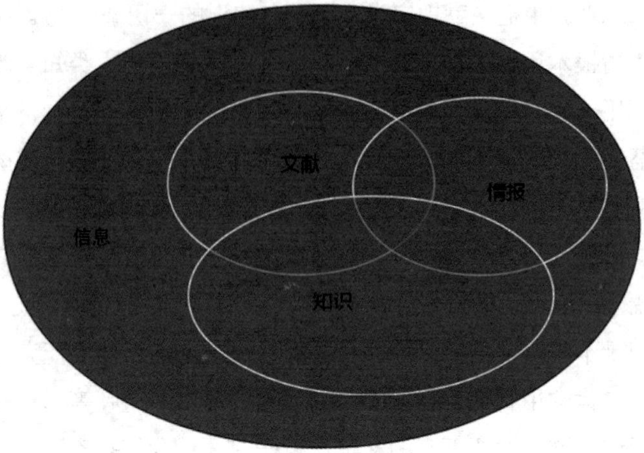

图 6-1　信息、知识、文献、情报文氏图

二、文献的类型

文献从其定义的不同角度可以分为不同的类型，一般从文献载体形式、加工程度和文献出版形式这三个方面进行分类。

（一）按文献载体形式进行划分

（1）印刷型：以纸张为载体媒介，或手写或印刷来记录信息。纸质的图书、期刊、报纸等都归在此类。印刷型文献可以直接阅读，较为方便。但是因为以纸张为载体，所以其存在存取信息密度小、占用大量收藏空间的缺点。

（2）缩微型：它依赖光学技术的发展而产生，以感光材料为载体媒介。缩微胶卷和缩微平片是常见的两种胶片产品。缩微型文献的优点在于存储的密度大，保存、转移和传递较为方便，缺点则是需要特殊的设备才能阅读文献。

（3）声像型：也称之为视听型文献，是以声音和图像形式记录信息在载体上。常见的有唱片、录音带、录像带、各种光盘等。声像型文献也需要设备才能阅读其中的文献，但阅读的设备是比较常用的。

（4）机读型：利用计算机存储处理数据，通过编程和程序，把文献信息编成机器语言，输入计算机存储，阅读时再通过机器将语言翻译成人能看懂的文字。随着计算机技术、通信技术和多媒体技术的发展融合，计算机拥有庞大的存储空间，快速的计算、读取能力以及丰富的阅读画面，因此机读型文献拥有存储量大、读取速度快、感官体验好的优点。信息社会的不断发展，对人们的阅读习惯等方面产生了深远的影响，现在机读型文献越来越受到人们的青睐。

（二）按文献加工程度进行划分

（1）零次文献：指未经出版发行的或未进入社会交流的最原始的文献。如手稿、底稿、信件、笔记等。

（2）一次文献：指依据作者本人的科研和工作成果而形成，并公开发表或出版的文献，又称为“原始文献”。如公开发表出版的图书、期刊、报告、论文等。

（3）二次文献：指根据需要，按照一定的科学方法对一次文献的外部特征如题名、作者、出版社等按照学科或者专业进行筛选、加工、整理，从而形成有序化的文献。二次文献实际上就是报道检索一次文献的工具，是一种文献检索工具。很多数据库及搜索引擎都是二次文献。

（4）三次文献：指根据一定的研究范围，利用二次文献检索出大量的一次文献，再对检索出来的一次文献进行深入的分析、综合和研究，进而编写并公开发表或出版的文献。如工具书、百科全书、年鉴、学科发展分析报告等。

文献随着加工程度的深入，从无序到有序，从庞杂到精准，权威性不断加强。零次和一次文献是文献检索的对象，二次文献是文献检索的工具，三次文献既是文献检索的对象又是文献检索的工具。

（三）按文献的出版形式划分

（1）图书：联合国教科文组织将图书定义为“凡由出版社（商）出版的不包括封面和封底在内 49 页以上的印刷品，具有特定的书名和著者名，编有国际标准书号（ISBN），有定价并取得版权保护的出版物”。图书还可以细分为专著、教科书、丛书、工具书等。

（2）连续出版物：连续出版物可以分为期刊、报纸和年鉴。

• 期刊：指有相对固定的名称、开本统一、有编号或者年月标志、定期或不定期连续出版、每期内容不重复并由多名责任者撰写不同文章的出版物。

• 报纸：指有统一的名称，定期连续出版，每期汇集许多篇文章、报道、消息等，以单张散页的形式出版的出版物。

• 年鉴：指全面、系统、准确地记述上年度某一领域、某一地区、某一事物的运动、发展状况的资料性工具书。年鉴可看作是一种连续出版物，也可以看作是图书，即一种工具书。

（3）特种文献：包含学位论文、会议论文、标准文献、专利文献、科技报告、政府出版物等。

• 学位论文：指高等院校、科研机构的学生为申请学位而提交的学术论文。

• 会议论文：指在国际和国内重要的学术或专业性会议上宣读发表的论文、报告。

• 标准文献：是对产品、工程和管理的质量、规格、程序、方法等所做的规定。由有关主管部门批准颁布，它是从事生产、管理的一种共同依据和准则。

• 专利文献：主要是专利说明书，是由专利申请人向专利管理部门递交的有关发明目的、构成和效果的技术性法律文件。

• 科技报告：指国家政府部门和科研生产单位关于某项研究成果的总结报告，或是研究过程中的阶段进展报告。

• 政府出版物：指政府部门及其专门研究机构发布或出版的文献，分为行政性和科技性两大类。

出版形式不同的文献，也对学术研究、课题研究、科研活动产生的效果不同。一般而言，理论性研究重点查找图书、期刊、会议文献；技术前沿研究重点查找科技报告；发明或者技术研究则要查找专利文献；实用性产品研发则要查找标准文献。以上总结只是指出某个类型的课题更需要哪种文献，但并不局限于该种文献，科研、课题的研究是全面性的，需要交叉查找文献。

三、文献的标识

文献类型标识是标示各种参考文献类型的符号。文献著者应按照《信息与文献 参考文献著录规则》（GB/T 7714—2015）及《中国学术期刊（光盘版）检索与评价数据规范》的有关规定，将自己引用的各种参考文献的类型及载体类型标示出来。根据《文献类型与文献载体代码》（GB 3469—83）规定，常用文献类型以单字母标识，电子文献以双字母标识。

（一）常用的文献标识

1. 常用文献类型单字母标识：专著（图书）[M]（monograph）、期刊 [J]（journal）、报纸 [N]（newspaper article）、论文集 [C]（collected papers）、学位论文 [D]（dissertation）、专利 [P]（patent）、技术标准 [S]（standardization）、科技报告 [R]（report）。

2. 常用电子文献双字母标识：磁带［MT］（magnetic tape）、磁盘［DK］（disk）、光盘［CD］（CD-ROM）、联机网络［OL］（online）。

（二）常用文献标识的组成格式

1. 期刊：［序号］著者 . 题名［J］. 刊名，出版年，卷（期）：起止页码（任选）.

示例：

［1］侯湘，吕建斌 . 加权生命周期影响因子对期刊评价的影响［J］. 情报学报，2013（09）：961—967.

［2］George E.A.Matsas.What are Scientific Leaders ？The Introduction of a Normalized Impact Factor［J］.Brazilian Journal of Physics，2012（5）.

2. 专著：［序号］著者 . 书名［M］. 版本（第一版不录）. 出版地：出版者，出版年：起止页码（任选）.

示例：

［1］王良超，高丽 . 文献检索与利用教程［M］. 北京：化学工业出版社，2014：61—171.

［2］Carter，Mia.Modernism and Literature［M］.New York: Taylor & Francis Group，2013.

3. 论文集：［序号］著者 . 题名 . 编者 . 论文集名［C］. 出版地：出版者，出版年：起止页码 .

4. 报纸：［序号］著者 . 题名［N］. 报纸名，出版日期（版次）.

5. 学位论文：［序号］著者 . 题名［D］. 保存地点：保存单位，年份 .

6. 专利：［序号］题名［P］. 国别 . 专利文献种类 . 专利号 . 出版日期 .

7. 科技报告：［序号］著者 . 题名［R］. 保存地点，年份 .

四、高校图书馆提供的文献资源及服务

高等院校图书馆是学校的文献信息资源中心，是为人才培养和科学研究服务的学术性机构，是学校信息化建设的重要组成部分，是大学文化建设的重要基地。高等院校图书馆的建设和发展应与学校的建设和发展相适应，其水平是学校总体水平的重要标志。高校图书馆作为学校的文献信息资源中心，提供了丰富的文献

资源及服务。

（一）高校图书馆馆藏资源

高校图书馆的馆藏资源就是其能提供的文献资源的总和。现代图书馆随着信息社会的发展，不再是过去单一的纸本资源馆藏，而是逐渐发展成为纸质资源和电子资源并存的复合型图书馆。以南京大学金陵学院图书馆为例，其具体提供的资源如表 6-1 所示。

表 6-1　南京大学金陵学院图书馆馆藏资源

纸质资源	音像资源	电子资源
• 图书	• 随书光盘 • 随书磁带	• 馆藏目录检索系统
• 期刊		• 资源门户系统
• 报纸		• 电子图书数据库
• 年鉴		• 电子期刊数据库
• 工具书		• 电子学位、会议论文数据库
• 教参书		• 事实数据库
• 学术期刊过刊		• 古籍拓本数据库
		• 档案资料数据库
		• 政府出版物数据库
		• 多媒体出版物数据库
		• 非书系统（随书光盘、磁带数字化）

（二）馆藏资源的检索使用

读者在使用图书馆的纸本资源时，可以通过馆藏目录检索系统来确定图书馆是否有馆藏资源以及馆藏所在地。馆藏目录检索系统是利用计算机终端来查询图书馆馆藏数据资源的一种现代化检索方式。读者可以利用馆藏目录检索系统任意检索、查询馆藏的文献资源信息，实行网上续借和预约，查询读者借阅情况、图书馆发布的新书通报等。

除了通过检索系统来检索使用纸本资源，读者还可以从门户网站进入使用电子资源。通过门户网站资源导航上对电子资源的分类来寻找自己需要的电子文献资源，具体的检索方法在后面的章节会有详细介绍。

因为数字图书馆的发展，使得电子资源越来越丰富。但是各种电子资源之间不能互通，图书馆一直致力于寻求一种数字资源的整合之道，为用户提供一个实现各类学术资源发现与获取的一站式解决方案，因而产生了发现系统。该系统整合各种图书馆资源并使用统一标引的数据格式，提供简单、单一的检索入口，为读者使用馆藏资源提供了便利。

第二节　文献检索

一、文献检索原理

文献检索是情报检索的一种类型，它是把文献按一定的方式存储起来，然后根据需要从中查找出有关课题（主题）的文献的过程。其中包括文献的整序和查询两个方面。整序是对文献进行加工，按学科分类、主题词字顺或其他方式组织排序，形成检索工具或检索系统。查询是根据情报用户的需要，从上述有序文献集合中查找出相关文献。狭义的文献检索仅指后者。从性质上看，文献检索是一种相关性检索，即只能查找出与用户提问相关的文献，供用户参考，而不能直接解答用户所提的问题。简单地说，就是将文献整理组织排序，然后根据用户的需求检索出相应的结果。虽然普通用户接触文献检索基本上都是使用文献检索这一功能，但实际上文献检索还包含了文献存储这一方面，如图 6-2 所示。

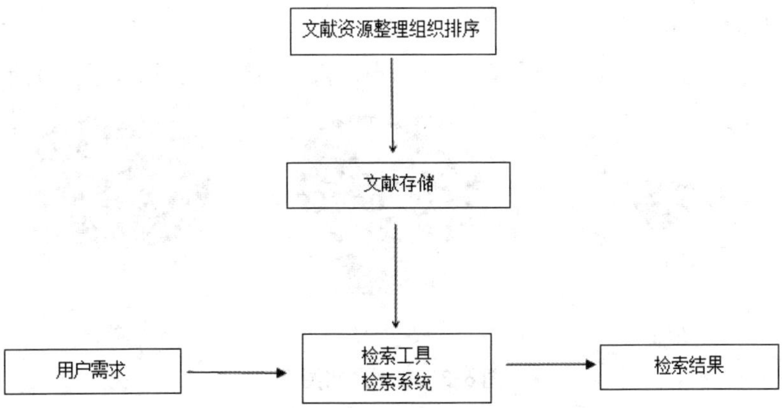

图 6-2　文献检索顺序示意图

文献检索从不同的角度看有不同的分类。根据文献加工深度的不同，文献检索可以分为题录检索、文摘检索和全文检索。前两种检索都只能查出原文献的代用品——二次文献，而全文检索则要求把文献的全部信息都存入系统中，用户可根据需要从中直接查找出有关文献的全文或其中一部分。一般我们使用较多的是全文检索。除此之外，文献检索还可以按检索设备来分类，即分为手工检索、机械检索和计算机检索。手工检索和机械检索随着信息时代的发展、计算机技术的进步已经逐步淘汰，目前文献检索基本上都是计算机检索，这样可以更为便捷地检索出所需结果。

二、文献检索技术

上文中提到目前我们的文献检索以计算机检索为主。虽然大部分计算及检索工具使用起来都极为便利，但是了解一些基本的文献检索技术可以帮助我们更好地定位需要的检索结果。

（一）布尔逻辑检索

布尔逻辑算符是用来表达各个不同的检索词之间的一个逻辑关系的符号，通过不同的布尔逻辑算符组合会让检索词组有更为复杂的含义。常用布尔逻辑算符有与、或、非。

逻辑与，用符号“and”或者“*”来表示，写成 A and B 或者 A*B，表示同时包含了 A 和 B。逻辑或，用符号“or”或者“+”来表示，写成 A or B 或者 A+B，表示包含 A 或者包含 B 或者同时包含 A 和 B。逻辑非，用符号“not”或“—”来表示，写成 A not B 或者 A—B，表示包含 A 但不包含 B。从检索的范围来看逻辑与限定的范围最窄，其次是逻辑非，包含范围最大的是逻辑或，如图 6-3 所示。

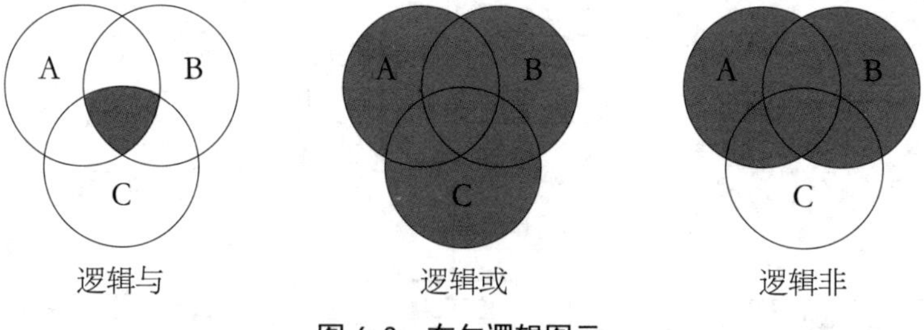

图 6-3　布尔逻辑图示

为了便于大家理解，笔者举几个简单的例子。university and library 表示文章必须同时有 university 和 library 两个关键词；university or library 表示文章须有 university 或 library 中任何一个关键词；television not cable 表示文章须有关键词 television 但不能有关键词 cable。“not”是个很好用的辅助词，假设要找关于亚洲地区以外高校图书馆的相关资料，可在检索栏键入 university and library not asia，检索结果满意度将会提高许多。

这边再介绍几个布尔逻辑检索使用中的小贴士：① 布尔逻辑运算符组配使用时，在无括号的情况下三者的优先顺序为 not>and>or，有括号时括号内的先执行。例如检索“美洲及亚洲图书馆”的有关信息可以写成（American or Aisan）and library 或者 American and library or Aisan and library。② 布尔逻辑检索式中的（）必须在半角或者英文状态下输入。

（二）截词检索

截词检索顾名思义就是将检索词在需要的地方截断，用相应的符号来代替可变化的那部分。它常常用在西文检索中，比如单复数、英式拼写、美式拼写等不同情况中，截词检索可以加大我们的查到率，节省重复查找的时间。常用的截词符有“？”“*”，不同的检索系统中的截词符有时会不同，但是原理是相同的，我们可以根据单个检索系统的使用帮助来查看截词符的含义。

根据截断的位置，我们将截词分成后截词、前截词和中间截词。后截词就是将截词符放在字符的最后，表示后面有有限或者无限个字符，如 nurse* 可找表示 nurse、nurses、nursed 等。前截词表示将截词符放置在字符串的最前方，表示字符前面有有限个或者无限个字符，如 *computer 可以检索出 minicomputer、microcomputer、computer 等。中间截词表示将截词符的位置放在字符串的中间，表示这个位置上的任意字符不影响该字符串的检索，如通过检索 colo*r 可找到 colour、color。

除了通过截断的位置来区分截词外，我们还可以通过截词代表的数量将截词分为无限截词和有限截词。无限截词指一个截词符可以代表多个字符，通常用“*”表示。前面举的例子中 *computer 可以检索出 minicomputer、microcomputer、computer 等，这里的“*”就是一个无限截词符。有限截词指一个截词符只能代表一个字符，通常用“？”表示。比如通过检索“nurse”?，我们可能会得到有关 nurses、nursed 的结果，但我们得不到有关 nurse 的结果。

（三）位置检索

位置检索又称为邻近检索，是通过位置算符来规定和限制检索词之间的相对位置关系。下面给大家介绍最常使用的两个邻近算符。

（nN）算符，可写成 Near/n 或 N/n，指查找包含间隔指定数量（n）字词的两个检索词（任意顺序）的文档。例如，SWORT NEAR/3 weekness 或者 SWORT N/3 weekness 表示 SWORT 与 weekness 之间间隔 3 个字词。注意将 NEAR 缩短为 N 时，必须提供一个编号。例如，internet N/3 media。如果检索 internet N media，将会视 N 为检索词，而非近似运算符。

（nW）算符，可写成 PRE/n 或 P/n 或者—，指查找包含一个检索词语先于另一个词语指定字数（n）的文档。例如，SWORT PRE/3 weekness 或者 SWORT P/3 weekness 表示 SWORT 先于 weekness 3 个字或更少。"—" 可连接检索中的两个词语，等同于 PRE/0 或 P/0。

（四）字段检索

字段检索是指利用文献检索系统录入数据库的一个或者多个字段查照文献的检索方法。字段检索可以根据表示文献内容特征的字段来检索，如题目、摘要、关键词等；还可以根据表示文献外部特征的字段来检索，如作者、出版社等。具体检索字段代码如表 6-2 所示。

不同的文献检索系统使用的字段语法有一些细微的差别，我们在实际使用中需要根据不同系统进行调整。

表 6-2　检索字段代码表

检索代码	检索范围	注释
TI	Title	题名
AB	Abstract	摘要
AU	Author	著者
DE	Document Theme	主题词
DT	Document Type	文献类型
ISBN/ISSN	ISBN/ISSN	图书标准号 / 期刊标准号
PUB	Publication Title	出版物名称
PY	Publication Year	出版年

三、文献检索途径与应用

前面提到过文献检索是把文献按一定的方式存储起来，然后根据需要从中查找出有关课题（主题）的文献的过程。它包括文献的整序和查询两个方面。因此文献检索的方法也应该从两个不同的方面来理解。一方面通过关键词对文献内部和外部特征进行标引、存贮；另一方面则是使用者通过检索系统进行查询。在整序角度，如何标引、怎样判断相关度等更多是由专业人士进行探讨。当然了解文献是如何整序、储存对于查询结果有很大帮助。这里给大家简单介绍几个不同的检索途径，并从使用者的角度提供较为通用的检索方法。

（一）文献检索的途径

文献检索途径也可以称之为检索的入口，简而言之就是文献在整序的时候进行标引的“关键词”。“关键词”主要分为两个方面，一是表示文献内容特征的字段，如题目、摘要、关键词等；二是表示文献外部特征的字段，如作者、出版社等。下面简单介绍题名途径、著者途径、分类途径和主体途径等几个文献检索途径。

1. 题名途径

即根据书名目录、刊名、篇名、标准名称、数据库名称来查找文献的途径。要注意的是此处的题名包含的范围。如果读者知道确切的题名通过这个途径可以准确地检索到文献。如果不知道确切的题名要注意分析可能的题目名。

2. 著者途径

即根据已知文献著者来查找文献的途径。读者如果需要查询某个人或者某个团队的文献时可以利用这个途径进行检索。目前大部分数据库在著者途径中都可以利用作者名和作者单位同时检索，这增加了查准率。但是要注意，如果该作者前后在不同的单位，那么限定了作者单位后可能查全率就没有那么高，读者要根据实际需要进行选择。

3. 分类途径

分类途径是信息检索的重要途径，指按照文献资料所属学科或专业类别进行检索。目前学科交叉较多，同一个课题不同的学科往往会从不同的专业角度进行研究。以数据库为例，图书情报与数字图书馆类更侧重从使用这个方向进行研究，而计算机软件及计算机应用一类则更侧重技术手段。通过这个分类途径可以提高文献检索的查准率。分类途径的查准率与选择分类的类目大小有很大的关系，类目越细，查准率越高。因此分类检索途径的使用需要使用者对分类体系有一定的了解。

4. 主题途径

主题途径是信息检索的主要途径，指通过文献资料的内容主题进行检索的途径。主题途径的关键在于分析项目、提炼主题概念，运用词语来表达主题概念。主题途径因其便于理解、易于掌握、跨学科的优点，是目前比较受使用者欢迎的检索途径。

（二）文献检索的应用

前面介绍了很多文献检索理论方面的知识，作为使用者，我们更关心文献检索的实际应用，具体来说就是通过各种检索方法按步检索到自己需要的文献。

1. 文献检索的方法

文献检索有三个常用的检索方法，直接法、追溯法、循环法。直接法就是根据课题提供的已知条件，直接借助资料性工具书或者有关的数据库进行文献检索。追溯法则是以原文献为起点，借助文献中参考文献所提供的线索，不断地扩大检索文献的线索进行追踪查找。无论是纸本文献还是电子文献都会有详尽的参考文献，使用者可以对参考文献进行再检索。目前很多数据库不仅会提供对参考文献的一键式再检索，还会根据我们的检索要求进行相关文献推荐。循环法就是交替使用“直接法”和“追溯法”。

2. 文献检索的步骤

文献检索是分析课题，确定检索需求，选择检索工具、途径、方法并根据检索结果不断调整检索方法、策略，最终获得需要的检索结果的过程。具体过程如图 6-4 所示。

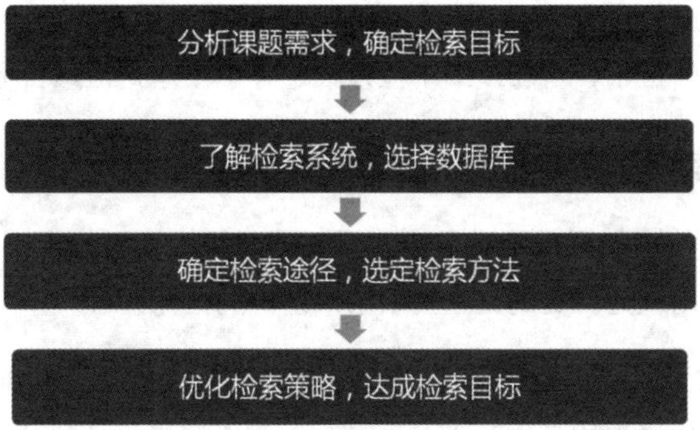

图 6-4　文献检索步骤图

（1）分析课题需求，确定检索目标

这一步是文献检索的准备阶段，也是一个非常关键的阶段，后面所有的检索步骤能否理想地实现都取决于这一步是否准确。不同类型的课题，检索的范围和程度也不同。使用者要明确检索目的、需要的文献量、文献语种、时间范围、类型、学科范围、主体内容。

（2）了解检索系统，选择数据库

在前一步的基础上根据已知条件来选择合适的数据库。文献检索不仅是电子文献的检索还包含了纸本文献的检索。目前大部分图书馆的纸本文献都通过管理系统集合起来，使用者可以进行目录的检索从而确定纸本文献具体的放置位置，有无借出等情况。电子文献的检索则要在充分了解不同数据库文献收录涉及的学科、文献类型，时间和范围以及检索途径、标识、语言的基础上选择能够满足需要的数据库。

（3）确定检索途径，选定检索方法

根据课题本身的要求以及课题研究人员对课题的掌握程度确定检索途径。比如一位同学想考某个老师的研究生，希望对该老师的研究方向有一个了解，他可以使用著者途径来检索。如果本身对课题有非常深入的了解，可以使用分类主题途径进行检索。检索方法一般都是循环法，即直接法与追溯法相结合。

（4）优化检索策略，达成检索目标

在得到初步检索结果时，使用者要对其进行分析，看是否满足自己的检索需求。检索策略是在分析课题内容的基础上，确定检索系统、检索途径和检索词。检索策略考虑得是否周全，直接影响文献的查全率和查准率。如果出现文献资料过多或过少的情况，使用者就要进行分析，及时调整检索策略，并通过增减检索项、运用布尔逻辑检索、增加或缩小检索限定等手段达到检索目标。

四、文献检索结果评价

前面在提及检索结果是否满足检索需要的时候提到了查全率和查准率，这两个指标是目前使用较为广泛的文献检索结果评价的指标。

（一）查全率

查全率是指检索得到的相关文献数量与实际全部需求的相关文献数量的比率，通俗地说就是查找的文献全不全。用公式表示为：查全率 =（检索得到的相关文献数量 / 数据库中实际的相关文献总量）×100%。如果要提高查全率，可以扩大检索字段、扩大检索限定、使用逻辑“或”等方法。

（二）查准率

查准率是指检索得到的相关文献数量与检索得到的所有文献数量的比率，通俗地说，就是找的文献有多少满足需求。用公式表示为：查准率 =（检索得到的相关文献数量 / 检索出的文献数量）×100%。提高查准率，可以缩小检索字段、减少检索限定、使用逻辑“与”和“非”等。

（三）查全率与查准率的关系

从上面提到的提高查全率、查准率的方法上可以看出，两者是互逆的。提高查全率，查准率会相应降低；同理提高查准率，查全率又会降低。文献检索的过程就是查全率、查准率不断调整的过程，最终二者之间达到最佳的状态，使用户得到满意的检索结果。

第三节　文献资源的获取

一、图书

（一）图书的基本知识

图书是指“凡由出版社（商）出版的不包括封面和封底在内 49 页以上的印刷

品，具有特定的书名和著者名，编有国际标准书号，有定价并取得版权保护的出版物”[①]。图书用文字、图画在纸张上记录知识、表达思想，有较大的篇幅，由封面、书名页、目次、正文、版权页等部分组成，版式规范，书型适宜，装帧完善，便于保存和利用。每种图书都有中心主题和信息系统，行使揭示、保存和传播信息的职能。

图书在封面上往往会标明书名、作者、出版社，在扉页上标明图书在编（CIP）数据，即出版社、版次、ISBN 编号、印刷时间、页数等信息，如图 6-5 所示。

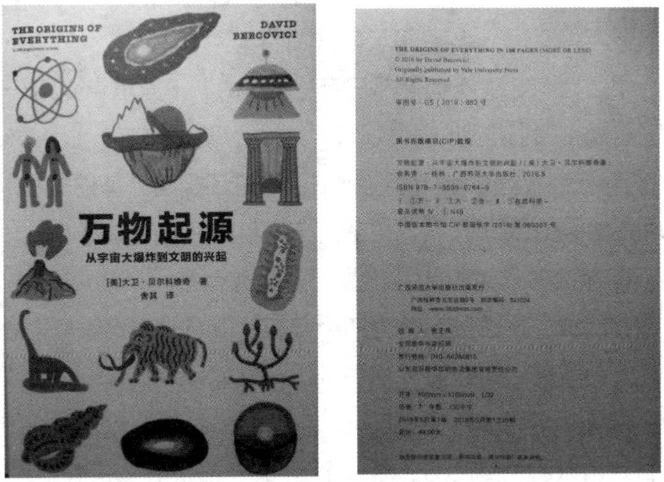

图 6-5 图书封面及扉页

（二）图书资源的获取

图书资源可以分为纸本图书和电子图书，两者互为补充。

（1）纸本图书资源

纸本图书资源可以在实体书店、网上书店以及各类图书馆中获得。目前绝大多数图书馆都利用书目检索系统来管理馆藏图书。图书馆会对到馆图书进行分类、整理、排序、上架并将纸本图书的书目信息收录到书目检索系统。书目信息包含文献的题名、责任者、版本、出版者及出版日期、ISBN、定价、页数、开本、学科主题、分类号等，如图 6-6 所示。

① 陈振标：《文献信息检索、分析与应用》，北京：海洋出版社，2016 年，第 3 页。

书目信息　机读格式(MARC)

题名/责任者：物种起源/(英) 查理·达尔文著 何鸿编译
版本说明：第3版
出版发行项：重庆:重庆出版社,2014
ISBN及定价：978-7-229-07621-4/CNY68.00
载体形态项：12, 407页:彩图;24cm
统一题名：Origin of species
丛编项：文化伟人代表作图释书系全系列.第一辑
个人责任者：达尔文 (Darwin, Charles), 1809-1882 著
个人次要责任者：何鸿 编译
学科主题：物种起源
中图法分类号：Q349
中图法分类号：Q111.2
著录信息附注：据2014年9月第10次印刷著录
版本附注：本书初版于2005年
提要文摘附注：在本书中，达尔文重点阐述和论证了高等生物是由低等生物逐渐演变而来的进化论思想，并提出了以自然选择、适者生存为基础的生物进化学说。
使用对象附注：适用于高等院校生物技术、生物工程专业师生、综合性院校和高等师范院校生命科学专业师生及相关专业工作人员。

图 6-6　书目信息

书目信息中的题名、责任者等都是容易理解的。下面重点介绍一下 ISBN、分类号以及图书馆纸本图书排列的索书号。

ISBN 即国际标准书号，相当于一种书的身份证号码，每种书对应一个独一无二的编号。ISBN 由英国图书批发商史密斯公司和美国书商鲍克尔于 1966 年合作编制，1972 年国际标准书号组织将其作为国际标准公布。它是由一个冠有“ISBN”字样的十位数字组成。十位数字分为四个部分，即组号：代表一个语言或地理区域、国家或集团的编号，由国际标准书号中心分配；出版者号：代表组内所属的一个出版者编号，由组区书号中心设置和分配；书名号：代表一个特定出版者所出版的一种特定出版物的名称号；检验号：ISBN 的最后一位数字。ISBN 已在国际上广泛应用，它可以使每一种图书具有一个特定的号码，我们利用它来区别不同的文献，也可以利用它采购、排列、检索文献。我国已加入国际标准书号组织，ISBN 从 1987 年起成为正式使用的中国标准书号的一个组成部分。

分类号在我国通常是指《中国图书馆分类法》(以下简称“中图法”）的分类表中的分类号。该书是由国家组织力量编制的一部大型的关于综合性图书分类的工具书，是我国图书馆和情报单位普遍使用的一部综合性的分类法。《中图法》使用字母与数字相结合的混合号码，基本采用层累制编号法，主要供大型图书馆图书分类使用。它将各种图书分为马克思主义、列宁主义、毛泽东思想、邓小平理论，哲学、宗教，社会科学总论，自然科学总论，综合性图书五个基本部类，在此基础上扩展为二十二个大类，如表 6-3 所示。

表 6-3 《中国图书馆分类法》大类

A	马列主义、毛泽东思想、邓小平理论	N	自然科学总论
B	哲学、宗教	O	数理科学和化学
C	社会科学总论	P	天文学、地球科学
D	政治、法律	Q	生物科学
E	军事	R	医药、卫生
F	经济	S	农业科学
G	文化、科学、教育、体育	T	工业技术
H	语言、文字	U	交通运输
I	文学	V	航空、航天
J	艺术	X	环境科学、安全科学
K	历史、地理	Z	综合性图书

索书号是图书馆在《中国图书馆分类法》的基础上，对图书馆藏书排架用的编码，是图书馆排书、检书、借书、还书、登记统计的主要依据，也称为排架号。索书号一般由分行排列的几组号码组成，常被印在书脊下方的书标上以及图书书名页或封底的上方。一个索书号只能代表一种书。在图书馆分类排架的情况下，索书号主要由两个基本部分组成，一部分为分类号，列于上行；另一部分为书次号，即著者号、书名编号、图书出版年代号、该类图书编目先后次序号，列于分类号下一行，如图 6-7 所示。少数图书，索书号仅由上述两个基本部分组成。但对大多数图书来说，为了使索书号具有专指性，还必须根据具体情况附加符号。如附加书名号，以区别同类中同一著者的不同著作；附加版次号，以区别同一著作的不同版本；附加册次号或部次号，以区别多卷书的不同卷册及同一书的不同复本。图书馆馆藏图书一般都是按照分类索书号进行排架。图书排架时先按照图书分类号的顺序确定书架中该类书的位置，然后再在该类图书中按照书次号顺序确定每本图书在书架上的具体位置。具体原则如下：① 先排大类，按中图法大类的字母顺序排列：A、B、C、D……Z；② 同一大类中的下级类目按数字大小排列，如 R717.1 排在 R718.1 前面；③ 分类号相同，再按书次号排。种次号按自然数顺序排，如 F717/Z21 排在 F717/Z32 前面。每个图书馆会根据自身特点指定对应的索书号编码细则，但总体是按此进行的。

图 6-7 索书号

公共联机书目查询系统（OPAC），是利用计算机终端来查询图书馆馆藏数据资源的一种现代化检索方式。利用 OPAC 读者可以任意检索、查询馆藏的文献资源信息，实行网上续借和预约，查询读者借阅情况、图书馆发布的新书通报等。在查询检索馆藏资源时，我们常用的是简单检索、多字段检索和全文检索。简单检索的检索词是单一的，可利用题名（即书名）、责任者、索书号、出版社等单一的检索词直接进行检索；多字段检索即可同时利用多个检索词进行并列的检索；全文检索则能检索出所有包含检索词的全文，能对文献中所出现的词、字进行检索。读者还可以通过分类浏览、期刊导航、新书通报等方式检索图书馆的馆藏书目信息，如图 6-8 所示。

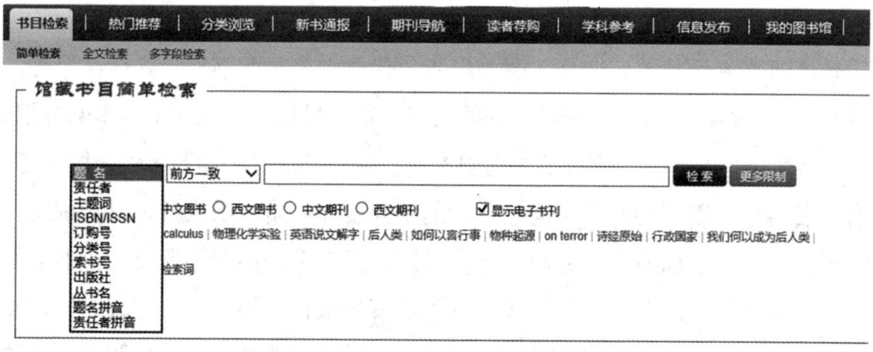

图 6-8 OPAC 书目检索界面

除了传统的公共联机书目查询系统，近几年“发现系统”逐步发展起来，其内建海量数据的元数据仓，整合各种图书馆资源，包括内部的、外部的、纸质的、电子的、许可的以及可自由获取的数据源。因此，几乎所有的文献资源都可以从中获取。发现系统由不同的公司开发，目前使用较多的是超星发现系统（http://www.chaoxing.com/）、e 读学术搜索（http://www.yidu.edu.cn/ 或 http:// www.calis.

edu.cn/）、智立方知识资源服务平台（http://zlf.cqvip.com/）等。

（2）电子图书资源

电子图书，顾名思义，就是书籍以电子版的方式在互联网上出版、发行。电子图书因使用成本低、占用空间小、便于携带、绿色环保等优点越来越受到人们的青睐。电子图书又可分为电子图书阅读器（如 Kindle 阅读器）和网络电子图书。网络电子图书又分为免费资源和有商业目的的电子图书数据库。

常用的电子图书数据库有：汇雅书世界（http://www.sslibrary.com/）；独秀学术搜索（http://www.duxiu.com/）；SpringerLink（https://link.springer.com/）；Wiley Online Library（https://onlinelibrary.wiley.com/）。除了此类传统数据库外，很多高校图书馆都有独立或联合整合的自由资源。如南京大学的“悦读经典计划”电子图书数据库（http://njdxydjd.mh.libsou.com/）、书香南大（http://sxnju.chineseall.cn/home/index）以及支持多设备同时畅读的汇云博图—京东阅读。京东阅读的阅读记录可在手机、电子书阅读器、电脑、平板等终端同步；校内校外都可阅读，不受 IP 限制。京东阅读需下载其阅读器，并进行姓名、学校等真实信息注册，如图 6-9 所示。

图 6-9　京东阅读器界面

图书的检索入口一般有书名、作者、主题词、出版社、ISBN、分类、中图分类号、年代等。大部分检索系统会将所有检索入口整合为高级检索，使之同时对多个检索项进行检索。

二、期刊

（一）期刊的基本知识

期刊，也称杂志，是“定期或不定期的连续出版物”①，它有固定名称，以卷、期或年、月顺序编号出版，每期版式基本相同。期刊是记录与报道社会科学、自然科学的活动与发展的工具，是传播与交流科学文化成就的手段之一。按刊期分，期刊有周刊、旬刊、半月刊、月刊、双月刊、季刊、年刊等；按内容分，期刊有时事政治类期刊、社会科学类期刊、科学技术类期刊、文学艺术类期刊等；按发行范围分，期刊有国际性期刊、全国性期刊、地区性期刊；按主办单位分，期刊有党政机关和群众团体主办的机关刊、学术研究机关和大专院校出版的学报、私人合办的同仁刊物等。

期刊在封面上往往会标明刊名、出版序号、主办协办单位，在版权页上则标明刊名、主办单位、出版周期、出版地、出版社、开本、ISSN、CN、邮发代号等信息，如图 6-10 所示。

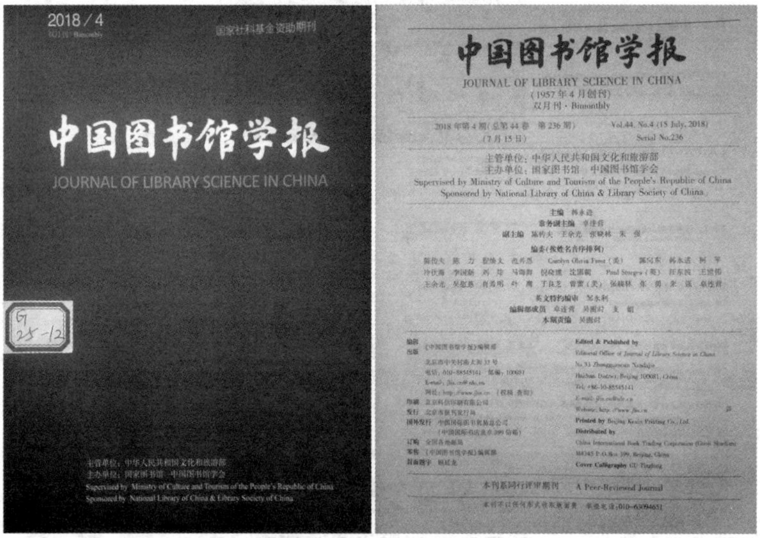

图 6-10　期刊封面及版权页

① 陈振标：《文献信息检索、分析与应用》，北京：海洋出版社，2016 年，第 6 页。

识别期刊最主要的标识是国际标准刊号（ISSN），如果是国内出版的期刊还有国内统一刊号（CN）。“ISSN”是英语 International Standard Serial Number 的缩写，它对全世界的连续出版物进行编码，因此又称国际标准连续出版物编号。ISSN 是根据国际标准 ISO3297 制定的，通过该编码世界上每一种不同题名、不同版本的连续出版物都有一个国际性的唯一代码标识。国际标准刊号由 8 位数字组成，8 位数字分成前后两段，每段 4 位，以 ISSN 作为开头，结构格式为 ISSN XXXX—XXXX。国内统一刊号（CN）是供国内出版的，经新闻出版部门批准，面向社会公开发行的所有报刊使用的统一编定的号码。它以中国国别代号“CN”为识别的标志，由报刊登记号和分类号两部分组成，前者为国内统一刊号主体部分，后者为补充部分，其间以斜线“/”隔开，结构形式为 CN 报刊登记号 / 分类号。登记注册号由 6 位数组成，前两位数为地区号，后 4 位数为报刊序号，其间用“—”号连接。国际标准刊号和国内统一刊号应当印在每期期刊的封面、版权页显著的、固定的位置上。

（二）期刊资源的获取

期刊也可分为纸质和电子两大类。当年出版的纸质期刊称为现刊，不是当年出版的期刊称为过刊。高校图书馆一般会将专业学术的过刊装订成册作为馆藏收藏，提供给读者阅览。纸质期刊也可以通过公共联机书目查询系统、发现系统等进行查找。但是由于纸质期刊使用不便，越来越多的图书馆逐渐开始使用电子期刊。目前使用较多、可检索期刊的检索系统有：CNKI 中国知网资源主站中国学术期刊、万方数据知识服务平台、维普资讯中文期刊服务平台。

期刊的检索入口一般有篇名、摘要、关键词、全文、作者、作者单位、刊名、ISSN、CN、基金、参考文献等。大部分检索系统都提供高级检索，支持多个字段同时检索。我们还可以通过期刊导航服务查询到某个期刊从收录起始日期到目前的每一期期刊。

三、特种文献

《图书情报词典》中将特种文献定义为非书非刊，出版形式比较特殊的印刷型文献。包括科技报告、专利文献、会议文献、政府出版物、技术标准、技术档案、产品样本、学位论文等。内容广泛新颖，类型复杂多样。

（一）学位论文

学位论文是高等学校或研究机构的学生为取得学位，在导师指导下完成的科学研究、科学实验成果的书面报告。[①]

学位论文在其封面上一般都会注明“学位论文”字样，并附有学位授予单位以及指导老师等信息。学位论文专业针对性、理论性、系统性强，选题新颖，走在科研前列。

学位论文一般分为学士论文、硕士论文、博士论文三个级别。其中尤以博士论文质量最高，博士论文是具有一定独创性的科学研究著作，是我们收集和利用学位论文的重点。硕士学位论文要求对所研究的课题有新的见解，表明作者具有从事科学研究工作或独立担负专门技术工作的能力。博士学位论文要求表明作者具有独立从事科学研究工作的能力，并能在科学或专门技术上做出创造性成果。按照研究方法的不同，可将学位论文分为理论型、实验型、描述型；按照研究领域的不同，又可以将学位论文分为人文科学学术论文、自然科学学术论文和工程技术学术论文三大类。

学位论文除少数在答辩通过后发表或出版外，多数不公开发行，只有一份复本被保存在授予学位的大学的图书馆中以供阅览和复制服务。为充分发挥学位论文的参考作用，一些国家的大学图书馆将其制成缩微胶卷，编成目录、索引，并形成专门的学位论文数据库。因此，想要获得学位论文，除了去学位授予的高校或研究机构的图书馆查找纸质版外，最为便利的是利用收录学位论文的数据库进行查找。目前几乎所有的数据库都不收录学士学位论文，只收录特定培养单位的优秀硕士学位论文和所有博士学位论文。常用的学位论文数据库有：CNKI 中国博士学位论文全文数据库、CNKI 中国优秀硕士学位论文全文数据库、万方学位论文全文数据库 。

学位论文的检索入口一般有篇名、摘要、关键词、全文、作者、作者单位、学位授予单位、学科专业、指导老师、参考文献、基金等。通过学位授予单位检索可以获得某所高校或者某个科研机构全部的学位论文。

① 陈振标：《文献信息检索、分析与应用》，北京：海洋出版社，2016 年，第 9 页。

（二）会议论文

会议论文是“指在学术会议上宣读和交流的论文、报告及其他有关资料”[①]。会议结束后，通常会将这些会议或资料汇编出版，常见的有会议录、会议论文集等。

由于会议论文是学术会议上产生的，所以其传递的情报往往都比较及时，专业性强，走在科研前列。会议论文一般质量较高，能及时反映科学技术中的新发现、新成果、新成就以及学科发展的趋势，有着较高的价值。常用的会议论文数据库有：CNKI 中国重要会议论文全文数据库、万方学术会议论文全文数据库。

会议论文的检索入口一般有篇名、摘要、关键词、全文、作者、作者单位、会议名称、论文集名称、参考文献等。

（三）专利文献

专利包括两个含义，一是指发明的首创者所拥有的受到专利法保护的独享利益；另一个含义是指取得专利权的发明。只有同时具备新颖性、实用性和创造性这三个条件的创造发明才可以申请获取专利。新的发明创造欲申请专利，必须公开发表该发明的技术要点，征询异议，履行申请专利的法定手续。新的创造发明的专利申请被国家主管部门——专利局批准以后，发明创造者即可获得专利权。专利文献是指由专利部门出版的各种专利出版物，如专利说明书、权利要求书等。其中主要载有发明内容的详细说明和受保护的技术范围，这种专利说明书既是一种法律文献，也是一种有价值的技术情报[②]。

专利文献应该表具申请人、发明人、代理人等信息，获得授权的专利还要有授权公告号、公告日期等信息，如图 6-11 所示。

---

① 陈振标：《文献信息检索、分析与应用》，北京：海洋出版社，2016 年，第 10 页。

② 段雪香：《信息检索与利用》，徐州：中国矿业大学出版社，2017 年，第 103 页。

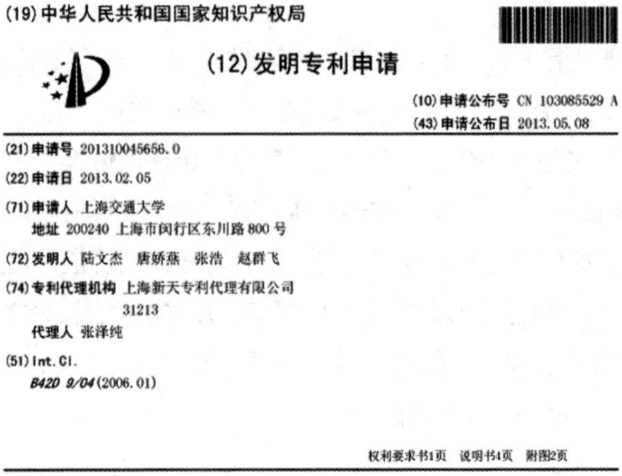

(19)中华人民共和国国家知识产权局

(12)发明专利申请

(10)申请公布号 CN 103085529 A
(43)申请公布日 2013.05.08

(21)申请号 201310045656.0
(22)申请日 2013.02.05
(71)申请人 上海交通大学
地址 200240 上海市闵行区东川路800号
(72)发明人 陆文杰 唐娇燕 张浩 赵群飞
(74)专利代理机构 上海新天专利代理有限公司 31213
代理人 张泽纯
(51)Int.Cl.
B42D 9/04(2006.01)

权利要求书1页 说明书4页 附图2页

图 6-11 专利说明书

专利说明书由专利局公开出版发行，任何人均可购买、订阅。在大多数国家，专利通常指发明专利。我国专利法规定，除发明专利外，专利还包括实用新型专利和外观设计专利。发明专利是指对产品、方法或者其改进所提出的新的技术方案；实用新型专利是指对产品的形状、构造或者其结合所提出的适于实用的新的技术方案；外观设计专利是指对产品的形状、图案或者其结合以及色彩与形状、图案的结合所作出的富有美感并适于工业应用的新设计。除了购买订阅专利局公开出版发行的专利文献外，我们还可以通过收录了专利文献的数据库进行检索，如中国专利全文数据库（知网版）、万方中外专利技术数据库等。

专利文献的检索入口有申请号、申请日、公开号、公开日、专利名称、摘要、分类号、申请人、发明人、优先权等。

（四）标准文献

标准文献主要指技术标准。它是对产品和零部件质量、规格、参数、检验等方面所作的技术规定，是从事科研和生产的共同技术依据。标准文献属于一种规章性文献，受法律的一定约束。根据使用范围可分为国际标准、国家标准、区域性标准、专业（部）标准、企业标准等，标准文献均由主管标准的部门统一组织、制定、发布。其中每一项标准规定，都必须经过严格的科学验证和精确的数学计算，它能反映出一个国家的技术政策、生产和标准化水平，是了解一个国家工业发展情况的重要参考资料。标准一般在其著录格式上提供标准级别、名称、编号等信息，如图 6-12 所示。

ICS 03.100.20
A 10

GB

中华人民共和国国家标准

GB/T 13391—2009
代替 GB/T 13391—2000

餐饮企业的等级划分和评定

Division and evaluation for catering enterprises grade

2009-09-30 发布　　2010-02-01 实施

中华人民共和国国家质量监督检验检疫总局
中国国家标准化管理委员会　发布

图 6-12　国家标准封面

标准号由标准代号、标准发布顺序号、标准发布年代号构成，具体如图 6-13 所示。不同标准类型有不同的标准代号。国家标准的代号由大写拼音字母组成，强制性国家标准代号为“GB”，推荐性国家标准的代号为“GB/T”。行业标准代号由拼音大写字母组成，各行业标准号按国务院公布的代号制定。档案的行业标准代号为 DA，强制性档案行业标准代号为 DA，推荐性行业标准代号为 DA/T。地方性标准代号由大写拼音“DB”加上省、自治区、直辖市行政区划代码的前两位数字组成，强制性地方标准为 DBXX，推荐性地方标准为 DBXX/T。企业标准代号由大写拼音字母“Q”加斜线再加企业代号组成：Q/XXX。

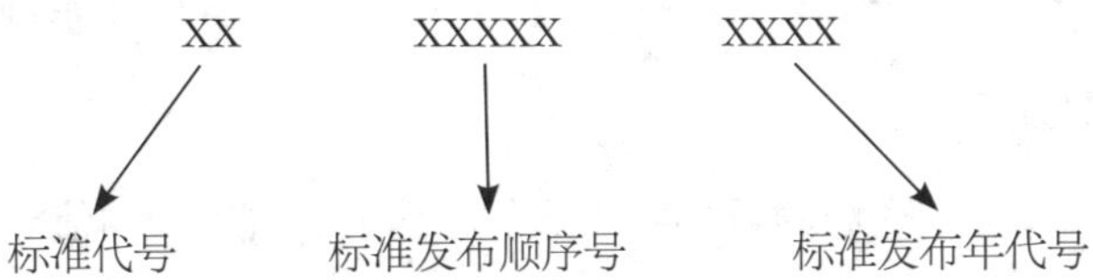

图 6-13　标准号构成图

标准文献可以通过全国标准信息公共服务平台、CNKI 标准数据总库、万方数据知识服务平台等数据库获得。检索入口有标准号、中文标题、英文标题、中文关键词、英文关键词、发布单位、摘要、被代替标准、采用关系等。

四、古籍文献

（一）古籍

《图书情报词典》中指出古籍又称“古旧书”，是印刷或抄写的年代比较久远的图书，包括善本和一部分珍本。我国的古籍多指辛亥革命以前印刷、抄写的图书，及辛亥革命以后以古籍装帧形式重印的版本，包括我国有文字记载以来各个时代众多的历史、文化、科技典籍。其内容是我国数千年文明的丰富记录，其版本、装订又反映出各个时代独特的风格。古籍因为保管的不易，收藏古籍的图书馆均逐步进行了古籍电子化，既保证了读者的使用，又能很好地保护古籍。

古籍与图书的检索入口基本一致，一般古籍数据库都做到了同时实现古籍原版图像和现代文字的逐字逐行对照，如图 6-14 所示的鼎秀古籍全文检索平台。这样既满足使用者研究古籍原本的需求，又方便使用者进行文字方面的复制、粘贴等处理。除此之外，还有瀚文民国书库、雕龙——中国古籍全文检索数据库、典海民国图书资源平台等古籍数据库。

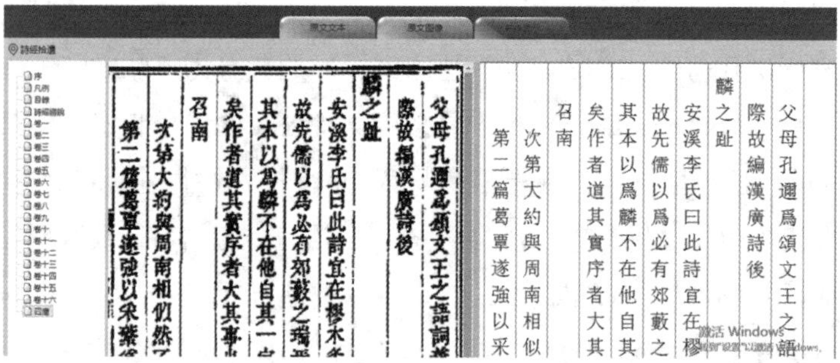

图 6-14 鼎秀古籍全文检索平台古籍原版与现代文字对照界面

（二）老旧期刊

老旧期刊也是文献资源的重要组成部分，它蕴藏着巨大的信息量，是研究各个学科发展、科技传承脉络不可或缺的一部分。可获得老旧期刊的数据库主要有大成老旧期刊全文数据库、上海图书馆《全国报刊索引》数据库（http://www.cnbksy.com）等。

第四节　文献资源与学术创新

一、文献资源的分析研读

文献资源的分析能力是一个大学生从事专业研究必须具备的能力。提升大学生文献信息素养，不仅需要大学生知道文献资源如何查找，还要学会对文献资源分析研读，去伪存真，去杂存专，去粗存精。

（一）文献资源分析概述

1. 文献资源分析的概念

文献资源分析是以满足用户的需求为主要目的，以定性、定量等研究方法为手段，通过文献资源的收集、整理、鉴别、评价、分析等系列加工过程，形成新的、增值的文献资源。① 实质上文献资源分析就是对文献资源的深度再加工。

2. 文献资源分析的类型

文献资源分析一般分为定性分析、定量分析和定性定量相结合分析三种不同的类型。定性分析是指从事物的内在规律性来研究事物的一种方法或角度，一般不涉及变量，主要依靠人类的逻辑思维来分析问题。常用的定性分析方法有比较法、分析与综合法等。定量分析一般是为了对研究对象的总体得出统计结果而采用的一种方法，强调对数据的分析。常用的定量分析方法有回归分析法、引文分析法等。定性定量相结合分析，顾名思义就是将定性与定量分析结合使用，更适合现在科研越来越复杂的情况。常用的方法有内容分析法、层次分析法等。

3. 文献资源分析的流程

文献资源分析的流程一般是：① 通过分析论证选择课题，确定文献资源分析的方向和任务；② 确定好需要的文献资源类型、数量、来源、使用的文献资源分析方法等，形成一个方案；③ 文献资源的收集、整理、鉴别；④ 按照既定方案对文献资源进行加工提炼、研究分析；⑤ 形成分析报告。

---

① 段雪香：《信息检索与利用》，徐州：中国矿业大学出版社，2017 年，第 149 页。

（二）常用文献资源分析方法

1. 比较分析法

比较分析法是常用的文献资源定性分析方法，是以对事物进行质的判断和把握为基本特征的一种思维方法和研究途径。定性分析首先要占有足够合乎客观实际的材料；其次，通过对这些材料进行分析归纳，探寻其中的内在规律性和本质特征。它主要以揭示和描述一事物与他事物之间的质的区别和联系的方式，达到对事物认识的深化。定性分析是人类认识事物最基本和最主要的方式之一。

2. 引文分析法

引文分析法是通过对文献的引证和被引证现象进行分析，揭示它们蕴含的各种特征或它们之间关系的一种方法。所谓引文就是著文援引或涉及已知事实时标记出构成其来源的参考文献。

利用引文分析法可以探讨微观科学结构，即通过图论技术所反映的“引文网”可以清楚地再现科学的微观结构。我们可以综合与归纳文献，通过引用这一脉络，几乎可以穷尽所有的相关文献，从而达到由表及里的内容分析。引文分析法是定量分析的一种。

引文分析法可以应用于研究科学技术发展趋势，考查个人、机构、地区和国家的情报能力，分辨学科特征和背景，评价和选择书刊，了解情报活动习惯，评价知识和人才等方面。

引文分析法主要有如下几点指标：

• 引文偶合。所谓引文偶合是指两篇文献同时引用一篇或多篇相同文献，这两篇文献就有偶合关系。有偶合关系的文献之间存在着联系，这种联系的程度称为偶合强度。

• 同被引。即当两篇或多篇论文被别的论文引用时，则这两篇论文有同被引关系。同被引的论文被多少论文引用称为同被引强度。

• 自引率。在引用文献的过程中，限于主体本身范围内的引用称为自引。自引率是对主体本身范围内文献引用的次数与主体引用的文献总数的比值。

• 影响因子。指在一定时间内，期刊中论文平均被引用的次数等于期刊论文被引用量与可引论文总数之比。

• 当年指标。用于判断期刊被利用速度的指标，衡量期刊载文质量的及时性和有用性。当年指标是某刊当年发表的论文与被引用次数与该刊当年发表论文的总数之比。

常用的引文分析工具：

（1）期刊引用报告（JCR）

期刊引用报告（Journal Citation Reports ，简称 JCR）是重要的期刊评价工具，它通过对来源于 ISI 的科学引文索引（SCI）和社会科学引文索引（SSCI）的数据进行分析，帮助用户了解出版物的影响力，如图 6-15 所示。其主要评价指标为期刊总载文量、期刊总被引频次、期刊影响因子、期刊即时指数、被引半衰期、引用半衰期、期刊自引率、期刊被自引率。期刊引用报告是对外文期刊影响力分析的一个重要工具。

图 6-15　JCR 界面

（2）中文社会科学引文索引（CSSCI）

中文社会科学引文索引（Chinese Social Sciences Citation Index，简称 CSSCI）是由南京大学中国社会科学研究评价中心开发研制的引文数据库，用来检索中文人文社会科学领域的论文收录和文献被引用情况，如图 6-16 所示。

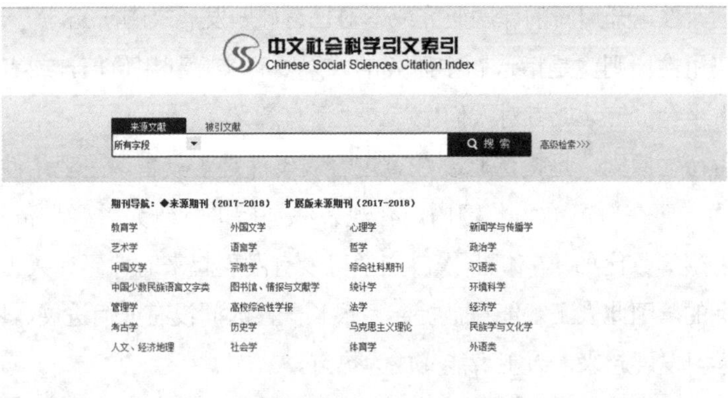

图 6-16　CSSCI 界面

作为我国人文社会科学主要文献信息查询的重要工具，CSSCI 可以为广大用户提供以下服务：对于社会科学研究者，CSSCI 可以从来源文献和被引文献两个方面向研究人员提供相关研究领域的前沿信息和各学科学术研究发展的脉搏，通过不同学科、领域的相关逻辑组配检索，挖掘学科新的生长点，展示实现知识创新的途径；对于社会科学管理者，CSSCI 可以提供地区、机构、学科、学者等多种类型的统计分析数据，从而为制定科学研究发展规划、科研政策提供决策参考；对于期刊研究与管理者，CSSCI 可以提供多种定量数据如被引频次、影响因子、即年指标、期刊影响广度、地域分布、半衰期等，通过多种定量指标的分析统计，可为期刊评价、栏目设置、组稿选题等提供定量依据；CSSCI 也可为出版社与各学科著作的学术评价提供定量依据。

二、科研选题与科技查新

（一）科研选题

科研选题就是选择科学研究的课题，确定科学研究的对象与目的，它是进行科学研究的第一步。

1. 科研选题的原则

（1）科学性原则。是指选题必须以科学理论为依据，观点要正确并经得起推敲。科学性原则保证了科研课题的正确方向，如果选题是伪命题，那么即使再怎么深入研究，也不会得到研究结果。

（2）新颖性原则。是指选题必须新颖，未被公开，或者是在已有科研课题的基础上向前发展。如果选题只是对已有科研成果炒冷饭，那么就失去了科研的价值。要有创新性，开启新的课题研究或者对已有课题发展式的研究。

（3）实用性原则。是指选题中研究的成果要有实际利用价值，或者对人类发展、文明进步有价值，或者对人们生产、生活有意义。

（4）可行性原则。是指选题要注意主客观条件是否具备。主观条件主要指研究者的能力，要在自己能力范围内。客观条件是指进行研究需要具备的人、财、物、科技发展等。比如早年机器人自主学习没有发展起来时，研究人工智能是不太符合实际的，因此人工智能在被提起后很长一段时间没有任何进展、停滞不前，直至自主学习发展起来，人工智能又成为热点。

2. 科研选题的来源

科研选题要具有实用性，因此选题往往也是来自日常的工作、学习和生活。作为高校学生，选题来源最多的是学习，侧重点在于学会科学研究的方法。在选题时要注意自己的主观条件，选题要在自己的知识框架结构和科研能力范围内。作为初级科学研究，其新颖性要求没有那么高。一般学习型的科研课题多是课程报告、毕业设计题目。高校学生虽然没有正式参加工作，但是也会有社会实践或者实习工作，此类也可以作为选题来源，大家可以从工作困惑、工作延伸等方面进行选题。选题要重视问题，将日常生活中的问题转化为选题，多问几个为什么。

3. 科研选题的关键

（1）把握好选题的大小与难易

选题的关键之一就是要处理好选题的大与小、难与易的关系。大的课题往往研究出来的成果影响大，但是研究过程因涉及面广、比较复杂，需要的研究条件相对也高，往往需要一个庞大的科研团队长时间的努力才可能出成果。小的课题涉及范围小，研究成果的影响较小，需要的研究条件相对较低，容易出成果。作为高校学生，要学会从小课题开始研究，不要选择超出自己能力范围内的课题，从小处入手，逐步扩大研究。比如，毕业论文选题时尽量不要选择类似“欧美文学研究”这样的大题目，这样的题名包含范围很广，可能用一本书的篇幅都写不完。可以选择“从某本书见某个时期的欧美文学特色”，这样可以更好地入手，不会让自己陷入无法取舍的地步，也不会让选题过小而无文献资源可以利用。

（2）文献资源分析倒置

一般情况是确定了课题之后再进行文献资源的查找、收集工作，但先进行一定的文献资源分析会对选题有极大的帮助。选题时从一个较为宽泛的主体入手进行文献资源收集、分析，从中找到切入点。这样既可以使科研课题范围缩小，又可以避免选定课题后无文献资源可利用。

（二）科技查新

1. 科技查新概述

科技查新，是指具有查新业务资质的查新机构根据查新委托人提供的需要查证其新颖性的科学技术内容，按照《科技查新规范》（国科发计字〔2000〕544号）进行操作，并做出结论（查新报告）。

查新机构是指具有查新业务资质，根据查新委托人提供的需要查证其新颖性的科学技术内容，按照科技查新规范操作，有偿提供科技查新服务的信息咨询机构。南京大学是教育部设立的102所教育部部级科技查新工作站之一。

科技查新起到了为科研立项提供客观依据，为科技成果的鉴定、评估、验收、转化、奖励等提供客观依据，为科技人员进行研究开发提供可靠而丰富的信息的作用。

2. 科技查新的原则

（1）查新是对项目的新颖性进行审查。科技查新的性质首先表现在对其新颖性的审查上，这与科研选题的原则是一致的。科学研究是一项具有探索性和创造性的工作，关键在于创新。如果一个科研课题没有新颖性，那么它就失去了研究的意义。因此审核新颖性可以减少科研工作的重复，从而避免人力、物力和财力的浪费。

（2）查新要对项目的实用性和先进性进行审查。在科技查新工作开展的初期，比较注意对项目新颖性的审查和评价；随着查新工作的深入，又提出了对项目实用性和先进性的综合评价。

（3）查新具有科学性、技术性和政策性。科技查新是为科学研究与科技管理提供的信息咨询服务，主要服务于科研立项，科技成果鉴定、评审及转化，新产品报批，专利申请等方面。所以查新是科学研究与科技管理的重要组成部分，具有科学性、技术性和政策性。

3. 科技查新报告的主要内容

查新报告的内容应当符合查新合同的要求。一般说来，查新报告应包括如下基本内容：

（1）基本信息。它包括查新报告编号，查新项目名称，查新委托人名称，查新委托日期，查新机构的名称、地址、邮政编码、电话、传真和电子信箱，查新员和审核员姓名，查新完成日期。

（2）查新目的。查新目的分为立项查新、成果查新等。立项查新包括申报各级、各类科技计划或者科研课题开始前的资料收集等；成果查新包括成果鉴定、申报奖励等。

（3）查新项目的科学技术要点。指查新项目的主要科学技术特征、技术参数或指标、应用范围等。查新报告中的科学技术要点应以查新合同中的科学技术要点为基础，参照查新委托人提供的科学技术资料做扼要阐述。

（4）查新点与查新要求。查新报告中的查新点和查新要求应与查新合同中的一致。

（5）文献检索范围及检索策略。这部分应列出查新员对查新项目进行分析后所确定的手工检索的工具书、年限、主题词、分类号和计算机检索系统、数据库、文档、年限、检索词等。

（6）检索结果。查新员应根据查新项目的科学技术要点，将检索结果分为密切相关文献和一般相关文献。

（7）查新结论。《科技查新规范》第九部分规定，查新结论应包括：① 相关文献检出情况；② 检索结果与查新项目的科学技术要点的比较分析；③ 对查新项目新颖性的判断结论。

（8）查新员与审核员声明。《科技查新规范》第九部分规定，查新报告应包括经查新员、审核员签字的声明。

（9）附件清单。附件主要包括密切相关文献的题目、出处以及原文复制件；一般相关文献的题目、出处以及文摘。

本章思考题：

1. 说出你所在大学图书馆提供的文献资源。

2. 文献检索如何应用？在自己所学学科专业范围内，选取一项课题写出一份检索报告。

3. 参考文献中图书、期刊的标准格式是什么？

4. ISSN、ISBN 分别代表什么？

5.《中国图书分类法》中有几个大类，分别是什么？

6. 如何获取专利文献、标准文献？

7. 科研选题的原则和关键是什么？

第七章　文献检索工具与文献资源数据库应用

随着互联网和计算机技术的发展，国内外在线数据库剧增，数据库检索已经成为人们获取信息的重要途径。但由于各数据库的结构不同、信息资源标引的规范和深度不同，各数据库的检索功能既相似又有不同，用户使用时难以分辨和掌握。目前，国内比较有影响力的中文检索系统有超星发现系统、CNKI 中国知网、万方数据知识服务平台、维普期刊资源整合服务平台、读秀学术搜索、中国高等教育文献保障系统（CALIS）、国家科技图书文献中心（NSTL）等。国外影响较大、学术质量较高的数据库有美国化学学会出版物（ACS Publications）、SpringerLink-Springer 出版社电子期刊及图书、Wiley Online Library Wiley 出版社电子期刊、Elsevier Science Direct 全文电子期刊数据库等。中国高校一般采用包库方式购买特定学科的专题数据库，以 IP 地址控制方式，供给学校内部使用。

第一节　发现系统

一、概念和由来

随着数字图书馆的发展，全球范围内的数字资源激增，资源的种类和内容日益丰富，而不同的数字资源系统因其系统结构、信息内容、呈现的界面与使用方式的不同，形成一个个“信息孤岛”，给用户检索带来困扰。因此，图书馆一直致力于寻求一种数字资源的整合之道，为用户提供一个实现各类学术资源发现与获取的一站式解决方案。

发现服务系统是一个通过对海量的来自异构资源的元数据和部分对象数据以

抽取、映射、收割、导入等手段进行预收集，并通过归并映射到一个标准的表达式进行预聚合，形成统一的元数据索引，通过单一的功能强大的搜索引擎向终端用户提供基于本地分布或者远程中心平台的统一检索和服务的系统。

系统内建海量数据的元数据仓，整合各种图书馆资源，包括内部的、外部的、纸质的、电子的、许可的以及可自由获取的数据源，使用统一标引的数据格式，提供简单、单一的检索入口，通常是类似的 Google 一框式搜索，通过检索预先设定的元数据仓来快速返回结果，通过链接解析器链接到全文，提供分面和高级检索功能，在用户体验层面上全面超越了联邦检索。

发现服务系统自 2008 年面世后，发展很快。下面以目前市场活跃的 3 个国外产品进行比较研究，分别是 Serials Solutions 的 Summon（2009 年 7 月发布）、EBSCO 的 EBSCO Discovery Service（EDS，2010 年 1 月发布）、Exlibris 的 Primo Central（Primo，2010 年 6 月发布）[①]，国内则有超星发现系统、e 读学术搜索、维普智立方·知识资源服务平台等。

二、常见的发现系统

（一）超星发现系统

超星发现系统以近十亿的海量元数据为基础充分利用数据仓储、资源整合、知识关联、文献统计模型等相关技术，通过引文分析、分面筛选、可视化图谱等手段，为读者从整体上掌握学术发展趋势，洞察知识之间错综复杂的交叉、支撑关系，发现高价值学术文献，提供便捷、高效而权威的学习、研究工具。

超星发现系统除了具有一般搜索引擎的信息检索功能外，其最大的功能是提供了深达知识内在关系的强大知识挖掘和情报分析功能。为此，发现的检索字段大大增加，更具备大到默认支持全库数据集范围的空检索，细到可以通过勾选获取非常专指主题的分面组合检索，从而实现了对学术宏观走向、跨学科知识交叉及影响和知识再生方向的判断，具备了对任何特定年代，或特定领域，或特定人及机构的学术成果态势进行大尺度、多维度的对比性分析和研究。[②]

---

① 陈荣，霍丽萍：《信息检索与案例研究》，上海：华东理工大学出版社，2015 年，第 28 页。

② 超星发现系统：http://ss.zhizhen.com/，2018 年 7 月 2 日。

1. 检索方法

超星发现系统提供基本检索、高级检索、专业检索三种检索方式。

基本检索直接在检索框中输入查询词，点击“检索”就能在海量的资源中查找相关的各种类型文献。在基本检索结果页浏览所查找关键词的数据，我们会发现系统多种强大的功能，如多维度分面、高级检索、专业检索、可视化、趋势展示，如图 7-1 所示。

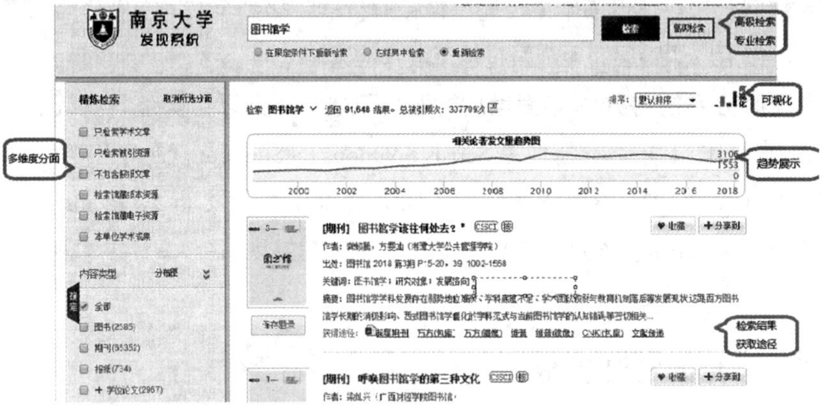

图 7-1　超星发现检索页面功能

高级检索点击搜索框后面的“高级搜索”链接，进入高级搜索页面，通过高级搜索更精确地定位所需要的文献，如图 7-2 所示。

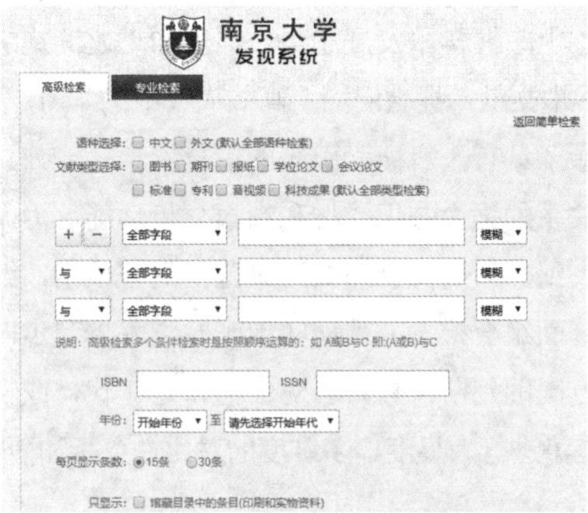

图 7-2　超星发现高级检索页面

专业检索比高级检索功能更强大，但需要检索人员根据系统的检索语法编制检索式进行检索，它更适用于熟练掌握检索技术的专业检索人员，如图 7-3 所示。

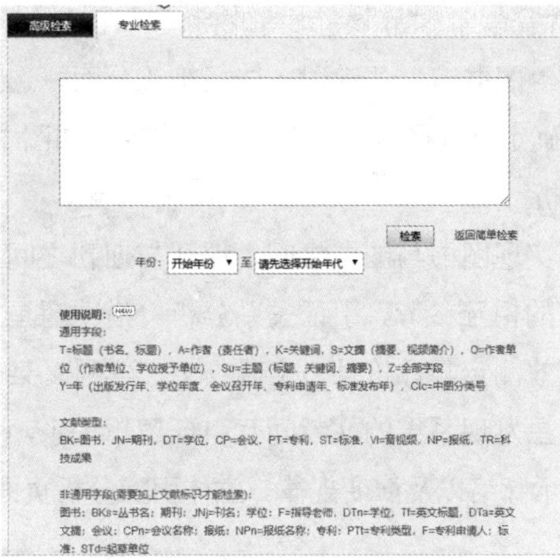

图 7-3　超星发现专业检索页面

检索规则说明：" " 代表精确匹配，" 代表模糊匹配；同一字段运算规则为 * 代表并且，| 代表或者，—代表不包含；不同字段间逻辑检索规则为 and（与）、or（或）、not（非）。关系符号间空一个字节并且只能用大写字母；逻辑运算优先级为不同字段间 not > and >or，同一字段间—>*>|；若要改变组合的顺序，请使用英文半角括号“()”括起。检索表达式中的所有符号和英文字母，都必须使用英文半角字符。

2. 超星发现系统核心功能

超星发现系统是一个国内数据库的一站式检索平台，除主要功能检索外，还有多维分面聚类、立体引文分析、考镜学术源流、展示知识关联、图示学术趋势等学术研究功能。

（1）多维分面聚类

超星发现系统依托海量的元数据资源，通过分面分析法，可将搜索结果按各类文献的时间维度、文献类型维度、主题维度、学科维度、作者维度、机构维度、权威工具收录维度以及全文来源维度等进行任意维度的聚类。用户可根据实际需要进行任意维度的组配检索、自由扩检和缩检，从而实现文献资源发现的精炼聚类和精准化搜索，将资源按相关度、被引频次等方式展现给用户。[①]

例：检索关于“图书馆”知识中公共图书馆在 2007 ～ 2018 年期间被核心期刊

① 杨云川，杨晶，王清晨，孙蔚：《信息元素养与信息检索》，北京：电子工业出版社，2018 年，第 44 页。

和 CSSCI 收录的报纸情况。

操作方法：检索“图书馆”关键词→选择精炼分面→选择关键词分面→选择重要期刊分面→点击确定→选择时间分面→点击查找，如图 7-4 所示。

（2）立体引文分析

超星发现系统可实现图书与图书之间、期刊与期刊之间、图书与期刊之间以及其他各类文献之间的相互参考、引证关系分析。借助超星发现系统的文献引用频率分析研究，可有效测定与评价某一文献、某一学科、某一作者乃至某一机构的学术影响力。借超星发现系统的文献间互引证逻辑关系，可分析获得某一学术思想的历史渊源、传承脉络以及演变规律。立体引文分析页面如图 7-5 所示。

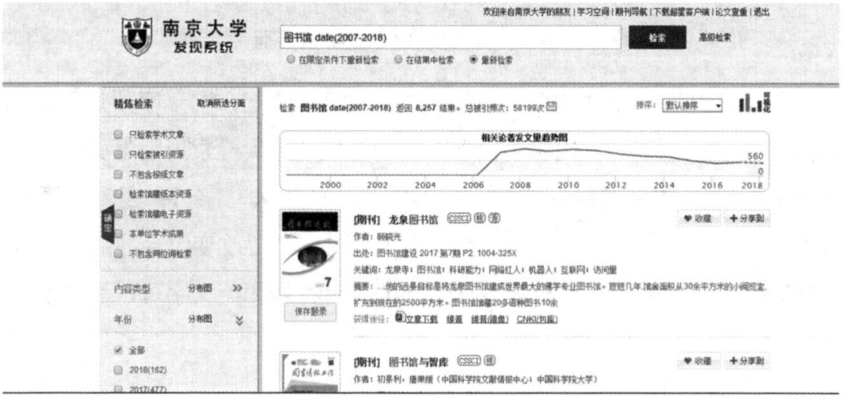

图 7-4　多维分面聚类检索页面

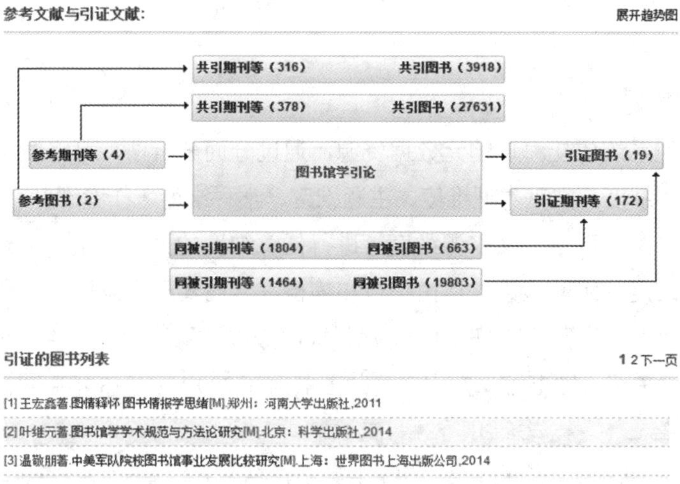

图 7-5　立体引文分析页面

（3）考镜学术源流

考镜学术源流可以把文献资源的研究单位从单一的文献深化到文献中存在的知识关联中。通过考镜学术源流，超星发现系统能够按照知识概念给出知识关联图谱，通过单向或双向线性知识关联构成的链状、网关结构，形成主题、学科、作者、机构等知识关联图，从而反映出学术思想之间的相互影响和源流。按学科考镜学术源流，可查找所关联的学科与领域，更好地展示知识与知识之间的关联。

（4）展示知识关联

知识关联是我们从事知识活动和知识管理的基础，知识管理的目的是科学组织和有效利用知识，而知识关联是科学组织和有效利用知识的基本出发点和理论依据。超星发现系统集知识挖掘、知识关联分析与可视化技术于一体，能够将发现数据及分析结果以表格、图形等方式直观展示出来。这为研究者直观把握海量数据之间的规律和整体面貌，展示人和机构以及知识彼此之间的关联，从而反映出不同学者、不同机构对某一领域的研究强度与贡献，反映出某一领域知识的相互交叉支持强度，并进一步追踪、拓展和创新该领域的研究提供思路。

（5）图示学术趋势

超星发现系统具备对搜索结果进行年代分布规律分析的功能，图示出任一主题学术研究变化趋势图，这可以进一步帮助研究者在大时间尺度和全面数据分析的高度上洞察该领域研究的起点、成长、起伏与兴衰，从整体上把握事物发展的完整过程和走向。

例：检索关于“图书馆”知识中公共图书馆在2007—2018年期间被核心期刊和CSSCI收录的报纸情况的学术辅助分析以及知识关联、学术趋势，等等。

操作方法：在检索结果页面右上角点击“可视化”按钮，或者在学术发展趋势图右侧点击“更多可视化”进入可视化页面，如图7-6至图7-9所示。

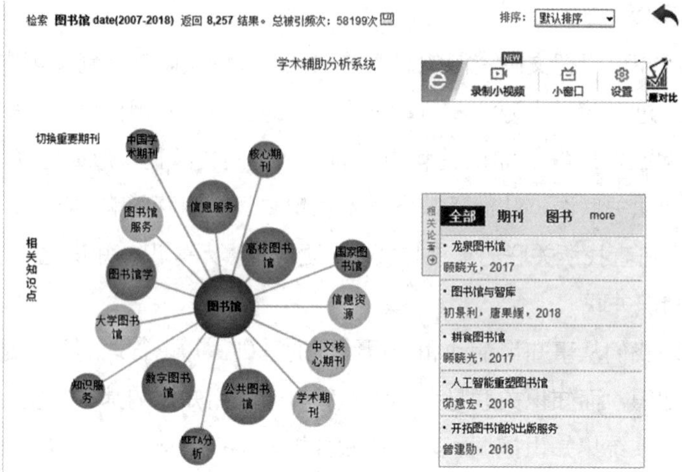

图 7-6　学科相关知识点页面

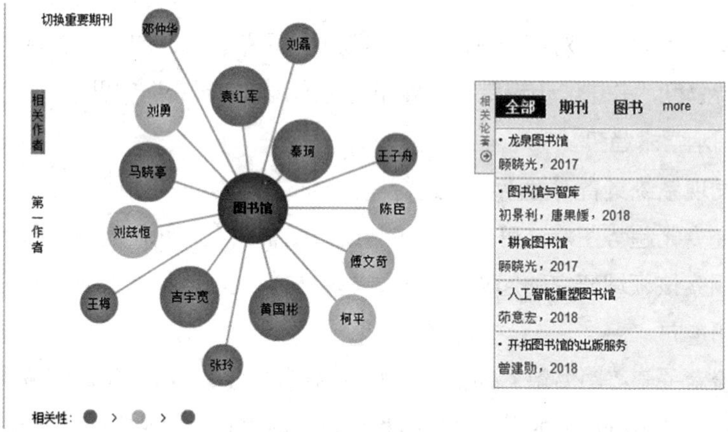

图 7-7　学者知识点关联页面

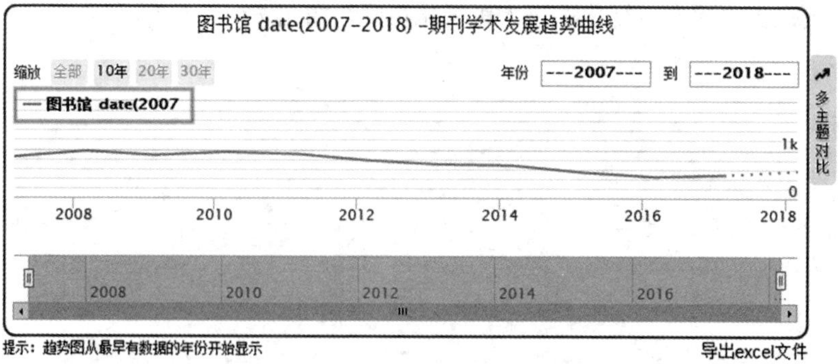

图 7-8　学术发展趋势曲线页面

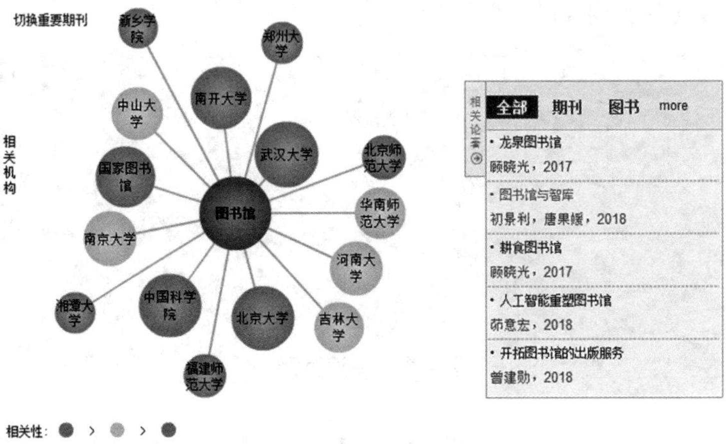

图 7-9　机构研究强度关联页面

（二）e 读学术搜索引擎

1. e 读数据库介绍

e 读是由中国高等教育文献保障系统（CALIS）发布的一个学术搜索引擎，通过一站式检索，查找全国 600 余家图书馆的资源，能在海量信息中实现高质量的检索。它可以检索全国高校图书馆的几百万种图书、几千万篇外文期刊论文、百万篇中外文学位论文，以及古籍、拓片等特色资源。在尊重知识产权的基础上，为高校师生提供全文学术资源。[①]

① e 读学术搜索引擎：http://www.yidu.edu.cn/，2018 年 7 月 10 日。

2. e 读数据库查询入口（两种途径）

图 7-10　e 读页面

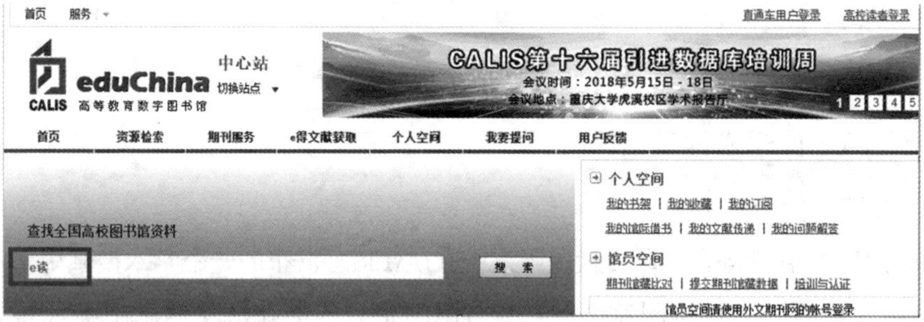

图 7-11　CALIS 中心站点页面

3. e 读数据库检索步骤

（1）进入“e 读学术搜索”网站或打开“江苏省高等学校数字图书馆”主页进入，直接在检索框中输入检索词即可进行检索。

（2）进入已查找到的文献信息界面，点击所需文献题名，页面会显示有关该文献的出版和内容、简介等信息，如果本馆有电子全文，用户可直接链接获取全文。

（3）如果本馆无电子全文，用户则需要通过馆际互借获取文献。利用馆际互借个人账号登录成功后，进入文献请求页面，提交文献请求信息后，等待管理员答复和处理，如图 7-12 所示。（提醒：登录“馆际互借”，用户名和密码需要注册才能使用。）

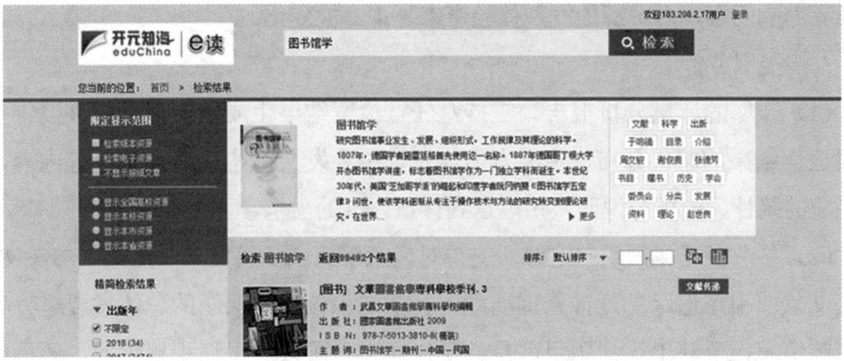

图 7-12　e 读检索页面

（三）智立方·知识资源服务平台

“智立方·知识资源服务平台”是由重庆维普资讯有限公司 2013 年推出的。该平台以整合的期刊、学位论文、会议论文、专利、专著、科技成果、科技报告等十种类型文献数据为基础，通过数据挖掘、大数据分析、文献计量、对象建模等技术，为用户提供高效检索、分面聚类、引文追踪、知识关联图谱、对象构建、对象对比、研究趋势分析等服务。

平台不仅能提供优质的资源保障服务，而且拥有了知识服务价值，能够快速为图书馆、科研单位和个人用户提供全方位、基于云平台架构的一体化解决方案。①

智立方·知识资源服务平台有以下价值：

1. 资源保障价值

“智立方·知识资源服务平台”包含十大文献的元数据 2 亿余条，资源覆盖近 20 年来国内产出中外文资源的 95%，提供在线阅读、下载全文、文献传递、网络链接等多种全文获取途径，多途径综合全文保障率超过 90%，能够为用户提供丰富的文献资源服务。

2. 对象发现价值

基于海量的元数据资源，通过对数十亿数据关系的深入挖掘，解析出多个纬度的文献资源知识对象，包括领域、主题、学者、机构、传媒、基金、地区等。不仅解决了资源获取的广度问题，更解决了资源利用的深度问题，降低了使用者

① 智立方·知识资源服务平台：http://www.vipinfo.com.cn/html/ProductDetail.aspx?id=15，2018 年 7 月 26 日。

信息素养的门槛，对资源的发现体验带来了革命性变化。

3. 情报服务价值

（1）详尽的计量分析报告。支持对任意检索结果生成分析报告，该报告主要针对检索结果的年代分布、主要发文作者、主要发文机构和涉及学科等内容，做出相应的统计、分析与说明，用以达到计量评价的需求。

（2）参考引证文献双向追踪。支持对任意单篇或多篇文章，提供其参考文献、引证文献或引用追踪的延伸查询功能，直观揭示该文献课题的总体发展趋势和学术影响情况，反映出该课题目前是处于快速上升阶段、平稳积累阶段，还是成熟发展阶段。

（3）知识关联可视化。提供检索报告、对象报告、对象比较、360 图谱等可视化工具，帮助用户快速形成对所需信息的结构性认识，无须再经过人工整理，便可使知识发现路径多元化，结果更直观化。

（4）智能情报分析。基于完善的多维度关系数据和先进的知识对象模型，可为用户提供学科研究方向分析、竞争情报动态连续追踪等服务。对用户的科研、教学及信息服务工作高效开展起到一定的促进作用。①

（四）Summon 学术搜索

Summon 是由美国 ProQuest 公司推出的资源发现系统，是一款专门针对图书馆使用的搜索引擎产品。

Summon 可以帮助研究者迅速地搜索、凝练和获取可靠的图书馆资源，避免用户在各种资料库之间四处找寻。Summon 为研究者们提供了一个简单便捷的检索框，他们可以输入任何想要的关键词，并且可以在很短的时间内获得可靠且按照相关性排序的结果列表。

1. 检索和检索结果

（1）拥有基本检索和高级检索，读者不仅可以在本馆资源中进行检索，而且还可以将检索扩展到本馆馆藏之外，在 Summon 服务收录的所有资源中进行检索。

（2）系统默认的检索结果排列顺序是按相关性，但读者也可以选择按照日期排序，每条检索结果会显示文件类型、获取渠道、来源、作者、学科等一系列信息。

---

① 维普平台：http://www.vipinfo.com.cn/html/ProductDetail.aspx?id=15，2018 年 7 月 27 日。

（3）读者可以看到来自 OPAC 或馆藏目录中的实时馆藏信息，当读者点击检索结果时，系统会通过 Open URL 链接解析器直接获取至全文。

（4）当读者查找到的检索结果本馆没有收藏时，可以通过 Open URL 链接解析器所链接的馆际互借、文献传递等工具获取全文，还可以将检索结果保存、用邮件发送或直接导出到 Refworks 或 EndNotes 等工具中，也可以将设定的检索范围保留到下一次检索中。

（5）支持符合用户使用习惯的智能搜索，比如智能关键词检索、基于异常的词根检索、自由体标识符检索和文章段落剪切粘贴检索，等等。

（6）在精确检索（Refine your search）、内容类型（Content Type）、主题词（Subject Terms）、出版日期（Publication Date）、馆藏分布（Library）、语言（Language）等方面做了分面，帮助读者优化检索结果，更快地找到需要的内容。

① 精确检索（Refine your search）——限定检索结果为有全文的文章或来自同行评审期刊中的文章；限定检索结果不包括报纸文章；添加馆藏资源以外的结果。

② 内容类型（Content Type）——把馆藏资源中有检索结果的类型都列出来，供读者选择。Summon 可整合的内容类型包括纸本和电子期刊、纸本和电子书籍、报纸、期刊文章、标准，等等。

③ 主题词（Subject Terms）——把检索结果按照主题词进行了分类。

④ 出版日期（Publication Date）——读者可以拉动日期条或对日期做精确限定。

⑤ 馆藏分布（Library）——读者可以看到检索结果的馆藏分布（例如一个图书馆有多个分馆，读者会知道每个分馆的检索结果）。

⑥ 语言（Language）——将检索结果按不同语言进行的分类。

2. 其他特色服务和功能

（1）数据库推荐服务（独有功能）。当读者输入的关键词可能涉及一些专业数据库中的内容时，Summon 会推荐读者去相关数据库的信息。

（2）Web of Science 整合（独有功能）。如果图书馆订购了 Web of Science 数据库，在检索结果页面直接显示文章记录在 Web of Science 中的被引用频次信息和引用该文章的最新 10 条记录。点击引用频次信息和引用文章标题可以直接跳转至 Web of Science 平台。

（3）纸本书与电子书同步发现（独有功能）。Summon 后台数据有专门的元数据馆员维护整理。Summon 会将同本图书的电子版和纸本一同显示，满足不同用户的使用习惯。[①]

（五）Primo

Primo 是 ExLibris（艾利贝斯）公司开发的功能强大的图书馆统一资源发现与获取门户系统，是目前正在构造的下一代数字图书馆服务系统平台中的两大核心之一。

Primo 可以帮助图书馆为读者提供统一资源的发现与获取服务，内容包括图书馆自身的物理、数字馆藏，以及图书馆订购的各类远程数据库、电子资源。

1. 统一资源发现

在统一资源的揭示能力上，Primo 可以一站式涵盖现代图书馆的所有馆藏，包括馆内的物理馆藏、数字资产，以及图书馆订购或通过其他方式拥有使用权限的远程电子资源或数据库。

本地物理馆藏和数字资产的元数据将通过 Primo 的发布平台收割进入 Primo 系统中，进行统一的规范化、去重、FRBR 处理，并建立全文索引。

图书馆订购或通过其他方式拥有使用权限的远程资源可通过三种方式进行检索发现：一是通过 Primo Central 提供的元数据集中检索方式；二是通过 MetaLib 提供的联邦检索；三是通过第三节点 API 接口对外部搜索引擎（如读秀图书、Google Scholar）进行检索。

2. 统一资源获取

在统一资源发现的基础上，Primo 还为各类记录提供了完善的获取手段。

对于本馆物理馆藏，Primo 提供实时馆藏状态查询，可以具体到单册状态。对于自动化系统里的书目记录，Primo 还提供了 OPAC via Primo 接口，允许已登录读者直接预约、续借图书。

对于本馆数字资产，Primo 会根据来源数据库的不同，分别提供不同的在线查看链接，读者只需点击记录正文的“查看全文”或点击“详细信息”页中的相应链接，均可直接到达在线查看 / 下载页。

对于远程电子资源，Primo 对所有记录提供 SFX 菜单，可正确引导读者进入全文下载或其他服务页面。对于部分电子资源则还提供了直接下载 / 观看链接。

---

① 艾利贝斯软件平台：http://www.exlibris.com.cn/new/products/summon/index.asp，2018 年 7 月 26 日。

3. OPAC via Primo

Primo 可以完全隐藏或替换图书馆现有 OPAC 系统，并且提供完整的 Web 2.0 服务。Primo 不仅实现了与图书馆 OPAC 系统的无缝内嵌集成，可以提供实时 OPAC 馆藏及单册流通状态信息显示，读者还可以在一个页面内完成所有的查看、预约、馆际互借、添加标签 / 评论等操作。在 Primo 的“我的账号”页面，读者还可以查看自己的当前借阅、当前预约、当前罚款、历史借阅，并可以进行续借、取消预约等常规 OPAC 操作。

4. 信息挖掘、Mashup

Primo 提供完整的 Web 2.0 功能，包括检索词提示、标签、评论以及 Wiki、网络摘要、著者简介、网络目次等各种资源和服务的混搭（Mashup）。

Primo 可以在一个页面内给读者展示丰富的信息混搭，包括当前检索词对应的 Wiki 词条，记录对应的封面、网摘、读者评论 / 标签、豆瓣 /Amazon 网摘等。

5. 系统检索特性

（1）检索配置：Primo 支持用户自定义检索点，最多可达 60 个检索点。支持任意字段的全文检索，用户可自行定义需要建立全文索引的字段。

（2）中文检索：Primo 提供中文切分（目前是测试系统按字切分，可以移植按中文词库切分）和中文简繁体汉字的通检。

（3）FRBR 和去重功能：Primo 可以对收割来的各种数据记录自动进行 FRBR 合并，而且图书馆可能控制聚合的条件和规则；在对不同语种、不同时期的记录进行聚合时，还能利用用户的规范库实现更准确的聚合。此外，Primo 还提供去重功能。

（4）分面（Facet）功能：Primo 提供可由图书馆自行配置的丰富的分面，包括按主题、作者、图书分类法、馆藏、出版年、语种、资料类型等进行分面，并且提供可扩展的分面接口。而且按图书分类分面时，还能依据图书馆采用的分类体系，系统自动转化为具体分类名称或者描述。

（5）相关度排序：Primo 提供可由用户管理的相关度算法控制，因而可以实现本馆馆藏记录与集中索引检索结果的混合显示控制，可以确保图书馆本地馆藏相对优先的显示，从而方便读者查找和获取图书馆本地馆藏。

（6）其他检索功能：Primo 提供有标签检索、检索建议、检索历史等系统功能。①

（六）EDS（Find+）知识发现系统

EDS（Find+）知识发现系统是由全球知名的美国 EBSCO 公司和南京大学数图实验室联合研发，利用 EDS 平台授权提供的国外出版商合法元数据和先进的外文多语种搜索技术，结合本地化服务功能，搭建的国内领先的知识发现平台，致力于为国内图书馆用户提供高质量、低成本的学术资源发现和共享服务。

EDS（Find+）知识发现系统通过元数据和联邦检索结合的混合检索技术，可以一站式发现全球海量学术资源信息，并获取有版权的全文资源，资源内容概况和特点见表 7-1 所示。②

表 7-1　EDS（Find+）内容概况和特点

Find+ 资源内容概览	Find+ 平台特点
7 亿多条外文学术资源	高质量的学术搜索引擎技术
超过 100，000 种期刊资源	体验最佳的检索结果相关性排序
600 多万册外文图书的 MARC 数据，包含书皮封面	强大的全文检索能力
覆盖 20，000 多家期刊出版社	复杂的高级检索功能
覆盖 60，000 多家图书出版社	强大的二次文献融合能力
95% 期刊文献提供文摘内容	本地化的全文链接
391，000 篇会议录 Conference Proceedings	智能原文传递服务
825，000 种 CDs & DVDs 的 MARC 数据	统一身份认证服务
超过 100，000，000 篇的报纸文章	多网络组合创新服务
	合乎知识产权的元数据

系统包含外文资源发现、中文资源发现、馆藏资源发现三大模块。其中外文资源发现是基于合法授权的内容极丰富的元数据仓和外文检索技术来实现的；中文资源发现采用元数据仓储检索技术，内容涵盖所有主流中文数据库；馆藏目录发现在揭示 OPAC 信息的基础上，更扩展提供封面、目录、简介、评论、图书馆

① 艾利贝斯软件平台：http://www.exlibris.com.cn/new/products/primo/index.asp，2018 年 7 月 26 日。

② 南京大学图书馆：http://lib.nju.edu.cn/html/article.htm?id=85&fid=1，2018 年 7 月 26 日。

导购等多种增值服务信息。检索页面如图 7-13 所示。

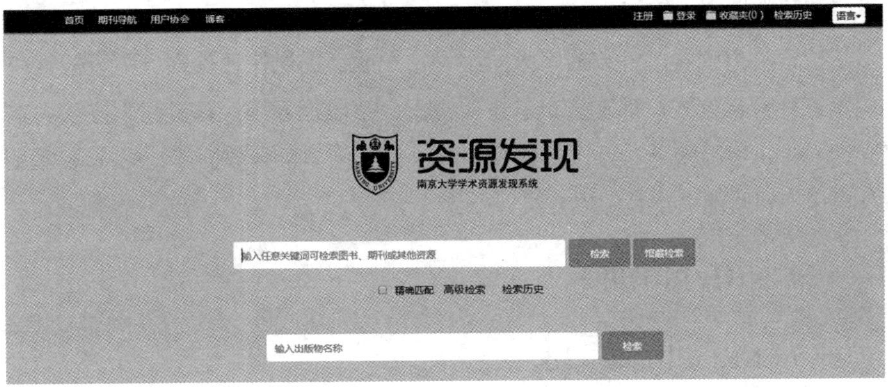

图 7-13　EDS（Find+）检索页面

系统通过混合嵌入式联邦检索技术发现自建数据库等特色资源，以及中外文元数据仓所不能覆盖的资源。在非本机构拥有的资源方面，系统提供了馆际互借和参考咨询等服务，以及其他本地化服务。

系统给予用户一个简单易用、功能强大且容易客制化的整合平台，通过一个统一的检索界面帮助用户迅速获取所需的文献。所有不同类型和来源的数据和检索结果将被统一且完全整合在检索结果清单中。更重要的是，系统通过独特的相关性排序（Relevancy Ranking），将这些海量数据汇编成序，方便用户用最短的时间找到所需的研究文献。

系统将为用户提供统一的检索页面和统一的检索语言，使用户能对图书馆所拥有的各种资源系统（如电子期刊、电子图书、馆藏书目、机构典藏、开放存取数据库等资源），进行一站式整合检索。

该系统可实现简单检索、高级检索、原文 / 文摘获取等多种服务。

第二节　常用中外文数据库

目前我国的数据库林林总总，不下百种，主要以全文数据库为主，内容涵盖基础科学、社会科学、商业经济、工程技术等各个领域。其中各高校常用的中文数据库主要有 CNKI 中国知网、万方、维普、读秀等，外文数据库主要有 ACS 美国化学学会数据库、SpringerLink 出版社电子期刊及图书、Elsevier Science Direct 全文电子期刊数据库，等等。

从检索的角度看，各数据库大同小异，一般都提供快速检索、高级检索和专业检索三种检索方式，都支持布尔逻辑检索、字段检索等计算机检索方法。本节仅介绍 CNKI 中国知网、万方、读秀、ACS 美国化学学会数据库、SpringerLink 出版社电子期刊及图书及其使用方法。

一、CNKI 中国知网

（一）CNKI 中国知网概况

国家知识基础设施（National Knowledge Infrastructure，NKI）的概念，由世界银行于 1998 年提出。CNKI 工程是以实现全社会知识资源传播共享与增值利用为目标的信息化建设项目，由清华大学、清华同方发起，始建于 1999 年 6 月。[①] 现通过中国知网提供服务。

CNKI 中国知网（http://www.cnki.net）上的资源非常丰富，其中国学术文献网络出版总库的产品主要包括中国学术期刊（网络版）、中国学术辑刊全文数据库、中国博士学位论文全文数据库、中国优秀硕士学位论文全文数据库、中国重要会议论文全文数据库、国际会议论文全文数据库、中国高等教育期刊文献总库、中国专利全文数据库（知网版）、海外专利数据库（知网版）等大型数据库。CNKI 数据库分为十大专辑：基础科学、工程科技Ⅰ、工程科技Ⅱ、农业科技、医药卫生科技、哲学与人文科学、社会科学Ⅰ、社会科学Ⅱ、信息科技、经济与管理科学。十大专辑又分为 168 个专题。CNKI 中国知网资源主站网页如图 7-14 所示。

---

① CNKI 中国知网：http://www.cnki.net/，2018 年 7 月 2 日。

图 7-14　CNKI 中国知网主站主页

CNKI 数据库提供 WEB 版（网上包库）、镜像站版、光盘版、流量计费等服务模式，并采用 IP 身份认证方式确认合法用户。CNKI 的数据库均为收费检索数据库，高校校园网用户可直接通过高校图书馆提供的网址或镜像站进入 CNKI，其他用户则需要购买使用权。

在中国知网资源总库的检索主页上，可以同时选择知网的多个数据库进行跨库检索，也可以单击某个数据库的名称进入其中进行单库检索。检索结果可按相关度、发表时间、被引频次、下载次数等指标进行排序。①

CNKI 的数据资源为 CAJ 和 PDF 格式，因此用户需要下载并安装 CAJViewer 全文阅读器软件或者 PDF 阅读软件才能使用 CNKI 的数据库资源。

（二）CNKI 中国知网检索

CNKI 中国知网提供了强大的检索功能，具有多种检索入口，支持一框式检索、高级检索、专业检索、作者发文检索、句子检索等多种检索方式，并提供检索结果分组排序、导出、检索结果可视化分析等服务。

1. 一框式检索

一框式检索类似搜索引擎的检索方式，只需要输入所要找的检索词，点击“检索”就能查到相关的文献，如图 7-15 所示。

---

① 刘伟成：《数字信息资源检索》，武汉：武汉大学出版社，2018 年，第 111 页。

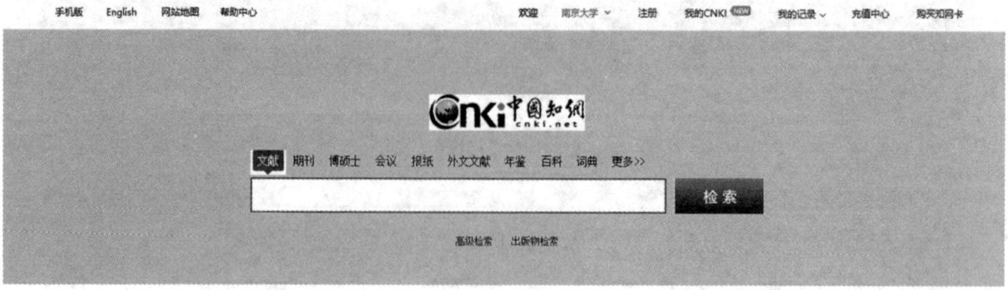

图 7-15　CNKI 文献检索平台——一框式检索页面

2. 高级检索

相对于一框式检索而言，高级检索是数据库检索中使用比较多的一种检索方式。高级检索可使用多于一框式检索的设置构造检索策略 / 表达式，以便精炼检索结果。如图 7-16 所示。

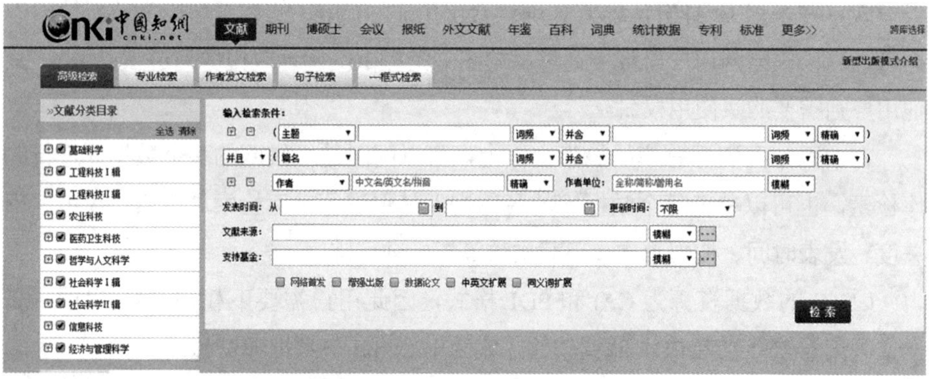

图 7-16　CNKI 文献检索平台——高级检索页面

点击“+”可以增加检索条件行，并与上一行检索条件自由组配逻辑关系，最多可以增加 7 行。

（1）基于文献的内容特征的检索

检索项：全文、摘要、篇名、主题、检索词、参考文献、中图分类号。

文献内容特征并检索的步骤如下：

第一步：在下拉框中，选择一种文献内容特征。在其后的检索框中填入一个检索词。

第二步：若一个检索项需要两个检索词做控制，如想用“图书馆”和“发展”进行文献筛选，可选择“并含”“或含”或“不含”三种关系词的其中之一作为逻辑关系，在第二个检索框中输入另一个检索词。

第三步：点击检索项前的“+”号，添加另一个文献内容特征检索项。

第四步：添加完所有检索项后，点击检索按钮，进行检索。

提示：检索平台还提供了扩展词推荐、精确模糊匹配检索，使用户可获得输入的检索词的扩展信息和控制检索文献的精确度。

（2）基于检索范围的限定

① 文献发表时间控制

在检索中可以限定检索文献的出版时间，总库平台可限定文献发表时间范围精确到日。使用时，在发表时间后的下拉框中选择时间范围，可限定从具体的某个日期到某个日期的时间范围，检索这一时间范围内所发表的文献。

提示：选择具体时间时，若起始时间不填写，系统默认文献收录最早时间为起始时间；若截止时间不填写，系统默认检索到当前日期的文献。

② 文献来源控制

在检索中可限定文献的来源范围，例如文献的出版媒体、机构或提供单位等，用户可直接在检索框中输入出版媒体、机构的名称检索词，也可以点击检索框后的“文献来源列表”按钮 + 选择文献来源输入检索框中。

③ 文献支持基金控制

在检索中可限定文献的支持基金，用户可直接在检索框中输入基金名称的检索词，也可以点击检索框后的“基金列表”按钮，选择支持基金输入检索框中。

④ 发文作者控制

在检索中可限定文献的作者和作者单位。用户可在下拉框中选择限定“作者”或“第一作者”，也可以在后面的检索框中输入作者姓名。用户在作者单位检索框中输入作者单位名称，可以限定在某单位的作者发文中检索，排除不同机构作者同名的情况。

3. 专业检索

专业检索比高级检索的检索方式更强大、更精确，它需要检索人员根据系统的检索语法编制检索式进行检索，适用于图书情报专业人员查新、信息分析等工作。如图 7-17 所示。

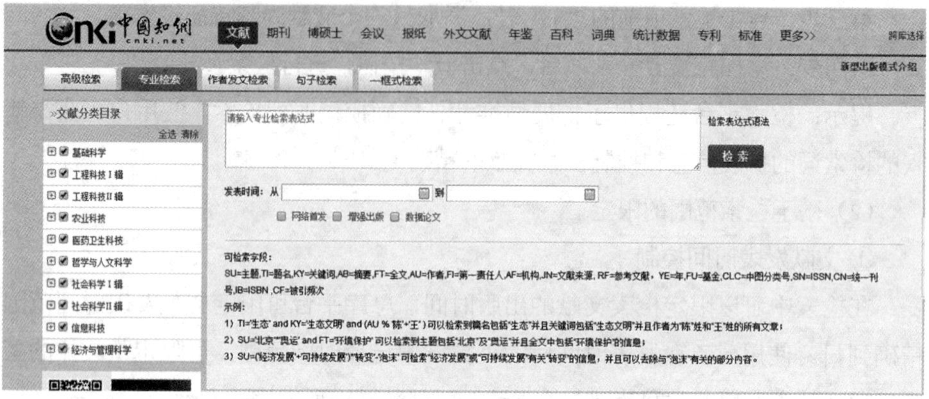

图 7-17　CNKI 文献检索平台——专业检索页面

在专业检索中，构造检索表达式时检索字段可使用字段文字描述，也可使用字段代码。可检索字段包括题名、关键词、摘要、全文、作者、第一责任人 / 第一作者、单位 / 作者单位、来源、主题、基金、引文 / 参考文献等。

检索表达式中布尔运算的运算顺序为 NOT-OR-AND，大、小写均可，但不支持“*”“+”和“-”运算符的表示。可使用圆括号“（ ）”改变运算顺序（括号使用半角），括号内优先于括号外的术语和操作，括号还可重复使用，用户在一次检索中可以使用更多的检索词，构造更复杂的检索表达式。

与高级检索方式相比，专业检索页面只有一个独立的查询框，用户不仅要在查询框中键入检索词，还要键入布尔算符。这为用户提供了一个按照自己需求来组合逻辑表达式的方法，使熟练和专业的检索人员能更快速和更准确地查询到所需信息。

4. 作者发文检索

作者发文检索是指通过输入作者姓名、单位检索词等信息，查找作者发表的全部文献及被引下载等情况，通过作者的知网链接可以全方位地了解作者主要研究领域、研究成果等情况，如图 7-18 所示。

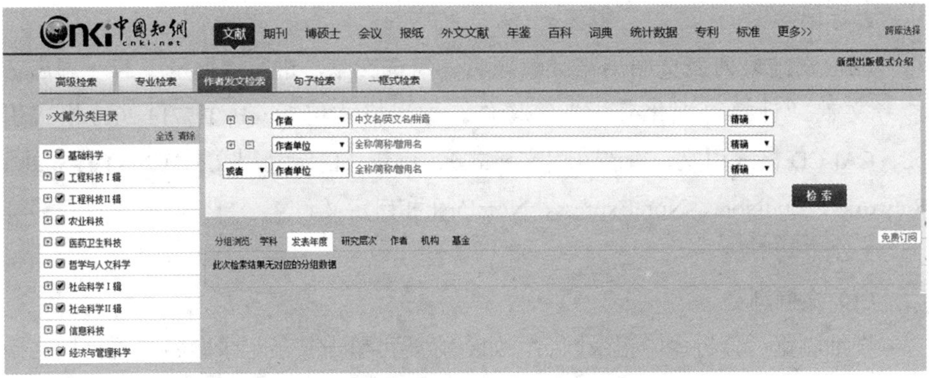

图 7-18　CNKI 文献检索平台——作者发文检索页面

5. 句子检索

句子检索是指通过输入两个关键词，查找同时包含两个关键词的句子，另外，还可同时查找包含两个关键词的段落。通过该检索方法，可让用户获取句子中包含的大量信息，提供有关问题的答案，如图 7-19 所示。

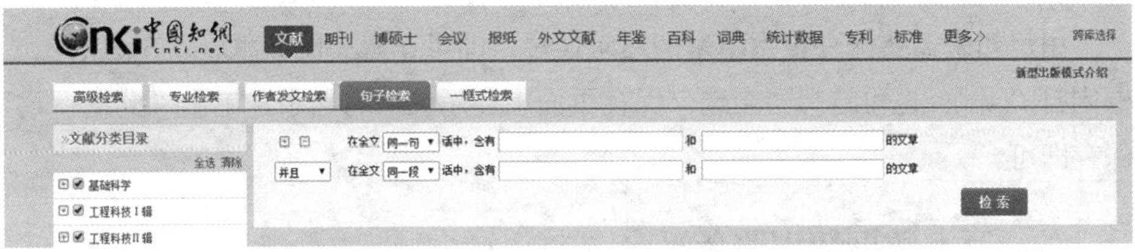

图 7-19　CNKI 文献检索平台——句子检索页面

（三）CNKI 中国知网检索结果

在检索结果显示页面可查阅所需记录的文摘和全文，并对检索结果进行标记、浏览下载、保存、打印等操作。

1. 显示排序

CNKI 中国知网的检索结果可按四种排序方式显示，默认排序方式为按主题排序，并提供列表和文摘切换功能。四种排序方式如下：

（1）主题排序：按检索词在检索字段内容里出现的命中次数 / 频率、位置的相关程度从高到低排序。

（2）发表时间排序：按数据更新日期排列，最新发表的文献排在前面。

（3）被引次数排序：按文献被引用次数从高到低排序。

（4）下载次数排序：按文献被下载次数从多到少排序。

2. 标记

在检索结果列表页面浏览文献题名，勾选文献，进行“批量下载→导出/参考文献”“计量可视化分析”等操作。导出格式包括GB/T 7714-2015格式引文、CAJ-CD格式引文、查新（引文格式）、查新（自定义引文）、CNKI E-Study、Refworks、EndNote、NoteExpress、NoteFirst和自定义。

3. 浏览与下载

（1）文摘浏览

详细浏览、分析命中记录题名，如有必要可单击某条记录题名查看包括文摘在内的详细信息。知识节点包括基本信息、摘要、关键词、DOI、分类号；知识网络包括引文网络、关联作者、相似文献、读者推荐、相关基金文献。

（2）全文下载浏览

该数据库的文献全文以CAJ格式和PDF格式输出，这种格式的软件都可以在其主页上直接下载，解压安装后便可使用。

4. 批量下载

用户如果需要保存检索结果的题录信息，即可在选中的文献题名左边的复选框内打“√”；也可选择“全选”保存页面上显示的所有题录，单击“批量下载”保存即可。

二、万方数据知识服务平台

（一）万方数据知识服务平台概况

万方数据知识服务平台，由北京万方数据股份有限公司开发研制，并于1997年8月推出。它是一个以收录科技信息为主，集经济、社会、人文等相关信息为一体，实现网络化服务的信息资源系统。

北京万方数据股份有限公司是国内较早以信息服务为核心的股份制高新技术企业，是在互联网领域，集信息资源产品、信息增值服务和信息处理方案为一体的综合信息服务商。①

（二）万方数据知识服务平台主要数据库资源

万方数据知识服务平台拥有期刊论文、学位论文、会议论文、专利、科技

① 万方数据知识服务平台：http://wanfangdata.com.cn/link/index.do，2018年7月2日。

报告、科技成果、标准、法律法规、地方志、视频、NSTL 外文文献数据库、开放获取期刊目录（Directory of Open Access Journals）数据库、斯坦福大学图书馆（HighWire Press）数据库、医学文献检索服务系统（PubMed）数据库、中国机构数据库等 30 多个数据库资源，为用户提供信息检索服务，部分资源信息如表 7-2 所示。

表 7-2 万主数据知识服务平台部分数据库资源介绍

名称	简介
期刊	期刊资源包括中文期刊和外文期刊，其中中文期刊共 8,000 余种，核心期刊 3,200 种左右，涵盖了自然科学、工程技术、医药卫生、农业科学、哲学政法、社会科学、科教文艺等各个学科；外文期刊主要来源于 NSTL 外文文献数据库以及牛津大学出版社等国外出版机构，收录了 1995 年以来世界各国出版的 40,000 余种重要学术期刊。
学位论文	学位论文资源包括中文学位论文和外文学位论文，中文学位论文收录始于 1980 年，收录中文学位论文共计 524 万多篇，年增 30 余万篇，涵盖理学、工业技术、人文科学、社会科学、医药卫生、农业科学、交通运输、航空航天和环境科学等各学科领域；外文学位论文收录始于 1983 年，累计收藏 60 万余册，年增量 1 万余册。
会议论文	会议资源包括中文会议和外文会议，中文会议收录始于 1982 年，收录中文会议论文共计 538 万多篇，年收集 3,000 多个重要学术会议，年增 20 万篇论文，每月更新；外文会议主要来源于 NSTL 外文文献数据库，收录了 1985 年以来世界各主要学协会、出版机构出版的学术会议论文，共计 766 万多篇。
专利	专利资源来源于中外专利数据库，收录始于 1985 年，目前共收录中国专利 2,200 万余条，国外专利 8,000 万余条，年增 25 万条。收录范围涉及 11 个国家、2 个组织，内容涵盖自然科学各个学科领域。
科技报告	科技报告是描述科研活动的过程、进展和结果，并按照规定格式编写的科技文献。中文科技报告，收录始于 1966 年，源于中华人民共和国科学技术部，共计 2.6 万余份；外文科技报告源于美国政府四大科技报告（AD、DE、NASA、PB），收录始于 1958 年，共收录外文科技报告 110 万余份。
成果	成果资源主要来源于中国科技成果数据库，涵盖了国家、省市、地方的成果公报、登记成果及推广成果等成果信息，共计 90 万多条。

续表

名称	简介
标准	标准资源来源于中外标准数据库，收录了所有的中国国家标准（GB）、中国行业标准（HB）以及中外标准题录摘要数据，共计 200 万多条记录。其中中国国家标准全文数据内容来源于中国质检出版社；中国行业标准全文数据收录了机械、建材、地震、通信标准以及由中国质检出版社授权的部分行业标准；中外标准题录摘要数据内容来源于中国标准化研究院。
法规	法规资源主要由国家信息中心提供，共计 90 万条，信息来源权威、专业。涵盖了国家法律、行政法规、部门规章、司法解释以及其他规范性文件。
地方志	地方志，简称“方志”，即按一定体例，全面记载某一时期某一地域的自然、社会、政治、经济、文化等方面情况或特定事项的书籍文献。地方志通常按照年代划分，1949 年之前编纂的为旧方志，1949 年之后编纂的为新方志。目前《中国地方志数据库》已经收录旧方志 10 万多卷，新方志 5.5 万余册。
视频	万方视频是以科技、教育、文化为主要内容的学术视频知识服务系统，现已推出高校课程、会议报告、考试辅导、医学实践、管理讲座、科普视频、高清海外纪录片等适合各类人群使用的精品视频。截至 2018 年 6 月 29 日，已收录视频 3 万余部，近 100 万分钟。
NSTL 外文文献数据库	国家科技图书文献中心（National Science and Technology Library，简称 NSTL）收录了外文期刊论文和外文会议论文。其中外文期刊论文是全文资源。收录了 1995 年以来世界各国出版的 2.9 万种重要学术期刊，部分文献有少量回溯。每年增加论文约百万余篇，每月更新。外文会议论文也是全文资源。收录了 1985 年以来世界各主要学协会、出版机构出版的学术会议论文共计 766 万篇，部分文献有少量回溯。每年增加论文约 20 余万篇，每月更新。
开放获取期刊目录（Directory of Open Access Journals）数据库	Directory of Open Access Journals（简称 DOAJ）由瑞典的隆德大学图书馆于 2003 年 5 月创立，收录了 5,000 多种期刊的 450 多万篇文献，内容涉及科学、技术、医学等。
斯坦福大学图书馆（HighWire Press）数据库	HighWire Press 是提供免费全文的、全球最大的学术文献出版商之一，于 1995 年由美国斯坦福大学图书馆创立，内容涉及生命科学、医学、物理学、社会科学方面的期刊及一些非期刊性质的网络出版物，其中生命科学和医学科学的免费全文数量最大且增长速度最快。

续表

名称	简介
医学文献检索服务系统（PubMed）数据库	美国国立生物技术信息中心，创立于 1988 年，PubMed 为其生物医学文献平台，目前收录有 2,000 多种生物医药类期刊的 157 万多篇期刊学术文献。
中国机构数据库	中国机构数据库（China Institution Database，CIDB），拥有中国企业、公司及产品数据库收录的国内企业信息。其中中国科研机构数据库收录了国内科研机构信息，中国科技信息机构数据库收录了我国科技信息、高校图情单位信息，中国中高等教育机构数据库收录了国内高校信息。

（三）万方数据知识服务平台检索

万方数据知识服务平台提供简单检索、高级检索、专业检索等几种具体的检索方式。

1. 简单检索

简单检索是万方数据知识服务平台的默认检索方式。简单检索模式系统默认在主页“全部”(跨期刊、学位、会议、专利、科技报告多库）范围内检索文献。在输入框中输入检索词，单击“检索”按钮，就可以实施简单检索。如图 7-20 所示。

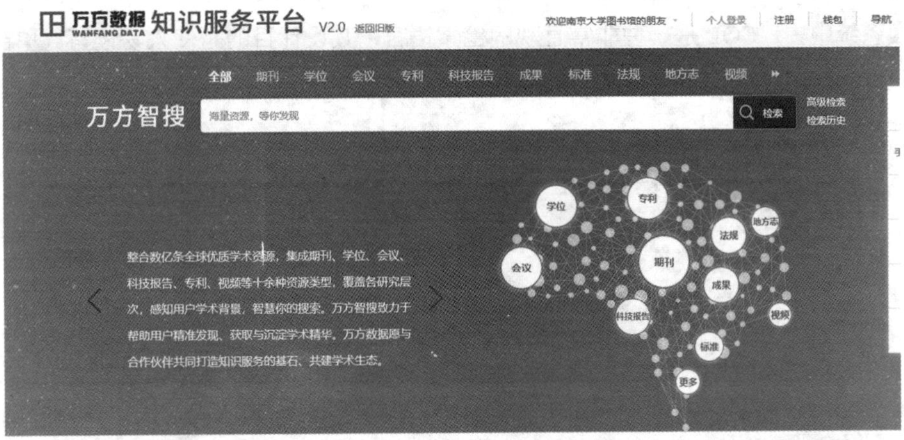

图 7-20　万方平台——简单检索页面

2. 高级检索

单击万方数据知识服务平台主页中的“高级检索”链接，即可进入高级检索页面，如图 7-21 所示。在高级检索页面，用户可以通过对多个字段进行检索条件的设置，进而对检索结果加以限制。

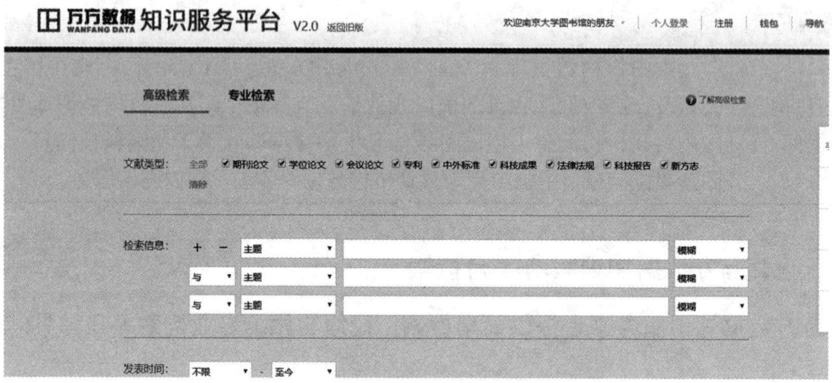

图 7-21　万方平台——高级检索页面

3. 专业检索

专业检索比高级检索功能更强大，但需要用户根据系统的检索语法编制检索式进行检索，适合熟练掌握 CQL 检索语言的专业检索人员使用，与中国学术期刊总库里的专业检索相似。CQL 是 Common Query Language 的简写，它是一种正式的检索语言，可以向检索系统发出检索请求，其检索表达式可以映射到具体的检索系统中去。CQL 是一种非常直观的检索语言，其设计目的是使人易读写。单击“专业检索”按钮，进入“专业检索”界面，如图 7-22 所示。

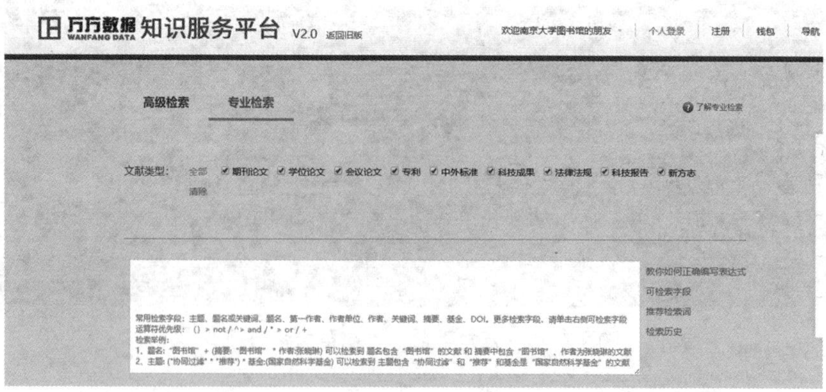

图 7-22　万方平台——专业检索页面

4. 二次检索

第一次检索的结果可按“相关度”“出版时间”“被引频次”进行排序。在第一次检索结果的基础上，系统还有对标题、作者、关键词、年限字段进行限定的二次检索功能。页面如图 7-23 所示。

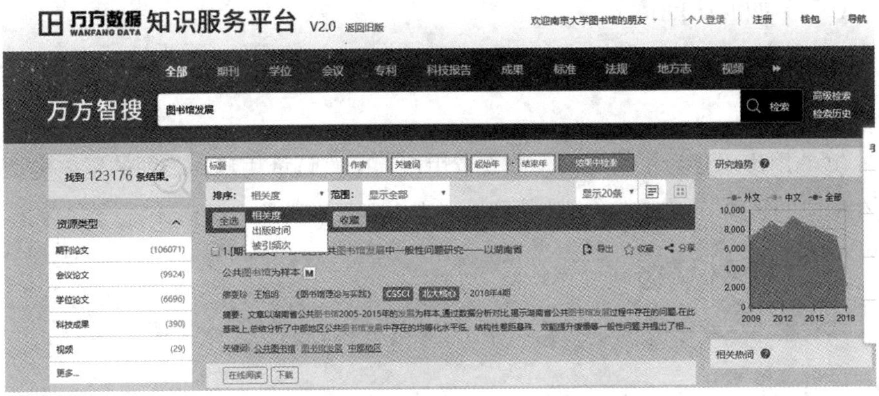

图 7-23　万方平台——二次检索页面

（四）万方数据知识服务平台检索结果

在检索结果显示页面，用户可查阅感兴趣的文摘和全文，并对检索结果进行标记，进行在线阅览、下载、导出、收藏、分享等操作。万方数据知识服务平台检索的结果默认排序方式为按相关度排序。

在检索结果列表页面，浏览文献题名，勾选文献，可进行文献“导出”操作。“导出”格式包括导出文献列表、参考文献格式、NoteExpress、RefWords、JoteFirst、EndNote、Bibtex、自定义格式、查新格式。

三、读秀学术搜索

（一）读秀平台简介

读秀学术搜索（http://www.duxiu.com）由北京世纪读秀技术有限公司研发，是由海量全文数据及元数据组成的超大型数据库。它以海量中文图书和全文资料为基础，为用户提供深入内容的章节和全文检索，其中期刊元数据打破了空间限制的获取方式，为用户提供全面的期刊文章。

通过读秀学术搜索，读者能一站式搜索馆藏纸质图书、电子图书、随书光盘等学术资源，几乎可以搜索本单位文献服务机构内的所有信息源。不论是学习、研究、写论文，还是做课题、拓展阅读，读秀都能为读者提供全面、准确的学术资料。读秀为用户提供“高效查找、获取各种类型学术文献资料的一站式检索，周到的参考咨询服务，是一个真正意义上的学术搜索引擎及文献资料服务平台”①。

（二）如何访问读秀

在地址栏内输入 www.duxiu.com，IP 内用户直接跳转读秀首页，IP 外用户跳转登录页。

IP 外用户，分为机构用户、读秀卡用户、个人认证用户，不同的用户类型可以在相应的版块下填写正确有效的信息，点击登录即可。

（三）读秀检索方式

读秀学术搜索提供基本检索、高级检索等检索方式。

1. 基本检索

基本检索是读秀学术搜索主页上的默认检索界面，只有一个检索框，用户只需在检索框内输入要查找的关键词，即可在读秀提供的任何频道中任意搜索。系统默认在知识频道中搜索，用户也可根据需要选定一个单一频道进行搜索。

2. 高级检索

目前，读秀仅对图书、期刊、报纸、学位论文、会议论文、标准、专利频道提供了高级检索模式。利用高级检索可以进行有多个检索限定条件的检索。

（四）读秀检索频道

读秀学术搜索平台提供了强大的检索功能，具有多个频道检索入口。检索总体上可分为知识、图书、期刊、报纸、学位论文、会议论文、音视频、文档等十余个检索频道。读秀网站主页面如图 7-24 所示。本书主要介绍知识频道、图书频道、期刊频道三个频道的检索方法，其他频道的检索方法基本相同，这里就不再一一叙述。

---

① 读秀学术搜索平台：http://www.duxiu.com/bottom/about.html，2018 年 7 月 26 日。

图 7-24　读秀网站主页面

1. 知识频道

知识频道是页面默认的搜索频道，仅提供中文搜索和外文搜索两种方式。查询框中输入关键词，然后单击“中文搜索”就可以对关键词进行检索。知识搜索为全文检索，是在图书数据资源中，围绕该关键词深入到图书的每一页资料中进行信息深度查找。由于知识搜索是在图书资料的章节、内容中搜索包含有检索词内容的知识点，为读者提供了突破原有一本本图书翻找知识点的新的搜索体验，更有利于资料的收集和查找。如果单击“外文搜索”，则自动进入到外文期刊频道进行搜索。

例，要查找有关“数字图书馆”的文献资料，可在读秀知识频道页面的搜索框内输入关键词“数字图书馆”，点击中文搜索按钮，系统即可查询到相关条目，如图 7-25 所示。

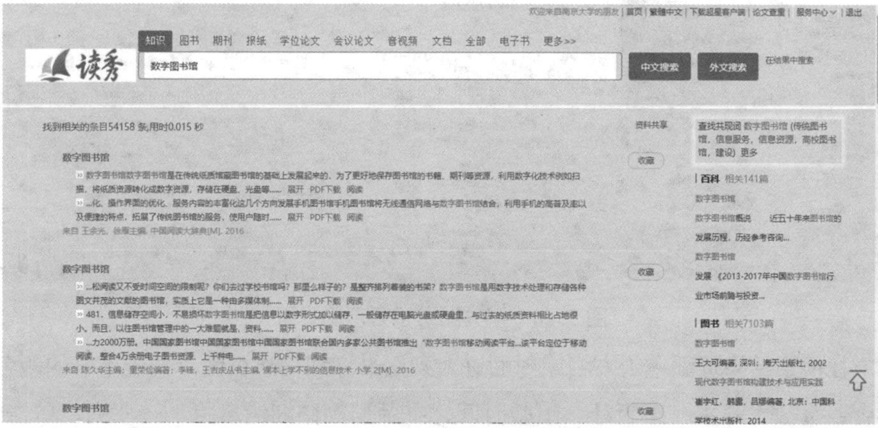

图 7-25　读秀知识搜索示例页面

在搜索结果页面上方，还可以通过查询框右侧的“在结果中搜索”进行二次检索功能，单击“在结果中搜索”，即可进一步缩小检索范围。

2. 图书频道

图书频道提供图书分类导航浏览，按照《中国图书馆分类法》设置的22个分类进行浏览；用户可按主题检索，包括快速搜索、高级搜索、专业搜索3种搜索方式。

用户选择图书频道后，在查询框输入关键词，然后单击“中文搜索”，能够在海量的图书数据资源中进行查找。如果希望获得外文资源，用户可单击“外文搜索”。读秀图书频道在查询框下方提供全部字段、书名、作者、主题词、丛书名、目次6个检索字段选项。单击右侧的“高级搜索”进入“高级搜索”“专业搜索”页面，用户可以更准确地查找图书。搜索结果页面中，还可以通过查询框右侧的“在结果中搜索”或通过页面左侧的“类型、年代、学科、作者”等方式缩小搜索范围。

例如，要查找有关“智慧图书馆”的文献资料，可在读秀图书频道页面的搜索框内输入关键词“智慧图书馆”，点击“中文搜索”按钮，系统即可查询到相关条目，如图7-26所示。

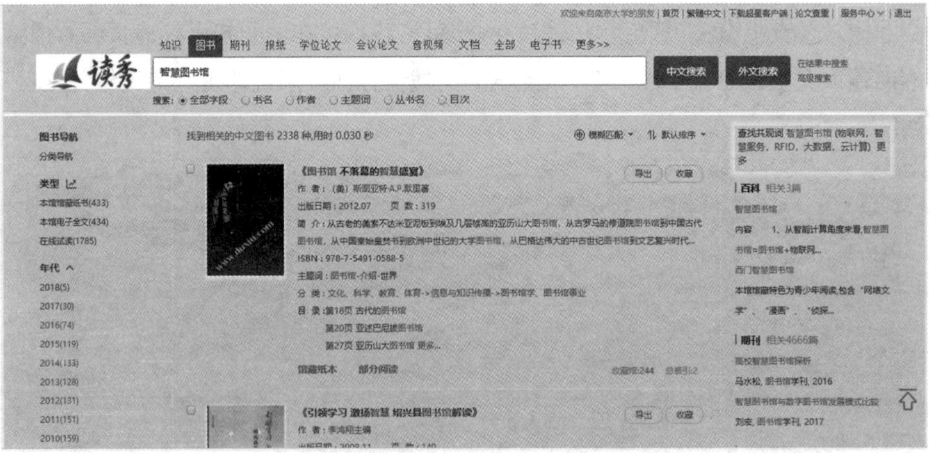

图7-26 读秀图书搜索示例页面

在搜索结果页面单击书名或封面进入到图书详细信息页面，关于本书的题名、作者、页数、开本、出版社、出版时间、主题词等详细信息将一一罗列。单击链接文字，可直接在图书频道搜索该文字，以便查找相关图书。在图书详细信息页面用户可以通过“部分阅读”“馆藏纸本”“包库全文”“图书下载”链接进行试读、阅读电子图书。“部分阅读”包括书名页、版权页、前言页、目录页、正文页、封底页的试读。

如果想阅读图书内容，可在图书详细信息页面单击“图书馆文献传递”，进入“图书馆参考咨询服务”页面。咨询申请表单的所需信息填写完整，用户即可收到咨询结果。所有咨询内容有效期为 20 天，超过 20 天，用户邮箱中文献传递的链接将无法打开。每本图书单次咨询不超过 30 页，同一图书每个星期的咨询量不超过全书的 20%。

3. 期刊频道

期刊频道提供快速搜索、高级搜索、专业搜索 3 种搜索方式，统一提供全部字段、标题、作者、刊名、关键词、作者单位、ISSN 7 个检索字段。在搜索结果页面中，用户也还可以通过查询框右侧的“在结果中搜索”或通过页面左侧的“类型、年代、学科、期刊种类”方式缩小搜索范围。

例，要查找有关“智能机器人”的文献资料，可在读秀期刊频道页面的搜索框内输入关键词“智能机器人”，点击“中文搜索”按钮，系统即可查询到相关条目，如图 7-27 所示。

图 7-27　读秀期刊搜索示例页面

搜索结果页面单击期刊名可进入到期刊文献详细信息页面，用户可以查看该文献的题名、作者、刊名、出版日期、期号等详细信息。单击链接文字，用户可直接在期刊频道中搜索该文字，以便查找相关期刊。在期刊文献详细信息页面中用户可以通过数据库链接、邮箱接收全文、文献互助等方式获取所需文献。

读秀的检索结果所有频道都采用三栏显示，右侧一栏显示的就是其他频道的相关信息，点击相关频道链接即可进入该频道的检索结果页面，避免反复输入关键词查找的烦琐过程。实现了一站式检索，可以为读者提供全面的学术信息。

四、ACS

（一）美国化学学会（ACS）简述

美国化学学会（American Chemical Society，ACS）成立于 1876 年，现已成为世界上最大的科技协会之一，其会员数超过 163,000 人。ACS 的期刊被 ISI 的 Journal Citation Report（JCR）评为：化学领域中被引用次数最多的期刊。ACS 现有 40 多种期刊，内容涵盖以下领域：生化研究方法、药物化学、有机化学、普通化学、环境科学、材料学、植物学、毒物学、食品科学、物理化学、环境工程学、工程化学、应用化学、分子生物化学、分析化学、无机与原子能化学、资料系统计算机科学、学科应用、科学训练、燃料与能源、药理与制药学、微生物应用生物科技、聚合物、农业学。期刊最早可回溯至 1879 年。[①] 美国化学学会（ACS）登记网址为：https://pubs.acs.org/。

（二）ACS 平台数据库检索

ACS 电子期刊平台数据库提供的检索方式主要有：浏览、快速检索、引文检索、主题分类检索、高级检索等。

1. 浏览（View All Publications）

用户从首页通过（“Publication A—Z”“CAS Sections”“Cover Gallery”）链接，按期刊名称字顺、学科主题、封面图 3 种方式进行选择，如图 7-28 所示。用户可单击所选出版物标签进行浏览。浏览方式细分为：按 ASAP 文章（Articles ASAP，尚未正式出版的最新文章）、最新一期（Current Issues）、阅读次数最多文章（Most Read Articles）等。

① 美国化学学会（ACS）：https://pubs.acs.org/，2018 年 7 月 26 日。

图 7-28　ACS 浏览页面

2. 快速检索（Search）

快速检索是系统提供的默认检索方式，如图 7-29 所示。快速检索设有 4 个检索字段：Anywhere 任何位置、Title 题名、Author 作者、Abstract 文摘。键入检索词或 DOI（Digital Object Unique Identifier，数字目标识别符，DOI 用于数字媒介，是为了提供持久而可靠的数字目标标示）。在 ACS 电子期刊平台中，每篇文章的 DOI 都显示在 HTML 版本的上部和 PDF 版本的下部，用户通过 DOI 可快速定位该篇文章。

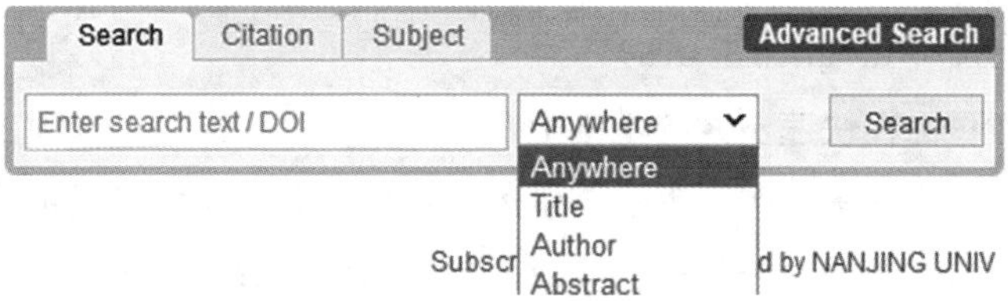

图 7-29　ACS 快速检索页面

3. 引文检索（Citation）

引文检索可选择或键入文章所在期刊名称、卷号、页码，如图 7-30 所示。系统列出这本期刊的所有期次及页码链接，单击某一期次链接，用户即可快速定位某期次的文章。

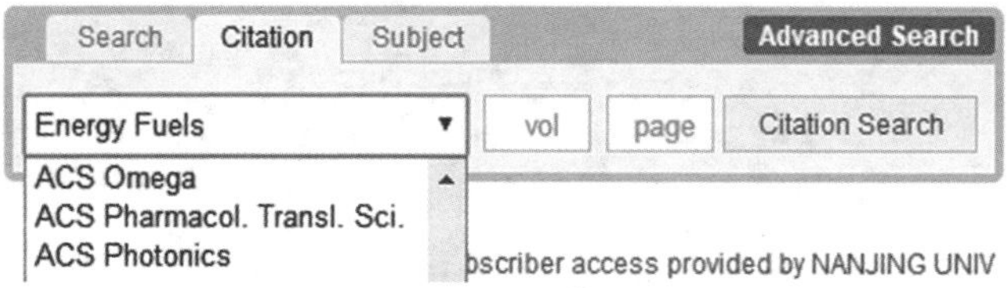

图 7-30　ACS 引文检索页面

4. 主题分类检索（Subject）

主题分类检索也可以视为主题分类浏览，所有文章按照 CAS 主题目录进行分类。用户在首页单击“Subject”可选择某最高一级主题类目（共 5 个）展开，如图 7-31 所示。二级主题类目会在同一页面显示，用户可检索相应类目下包含的所有文章。

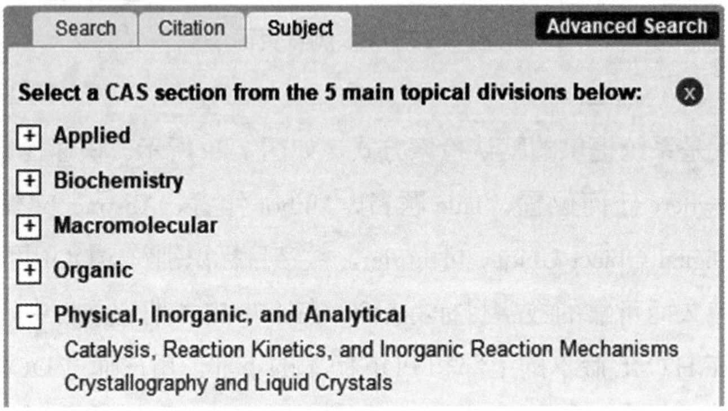

图 7-31　ACS 主题分类检索页面

5. 高级检索（Advanced Search）

高级检索页面在快速检索的基础上增加了更多的检索条件选项，用户可以进行单一字段、多个字段、图 / 表的布尔逻辑运算检索，也可以限定检索的文献类型范围、学科范围、时间范围等，使检索结果更加精确。高级检索页面如图 7-32 所示。

高级检索提供 5 个检索字段：Anywhere in Content/Website 内容 / 网站的任何位置、Title 题名、Author 作者、Abstract 文摘、Figure/Table Caption 图表标题。字段间默认逻辑关系为“and”。

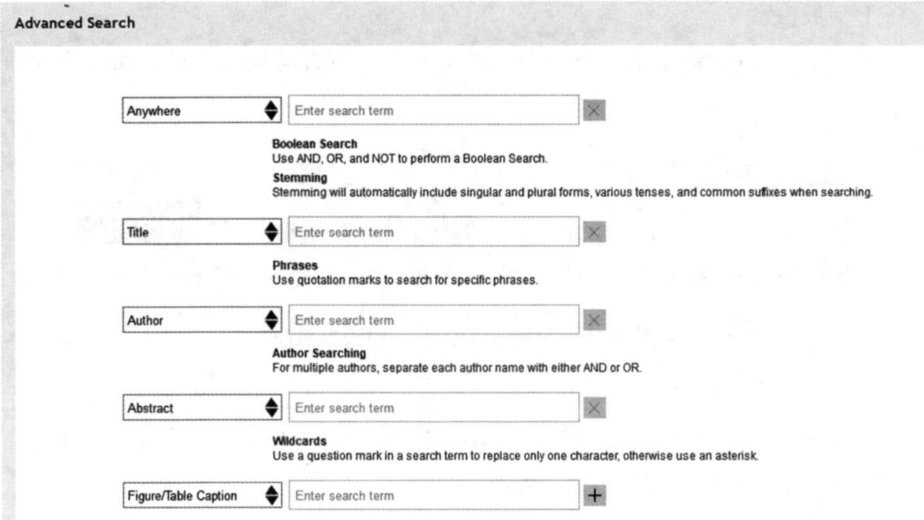

图 7-32 ACS 高级检索页面

五、SpringerLink

（一）SpringerLink 出版社电子期刊及图书简介

Springer 出版公司（https://link.springer.com/）是世界著名的德国出版公司，其网上出版系统 SpringerLink 收录 2，600 多种学术期刊（包括原 Kluwer 出版社的全部期刊），还收录 1，500 多部丛书、48，100 余种电子图书和 190 多种参考工具书，以及“中国在线科学图书馆”和“俄罗斯在线科学图书馆”两个特色图书馆。另外，国家科技图书文献中心（NSTL）为全国用户订购了 Springer 的回溯库，包括近千种期刊和 10 余种丛书，这些期刊和丛书都回溯至第 1 卷第 1 期。文献题录记录旁有绿色方框标志的文献，可以查看全文；带有白色方框标志的文献只能查看文摘。①

（二）SpringerLink 出版社电子期刊及图书检索方式

SpringerLink 数据库平台在其主页左上端提供了检索功能，读者可以根据不同的检索要求更加快捷地查找文章。这种检索功能又分为一般检索和高级检索，系统默认的检索方式为一般检索。

① SpringerLink 出版社电子期刊及图书：https://link.springer.com/，2018 年 7 月 26 日。

1. 一般检索

在 SpringerLink 首页上方有一个简单检索框，可直接输入关键词进行全文检索，如图 7-33 所示。

图 7-33 SpringerLink 一般检索页面

2. 高级检索

在 SpringerLink 首页上还提供"高级检索"和"检索帮助"。读者可以通过高级搜索选项进一步缩小搜索范围，如图 7-34 所示。

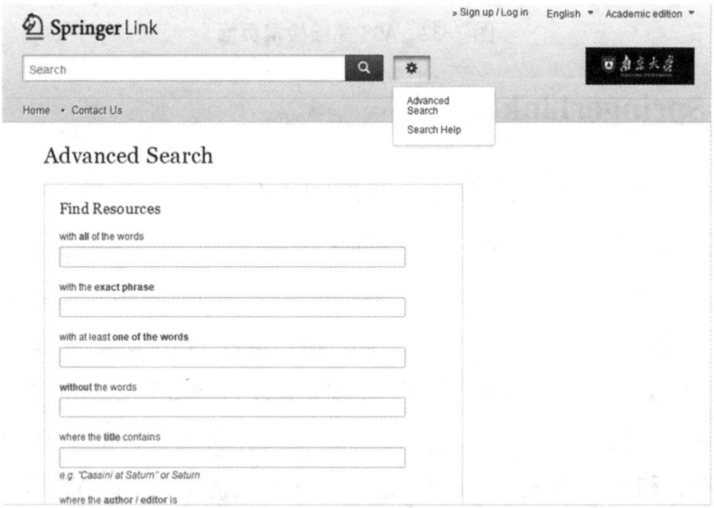

图 7-34 SpringerLink 高级检索页面

3. 查询结果

例如，在 SpringerLink 中检索"Information Technology"。

读者可以在页面右下角找到搜索结果列表，在默认情况下，页面将显示所有的搜索结果，如图 7-35 所示。

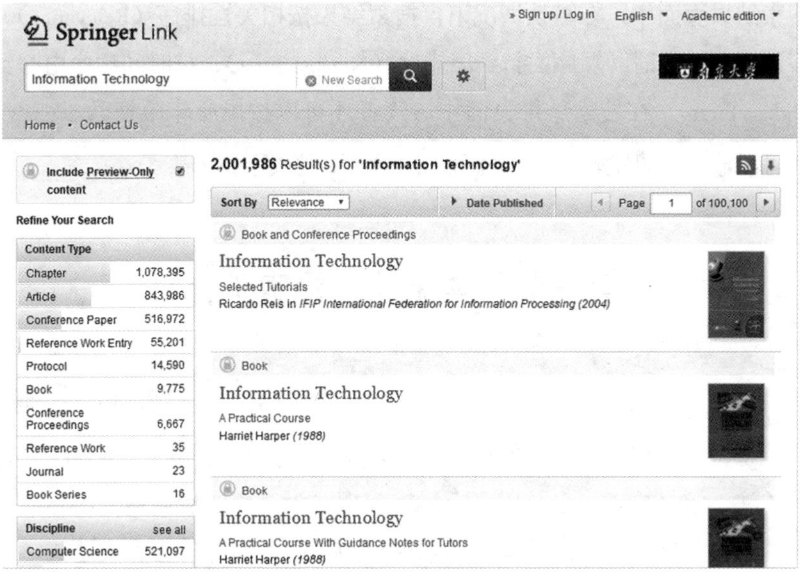

图 7-35　SpringerLink 检索结果列表页面

搜索结果文献类型有 Book（书籍）、Journal（期刊）、Chapter（章节）、Article（文章）等类型。

搜索结果页面的列表结构如图 7-36 所示。聚类选项：在页面左方有聚类选项可以帮助读者优化搜索结果。聚类选项包括：Content Type（文献内容类型）、Discipline（学科）、Subdiscipline（子学科）、Language（出版社语言）等。

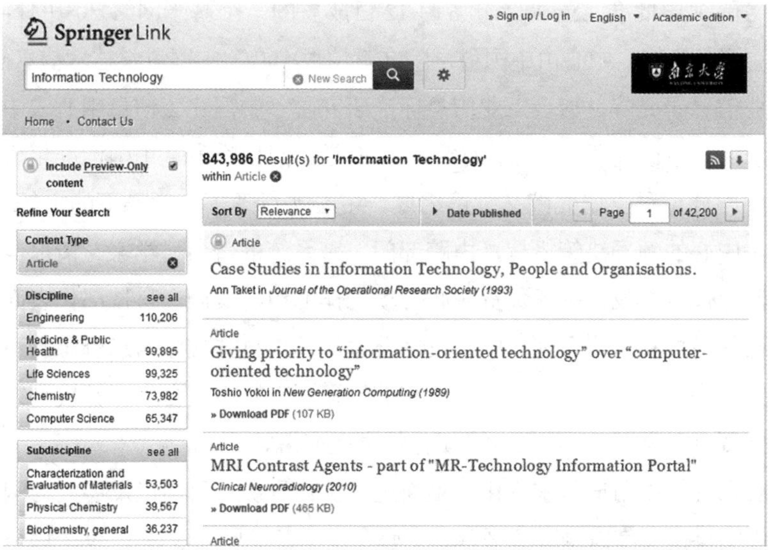

图 7-36　SpringerLink 搜索结果页面列表结构页面

搜索结果页面中，在默认情况下，搜索结果按相关性排序（Relevance）。更多搜索序选项有：按时间顺序由新到旧排序（Newest First）、按时间顺序由旧到新排序（Oldest First）。在搜索结果页面中，读者还可以按出版年限搜索。在搜索时，读者还可以输入页码跳转到任何页面，订阅该页面或下载列表。

第三节　常见综合检索平台

随着越来越多不同数据结构、发布方式、检索机制、显示机制等数据库的出现，为了整合数字化资源，方便用户使用，综合检索平台得以产生并越来越受到大家的关注。综合检索平台是以多个异构数据源为对象的检索系统，它向用户提供统一的检索接口，将用户的检索要求转化为不同数据源的检索表达式，自发地检索本地的和广域网上的多个分布式异构数据源，并对检索结果加以整合，在经过去重和排序等操作后，以统一的格式将结果呈现给用户，同时把检索结果链接到与其内容相关联的其他资源数据库中。

一、国家科技图书文献中心（NSTL）

国家科技图书文献中心（National Science and Technology Library，简称 NSTL）是经国务院领导批准，于 2000 年 6 月 12 日成立的一个基于网络环境的科技文献信息资源服务机构。中心由中国科学院文献情报中心、中国科学技术信息研究所、机械工业信息研究院、冶金工业信息标准研究院、中国化工信息中心、中国农业科学院农业信息研究所、中国医学科学院医学信息研究所、中国标准化研究院标准馆和中国计量科学研究院文献馆组成。中心实行理事会领导下的主任负责制。理事会是中心的领导决策机构，由跨部门、跨系统的著名科学家、情报信息专家和有关部门代表组成。主任负责中心各项工作的组织实施。科技部代表部委对中心进行政策指导和监督管理。中心设办公室，负责科技文献信息资源共建共享工作的组织、协调与管理工作。中心设有信息资源专家委员会和计算机网络服务系统专家委员会，为中心的有关业务工作提供咨询指导。

中心系统根据用户需求变化，不断进行优化升级，目前已发展成为国内最大的公益性的科技文献信息服务平台。中心在全国各地已经建成了 39 个服务站，构成了辐射全国的网络化的科技文献信息服务体系，推动了全国范围的科技文献信息共建共享，提升了地方科技文献信息保障能力与服务水平，更全面、更高效率地发挥了国家科技文献信息战略保障的整体功效。[①] 国家科技图书文献中心（NSTL）登录网址为：https://www.nstl.gov.cn/，网站主页如图 7-37 所示。

图 7-37　国家科技图书文献中心主页

（一）文献检索

无论注册与否，用户均可免费检索该网站上的各种文献数据库，已注册用户可向系统提出全文请求。该网站所包含的数据库有西文期刊、俄文期刊、日文期刊、中文期刊、外文会议、中文会议、外文学位论文、中文学位论文、国外科技报告、外文文集汇编、外文科技丛书、各种标准规程以及中外专利数据库。[②]

文献检索包括普通检索、高级检索、期刊检索以及分类检索四种检索方式。

（二）资源浏览

资源浏览分为期刊浏览和会议浏览。期刊浏览提供字顺浏览和分类浏览两种方式。浏览时，首先选择期刊的语种类型，单击类目或者刊名首字母链接，即可逐页浏览期刊。用户找到所需要的期刊后，单击“所需期刊”，进入期刊具体信息页面，系统分年、卷、期列出本系统可以提供浏览的期刊目次情况；用户单击某

① 详见：国家科技图书文献中心（NSTL）：https://www.nstl.gov.cn/，2018 年 7 月 10 日。

② 谢朝颖，高万斌：《信息检索与利用》，北京：电子工业出版社，2017 年，第 75 页。

一期后的“浏览目次”，系统以列表形式显示该期的目次页；用户单击“浏览题录”按钮，系统以文本格式显示该期的文章题名、文摘等信息；注册用户则可申请浏览全文。

另外，在用户已知期刊刊名或 ISSN 的情况下，可通过本栏目查找所需期刊，浏览文章题名和文摘，进而申请浏览全文。

（三）全文文献

用户为了科研、教学和学习，可对 NSTL 申请的、面向中国大陆学术界用户开放的国外网络版期刊进行免费的浏览、阅读，并少量下载和临时保存这些网络版期刊文章的书目、文摘或全文数据。

（四）引文检索

用户可以免费在引文库检索所收录的文献，检索结果集的范围为国际科学引文数据库（Database of International Science Citation，简称 DISC）中收录的来源期刊的文献。用户可通过 DISC 的引文检索途径，了解其关注的科学研究进展和相关文献，扩大相关信息线索，获得更多有价值的文献资源。

（五）代查代借

已注册的用户可以在 NSTL 上申请各类型文献的全文代查和代借服务。

（六）参考咨询

“参考咨询”负责回答用户在查询利用科技文献过程中遇到的问题，包括图书馆馆藏、服务、规则、文献检索与利用等。对于超出咨询范围的各类问题，咨询员不负责提供具体答案，但会尽可能提出建议供用户参考。

“参考咨询”由四个栏目组成，包括实时咨询、非实时咨询、已回答问题和常见问题。

（七）重点领域信息门户

重点领域信息门户是由 NSTL 组织建设的网络信息资源服务栏目之一。该门户是面向科学研究团队、科研管理工作者、情报服务人员等不同人群，可按领域专题定制的知识服务平台。

平台基于不同领域国内外相关机构（政府机关、科研机构、学协会、科技企业、学术会议、个人主页等）网站，自动搜集、遴选、描述、组织和揭示各机构发布的重大新闻、研究报告、预算、资助信息、科研活动等，提供内容浏览、专题定制和邮件自动推送等服务，可帮助用户快速了解和掌握领域内科研发展态势，掌握同行或竞争对手的科技活动动向，发现领域重点及热点主题，把握领域发展概貌，辅助科技决策。

（八）预印本服务

预印本（Preprint）是指科研工作者的研究成果还未在正式刊物发表，而出于和同行交流的目的自愿通过邮寄或网络等方式传播的科研论文、科技报告等文献。与刊物发表的论文相比，预印本具有交流速度快、利于学术研究的特点。

预印本服务包括中国预印本中心和国外预印本门户（SINDAP）两个服务栏目。

中国预印本中心主要向国内广大科技工作者提供预印本文献全文的上载、修改、检索、浏览等服务。同时还提供他人对现有文献的评论功能。

国外预印本门户（SINDAP）是 NSTL 建立的一个国际预印本门户网站，汇聚了世界知名的 17 个预印本系统，实现了国内外预印本文献资源的一站式检索。用户输入的检索式，可同时在汇聚的所有预印本系统中进行检索，并可获得相应系统提供的预印本全文。目前本系统累积约有 70 万条预印本文献记录。

二、中国科学院文献情报中心

中国科学院文献情报中心（http ://www.las.ac.cn）立足中国科学院、面向全国，主要为自然科学、边缘交叉科学和高技术领域的科技自主创新提供文献信息保障、战略情报研究服务、公共信息服务平台支撑和科学交流与传播服务，同时通过国家科技文献平台和开展共建共享为国家创新体系其他领域的科研机构提供信息服务。

中国科学院国家科学图书馆由中国科学院所属的文献情报中心、兰州文献情报中心、成都文献情报中心和武汉文献情报中心四个机构整合而成，实行理事会领导下的馆长负责制。总馆设在北京，下设兰州、成都、武汉三个二级法人分馆，并依托若干研究所（校）建立特色分馆。①

---

① 中国科学院文献情报中心：http ://www.las.ac.cn，2018 年 7 月 10 日。

（一）国家科学图书馆的资源

利用国家科学图书馆可查找图书、期刊论文、网络数据库、国防信息、学位论文、标准文献、国内外专利文献、会议文献、科技报告、跨界信息、中科院院内档案、网络资源及古籍。如图 7-38 所示。

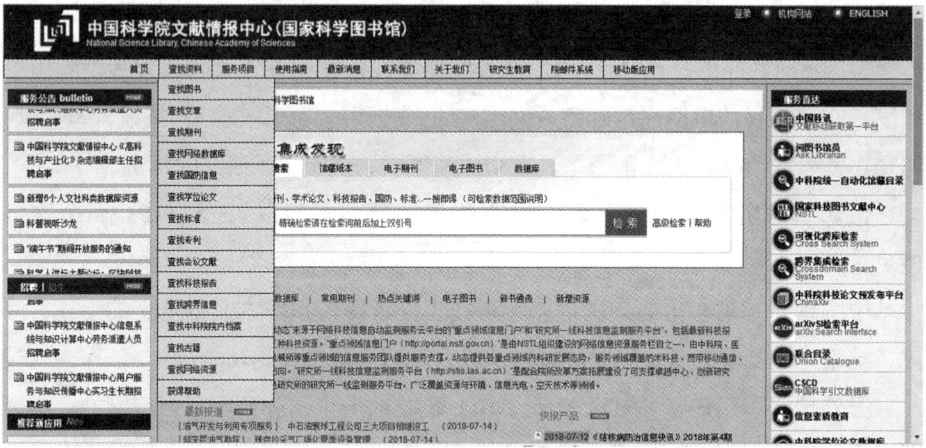

图 7-38　国家科学图书馆资源页面

成都文献中心馆截至 2017 年 6 月，馆藏印本文献总量为 220 万册（件），拥有电子资源数据库 108 个，外文全文电子期刊 1.8 万余种，中文电子期刊 1.4 万种，外文工具书 0.6 万卷，中外文学位论文 250 万篇，并通过网络共享国家科技文献中心（NSTL）丰富的科技文献资源。此外，还自建有中国科学院知识产权数据库、中国科学院知识产权网、四川省科技信息资源共享服务平台、中国科学院四川科技成果转化信息服务平台等，大大丰富了科技信息资源，实现建设核心从文献资源到信息资源的转变。①

武汉文献中心馆藏图书 235 余万册，开通数据库 113 个（其中全文数据库 68 个，文摘数据库 12 个，工具型数据库 30 个，多媒体及其他数据库 3 个），全文电子外文现刊 17，997 种、外文图书 45，948 卷 / 册、外文学位论文 414，772 篇、中文电子图书 13 万多种。②

① 中国科学院成都文献情报中心：http://www.clas.cas.cn/，2018 年 7 月 10 日。

② 中国科学院武汉文献情报中心：http://www.whlib.ac.cn/，2018 年 7 月 10 日。

（二）利用国家科学图书馆查找资料

以查找期刊文献为例，查找全文共有五种方式：

1. 通过主页“学术搜索”查找期刊论文

在主页“资源集成发现”平台，用户通过“学术搜索”可以查询期刊论文，直接选择题名、作者、文摘等途径查询。用户进入检索结果页面后，在左侧资源型导航栏中选择“期刊论文”获得相应的文献检索结果。用户也可以在“学术搜索”检索框右侧点击进入“高级检索”选择期刊论文进行查询。期刊论文查询的数据源来自 Summon（学术资源发现系统）、中科院机构知识库、GoOA 开放论文一站式发现平台等数据库。

检索结果中，如果文章前方指示灯显示为绿色，表示该文章可以在线查阅和获取全文，用户点击“获取全文”，可直接链接到所在数据库在线阅览和下载全文；如果文章前方指示灯显示其他颜色，表明仅可查看此文章的文摘信息；如果对文献的获取还存在疑问，用户可以点击“问图书馆员”，进入中科院文献情报中心网上咨询台，通过填写表单向学科馆员提问，也可以点击网页悬窗的在线学科馆员通过“实时咨询”来提问。

例如，检索作者“苏新宁”在 2016 年的期刊论文方面的文献信息。检索结果如图 7-39 所示。

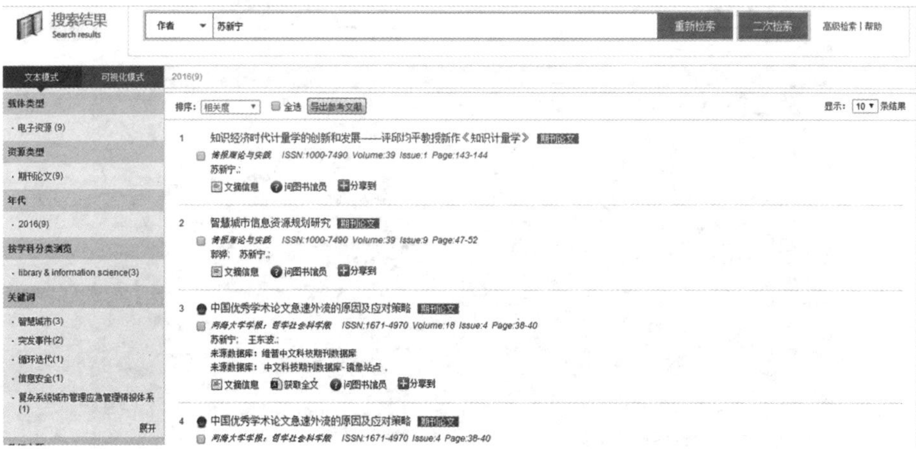

图 7-39　检索结果页面

2. 通过主页“电子期刊”查找电子期刊全文

如果已经知道需要查询的论文所在的发表期刊名称，用户可以直接到该电子期刊去查询或下载全文。

用户在主页“资源集成发现”平台点击“电子期刊”，输入期刊刊名、出版社、ISSN 号等，进行电子期刊的查询。检索结果页面中，若检索的期刊方的指示灯为绿色，表示该期刊是即查即得的电子期刊，可以本地浏览全文；如果指示灯为蓝色，表示获取该期刊全文需要四小时原文传递；如果指示灯为紫色，表示获取该期刊全文需要一个工作日的原文传递；如果指示灯为黄色，表示获取该期刊全文需要两个工作日的原文传递。点击期刊下方的“详细信息”用户可以看该期刊的详情，也可以点击“查看订购单位”了解哪些研究所订购了该期刊。对即查即得的电子期刊，用户可以直接点击“获取电子版”，进入收录该刊的数据库，进一步检索文章；对“原文传递”不能即查即得的期刊，用户可以点击“原文传递”，通过原文传递服务获取该期刊全文。

3. 通过主页“数据库”查找电子期刊全文

如果已经知道所需查询的文章被具体某个数据库收录，用户可以直接点击下方的常用数据库中某一数据库去查询或下载全文。常用数据库列表如图 7-40 所示。

图 7-40　数据库中常用的数据库页面

4. 查找纸本期刊文献全文

如果在电子版数据库中无法获取所需的期刊论文的查询结果，用户可以查找馆藏纸本，通过查询该期刊的馆藏信息进一步获取所需期刊文献的纸本资源。用户在主页“资源集成发现”平台点击“馆藏纸本”，直接选择题名、作者、ISSN号等途径查询，进入检索结果页面后，在左侧资源类型导航栏中选择“期刊”获得相应的期刊类型文献的检索结果汇总。在检索结果页面，用户可以点击“详细信息”，查看馆藏期刊的详细信息，或者点击“在架状态”查看该期刊的收藏单位、馆藏地等信息。用户还可以通过申请原文传递，或者到馆借阅、阅览、复印等方式获取全文。如果对该期刊的获取还存在疑问，用户还可以点击“问图书馆员”，进入中科院文献情报中心网上咨询台，通过填写表单向学科馆员提问。

另外，在中科院文献情报中心网站主页右侧“服务直达”导航栏的下方选择“联合目录”，用户可以查到全国 470 余家图书情报机构收藏的中西日俄文期刊馆藏，网上浏览世界 1 万余种期刊的目次文摘 / 全文。系统提供国内所有收藏所检期刊的机构、馆藏状况（收藏起止范围），读者可选择离自己最近的且收藏了所需卷期的图书馆去浏览或复印。

5. 通过原文传递服务系统获取全文

如果查找的电子期刊前的指示灯不是绿色的，用户则无法直接下载获取电子版全文。找到的是印本资料时，用户可以使用原文传递服务来获取全文。例，在“学术搜索”中，如果检索结果前方显示灯为蓝色、紫色或黄色，用户可点击文章下方的“原文传递”，申请原文传递服务，通过原文传递服务系统向文献服务机构发出文献申请。

第四节　OA 开放获取资源

2002 年 2 月 14 日发表的《布达佩斯开放存取计划》（Budapest Open Access Initiative）对开放获取（Open Access，OA）的定义为：“文献 Internet 公共领域里可以被免费获取，并允许任何用户阅读、下载、复制、传递、打印、检索、超级链接该文献，并为之建立索引，用作软件的输入数据或其他任何合法用途。”OA 资源包括经过同行评议过的期刊文章、参考文献、技术报告、学位论文等全文信息。

开放获取依托网络技术，采用“发表付费，阅读免费”的形式（论文为首次在网上发表，部分论文日后也会在印刷型期刊发表），通过自归文档和开放存取期刊两种途径，实现开放期刊、开放图书、开放课件和学习对象仓储等内容的知识共享。①

本节仅简单介绍 Intech 开放资源、GoOA 开放论文一站式发现平台、汉斯国际中文开源期刊、OA 图书馆、Socolar 这 5 个资源平台。

一、Intech 开放资源

Intech 是全球领先的科学、技术和医药领域学术内容供应商。迄今为止，Intech 已经和来自世界各地的顶尖学术机构的 7 万多名专家学者建立了合作关系，出版了超过 1700 本的学术书籍，科学期刊的数目和文章量也在不断增长。

Intech 收录 1700 余种外文原版图书，13 种期刊；每年图书增加数量为 600 ～ 1，000 种；60，000 名注册作者分布在 146 个国家的 2，792 所高校和科研机构；所有文章都可免费浏览、下载，无须注册，通过 Intech 上载文章作者可以在短期内迅速提升学术声望。Intech 网址为：http://www.intechopen.com/，如图 7-41 所示。

图 7-41　IntechOpen 主页

二、GoOA 开放论文一站式发现平台

GoOA 是开放获取期刊和论文的一站式发现和获取平台，由中国科学院文献情报中心建设。在 GoOA，用户能找到经过严格评价和遴选的来自知名出版社的 2500 余种 OA 期刊及其论文全文（数量不断增长中），发现用户自身学科领域内优秀 OA 期刊的投稿分析和评价，也可以通过 GoOA 开放接口获取特定学科领域的

① 庞慧萍，罗惠：《信息检索与利用》，北京：北京理工大学出版社，2017 年，第 150 页。

期刊和论文进行深度数据挖掘和再利用。

GoOA 的中\英文网站在 2015 年初正式上线，目前被中科院 40 多家研究所收录，并被中科院文献情报中心新版资源集成发现系统、中科院植物研究所植物数据库等系统集成。另外，国内 40 多家大学也收录了 GoOA，包括北京大学、清华大学等。①

GoOA 开放论文一站式发现平台网址为：http://gooa.las.ac.cn/external/index.jsp，页面如图 7-42 所示。

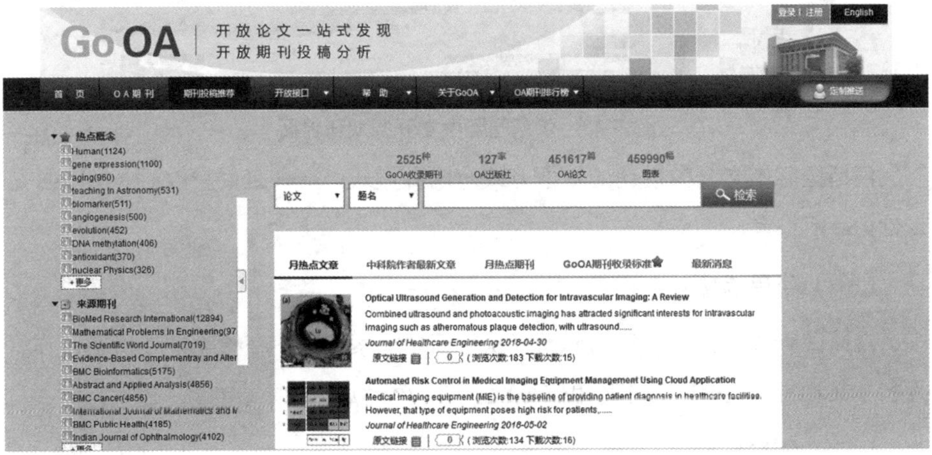

图 7-42　GoOA 开放论文一站式发现平台主页面

三、汉斯国际中文开源期刊

汉斯出版社（Hans Publishers，www.hanspub.org）聚焦于国际开源（Open Access）中文期刊的出版发行，覆盖以下领域：数学物理、生命科学、化学材料、地球环境、医药卫生、工程技术、信息通信、人文社科、经济管理等。秉承着传播文化，促进交流的理念，该社积极探索中文学术期刊国际化道路，并积极推进中国学术思想走向世界。目前，汉斯出版社的所有期刊均被知网（CNKI Scholar）等数据库收录。其中，23 本被美国《化学文摘 Chemical Abstracts》收录，30 本被 EBSCO 收录。②

汉斯国际中文开源期刊登录网址为：https://www.hanspub.org/。如图 7-43 所示。

① GoOA 开放论文一站式发现平台：http://gooa.las.ac.cn/external/index.jsp，2018 年 7 月 26 日。

② 汉斯国际中文开源期刊：https://www.hanspub.org/，2018 年 7 月 26 日。

图 7-43　汉斯国际中文开源期刊界面

汉斯国际中文开源期刊的检索方式有两种形式：一种是简单检索，另一种是按分类导航检索。

（一）简单检索

汉斯国际中文开源期刊的界面默认为简单检索，用户在检索框中可输入作者姓名、文章名、关键词、作者单位等检索词，然后点击检索即可。

（二）分类导航

汉斯国际中文开源期刊提供两种分类导航：一种是学科分类导航，另一种是期刊分类导航，用户可以根据需要自行选择分类导航方式。

四、OA 图书馆

OA 图书馆（Open Access Library，OALib）是 Open Access 图书馆的简称。OA 图书馆致力于让中国人可以免费获得高质量的文献，OALib 提供的开源论文超过 4,237,430 篇，涵盖所有学科。所有文章均可免费下载。OALib Journal 是一个同行评审的学术期刊，覆盖科学、科技、医学以及人文社科的所有领域。所有发表在 OALib Journal 上的文章都存放在 OALib 上。OALib 与 OALib Journal 均由 Open Access Library 公司管理。[①]

OALib 网址为：http://www.oalib.com。网站界面如图 7-44 所示。

---

① OALib 平台：http://www.oalib.com，2018 年 7 月 20 日。

图 7-44　OALib 开放存取资源图书馆网站界面

OALib 平台的检索方式有三种形式：第一种是简单检索；第二种是高级检索；第三种是按分类导航检索。

（一）简单检索

OALib 首页默认为简单检索。用户在检索框输入关键词、作者等即可进行检索。

（二）高级检索

单击 OALib 首页的"高级检索"按钮即可进入高级检索页面。用户在检索框中输入关键词，匹配对应的检索途径，选择正确的布尔逻辑关系即可进行检索。

（三）分类导航

OALib 开放存取资源图书馆提供了出版社、期刊和排名三种分类导航。用户在 OALib 首页单击"出版社"或"期刊"或"排名"即可进入相应的分类导航页面。

五、Socolar

Socolar 是开放获取资源的一站式检索服务平台（http://www.socolar.com），由中国教育图书进出口公司历时近 4 年时间开发成功，于 2007 年 7 月面向社会公开测试。这是国内首个面向公众的非营利性开放获取资源集成平台，此平台全面收集和整理了世界上重要的开放获取期刊和开放获取仓储资源，提供对重要开放获取期刊和开放获取仓储资源的统一检索。至 2018 年 7 月，Socolar 已收录 11，739 种开放获取期刊，包含文章 1，350 多万篇，收录 1，048 个开放获取仓储中的 1，039

多万篇文章，资源总数达到 2，300 多万篇。[①]Socolar 主页如图 7-45 所示。

图 7-45　Socolar 主页界面

Socolar 提供三种论文查阅方式，即简单检索、高级检索和期刊浏览。

进入网站首页，即是一个简洁的简单检索界面，用户输入所关注的主题词，单击“文章检索”按钮或者按 Enter 键，系统即开始查询资料并快速返回结果。

单击“高级检索”按钮，即可进入高级检索界面，它提供三个输入框，并提供篇名、作者、摘要、关键词、刊名 / 仓储名、ISSN、出版社等多种检索字段，用户还可以选择论文发表起止年份（1800 年至今）及是否经过同行评审和检索文献所属学科范围。

第五节　重要文献保障系统

中国高等教育文献保障系统（简称 CALIS）与大学数字图书馆国际合作计划（简称 CADAL）两个专项按照“共建共享”“普遍服务”的建设理念和原则，以“云服务”技术为手段，边建设、边服务，把项目建设成果推送到全国高校，着力提升我国高等教育的文献保障能力，并取得丰硕成果。中国高校人文社会科学文献中心（简称 CASHL），是教育部根据高校人文社会科学的发展和文献资源建设的需要引进专项经费建立的，它为全国高校的人文社会科学教学和科研提供高水

① Socolar 开放获取资源：http://www.socolar.com，2018 年 7 月 20 日。

平的文献保障，是全国性的唯一的人文社会科学外文期刊保障体系。

一、CALIS

CALIS（China Academic Library & Information System）是中国高等教育文献保障系统的英文缩写，这一系统是经国务院批准的我国高等教育“211工程”“九五”“十五”总体规划中三个公共服务体系之一。CALIS的宗旨是，在教育部的领导下，把国家的投资、现代图书馆理念、先进的技术手段、高校丰富的文献资源和人力资源整合起来，建设以中国高等教育数字图书馆为核心的教育文献联合保障体系，实现信息资源共建、共知、共享，以发挥最大的社会效益和经济效益，为中国的高等教育服务。①

（一）服务体系

CALIS管理中心设在北京大学，下设了文理、工程、农学、医学四个全国文献信息服务中心，华东北、华东南、华中、华南、西北、西南、东北七个地区文献信息服务中心和一个东北地区国防文献信息服务中心。其中文理、工程两个全国中心分别设在北京大学和清华大学。以两校图书馆和学校各方面条件为基础，加上本项目专项资金的投入，CALIS将拥有相对最丰富的文献数据库资源以及最强大的网上检索服务和文献传递的手段，从而作为“211工程”重点学科建设的最终文献保障基地。农学和医学两个全国中心则分别设在中国农业大学和北京大学医学部，中国农业大学与北京大学医学部作为CALIS与全国农业信息网和全国医学信息网的连接点，可扩大文献资源共享的范围，同时又作为同类院校图书馆的协作牵头单位，开展相应的资源共享活动。

随着CALIS项目建设成果的不断积累，CALIS已经从一个工程项目逐渐转变成为一项公共服务体系，并成立了专属平台eduChina（高等教育数字图书馆）。eduChina服务功能主要包含e读学术搜索服务、外文期刊网服务、e得文献获取服务、CALIS联合目录服务、CALIS共享系统服务、CALIS与上图的馆际借书服务、CALIS与NSTL的文献传递服务等。CALIS管理中心登录网址为：http://www.calis.edu.cn/。CALIS管理中心页面如图7-46所示。

① CALIS：http://www.calis.edu.cn/，2018年7月20日。

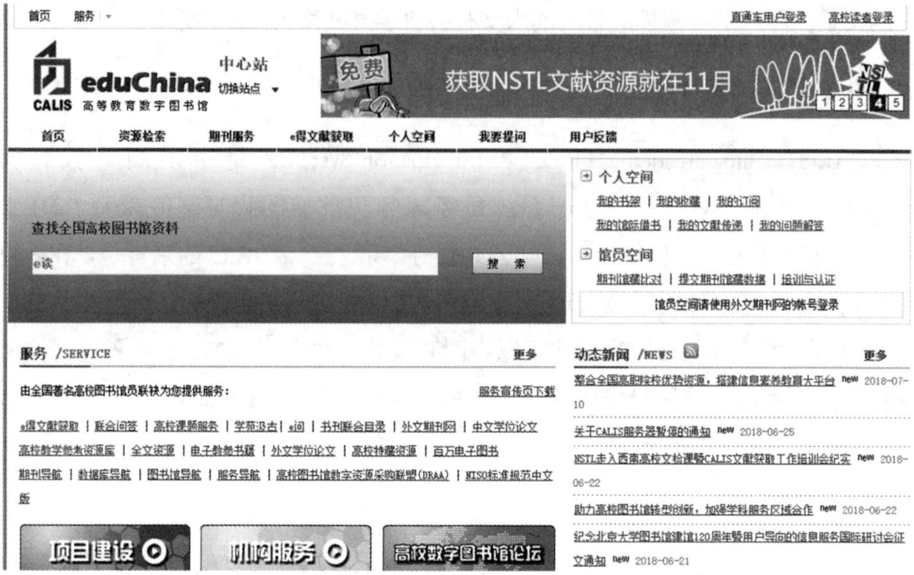

图 7-46　CALIS 管理中心网站主页

（二）CALIS 服务功能

1.e 读学术搜索服务

e 读平台（eduChina）为一种学术搜索引擎，整合了全国高校纸本资源和电子资源，是一个集资源整合和统一检索服务为一体的平台，它既提供资源整合服务，又提供统一检索功能。其资源整合平台实现了“全国中心 + 地区中心 + 省中心（共享域中心）+211 院校”四层核心服务体系，根据同一检索词，可以检索出不同范围的馆藏收录情况，既方便用户了解本馆资源情况，也为开展区域性的图书馆联盟提供服务平台。

2. 外文期刊网服务

CALIS 外文期刊网（简称 CCC）是面向全国高校广大师生的一个外文刊综合服务平台。它是普通用户获取外文期刊论文的最佳途径，也是图书馆馆际互借原文献传递的强大的基础数据源，还是图书馆馆员进行期刊管理的免费使用平台。外文期刊网共收录近 10 万余种高校收藏的纸本期刊和电子期刊信息，其中有 4 万多种期刊的文章篇名信息每周更新，目前期刊文章的篇名目次信息量有 8,000 多万条。

3.e 得文献获取服务

e 得（易得）是为读者提供“一个账号、全国获取”“可查可得、一查即得”一站式服务的原文文献获取门户。CALIS 成员馆的读者用户均可获得 e 得所提供的文献获取服务。

目前 e 得文献获取服务提供包括 CALIS 联合目录、CALIS 外文期刊、CALIS 学位论文、CALIS 全文资源、国家图书馆文献提供服务、国家科技图书文献中心（NSTL）文献传递服务、上海图书馆文献提供服务、外国教材中心、单篇订购及代查代检服务在内的各项文献获取服务。

二、CASHL

CASHL（China Academic Humanities and Social Sciences Library）是中国高校人文社会科学文献中心的英文简称，又名“开世览文”。该项目是教育部根据高校人文社会科学的发展和文献资源建设的需要引进专项经费建立的。其宗旨是组织若干所具有学科优势、文献资源优势和服务条件优势的高等学校图书馆，有计划、有系统地引进国外人文社会科学期刊，借助现代化的服务手段，为全国高校的人文社会科学教学和科研提供高水平的文献保障。CASHL 是全国性的唯一的人文社会科学外文期刊保障体系。

CASHL 登录网址为：http://www.cashl.edu.cn，其主页如图 7-47 所示。

图 7-47　CASHL 主页面

（一）服务体系

CASHL 由全国中心、区域中心、学科重点中心组成服务体系，统一以 CASHL 的名义对外开展服务。CALIS 管理中心负责建设“文献数据库”和提供文献传递系统。CASHL 文献传递的服务对象暂定为全国高等院校的教师、学生、科研人员以及其他工作人员。

1. 全国中心

负责资源整体规划建设和服务，协调各区域中心和重点学科中心。CASHL 全国中心设在北京大学、复旦大学。

2. 区域中心

在统一规划下，负责本区域的资源建设及在全国范围内开展文献服务。CASHL 区域中心设在南京大学、武汉大学、四川大学、吉林大学、中山大学等几所大学。①

3. 学科重点中心

负责某些学科或领域的重点收藏和建设。

（二）资源和服务

CASHL 于 2004 年 3 月 15 日正式启动并开始提供服务。目前可服务资源规模有：国外人文社会科学领域的核心期刊和重要印本期刊达 26,490 种；电子期刊达 2,739 种，电子图书达 73 万余种；外文印本图书达 200 余万种。CASHL 为用户提供“高校人文社科外文期刊目次库”和“高校人文社科外文图书联合目录”等数据库，提供数据库检索和浏览、书刊馆际互借与原文传递、相关咨询服务等。任何一所高校，只要成为 CASHL 成员馆，即可享受服务和相关补贴。

1. 高校人文社科外文期刊目次库查询

此库收录了近 2 万种人文社会科学外文期刊，核心期刊 4,505 种，可提供目次的分类浏览和检索查询，以及基于目次的文献原文传递服务。其中带有“核心”标识的期刊为核心期刊。

2. 高校人文社科外文图书联合目录查询

此联合目录收录了 112 万种文科专款引进的印本图书和 34 万种电子图书，提供 70 所文科专款院校图书馆的人文社科外文图书联合目录查询。用户可按照书名

① CASHL：http://www.cashl.edu.cn，2018 年 7 月 20 日。

进行检索，或按照书名首字母进行排序浏览，还可以按照学科分类进行浏览。

3. 哲社期刊目次检索查询

“国家哲学社会科学学术期刊数据库”是可供开放获取的中文全文数据库，目前收录精品学术期刊 600 多种，全文 260 余万篇。其中包括国家社科基金遴选并重点资助的国内顶级社科期刊 200 种，中国社会科学院主办期刊 78 种。该数据库收入的期刊绝大部分为入选中国社会科学院、北京大学、南京大学三大评价体系的核心期刊。共包含论文百余万篇。数据库由国家社科基金支持，中国社会科学院承建，中国社会科学院调查与数据信息中心开发维护。中国社会科学院图书馆与 CASHL 开展战略合作，共同提供文献联合保障服务。目前 CASHL 直通车用户和一卡通用户都可通过 CASHL 主页检索浏览国家哲学社会科学学术期刊数据库文献，并下载全文。

4. 民国期刊检索与浏览

CASHL 民国期刊目录收录了复旦大学、厦门大学、华东师范大学、福建师范大学、上海大学、绍兴文理学院、中国科学院上海生命科学信息中心生命科学图书馆 7 家图书馆的馆藏。共包含民国期刊 7,000 多种，涵盖诸多学科，内容广泛、多样、全面，涉及当时的文学、语言文字、社会科学、历史地理、教育、经济、政治、法律、哲学、宗教、军事、体育、艺术、图书情报、新闻、自然科学、数理化、医药卫生、农业、工业、交通运输等门类。 CASHL 用户可通过主页检索并发出文献传递申请，从而获得收藏馆提供的民国期刊文献传递服务。

5. 文献传递服务

注册用户可在目次浏览或检索的基础上请求原文，如不知文献来源，也可以直接提交原文传递请求。通常情况下，用户发送文献传递请求后，可在 1 ～ 3 个工作日得到所需原文。

6. 专家咨询服务

由具有专业素质的咨询专家为用户提供信息咨询、课题查询服务。

7. CASHL 馆际互借服务

注册用户可在高校人文社科外文图书联合目录浏览或检索的基础上请求 CASHL 馆际互借服务。

三、CADAL

“大学数字图书馆国际合作计划”(China Academic Digital Associative Library, CADAL)由国家投资建设，作为教育部“211”重点工程，由浙江大学联合国内外的高等院校、科研机构共同承担。项目负责人为浙江大学潘云鹤院士。CADAL 项目建设的总体目标是：构建拥有多学科、多类型、多语种海量数字资源的，由国内外图书馆、学术组织、学科专业人员广泛参与建设与服务，具有高技术水平的学术数字图书馆，成为国家创新体系信息基础设施之一。①

CADAL 提供统一检索服务，可以实现对多种资源的并行检索，如图 7-48 所示。目前，CADAL 只支持图书在线浏览，不提供全文下载，且要求认证读者身份。阅读全文需要先“登录 / 注册”，登录之后用户可享受借阅历史、书页评注、我的书架、社交网络等个性化服务。CADAL 使用的详细信息登录网页：http://www.cadal.zju.edu.cn/。

图 7-48 CADAL 平台默认的统一并行检索界面

（一）服务资源

CADAL 项目建立了 8 个数据中心，33 个服务中心，2 个数字化加工基地和 40 余个数字化加工中心，形成了全世界最大的资源数字化网络，建成的全文数据库拥有馆藏资源总量达 250 万册（件），主要来源于国内外研究型大学的馆藏文献。

① CADAL：http://www.cadal.zju.edu.cn/，2018 年 7 月 20 日。

资源囊括中外文图书、音视频资料以及报刊论文等重要文献，其中组织国外、境外的英文图书逾50万册进行数字化加工。这是一个以数字化图书期刊为主、覆盖所有重点学科的学术文献资源体系，对高校教学科研起到了巨大的支撑作用。

CADAL项目建设的数字图书馆，提供一站式的个性化知识服务，将包含理、工、农、医、人文、社科等多种学科的科学技术与文化艺术，包括书画、建筑工程、篆刻、戏剧、工艺品等在内的多种类型媒体资源进行数字化整合，通过网络向参与建设的高等院校、学术机构提供教学科研支撑，并与世界人民共享中国学术资源。对于宣传中国的文明与历史，具有重大的实用意义、研究价值和发展前景。

目前该平台是检索清末、民国图书（包括期刊）的首选电子图书数据库。平台已拥有各类电子图书150余万册，其中清末、民国图书近16万册。除图书外，CADAL还拥有古籍、学位论文、民国期刊、报纸、英文图书等资源。

（二）数字图书借阅服务模式

逾250万册CADAL数字资源中，60%尚在版权保护期内，为了尊重著作人的知识产权，同时向所有合作单位提供在线服务，CADAL网站在数字版权保护（DRM）技术基础之上，实现了一套模拟实体图书馆借阅业务的数字图书借阅服务模式，服务规则如下：

1. 对于版权图书，如果来访用户的IP地址属于项目合作单位IP地址范围内，则该用户可以借阅任何一本书的任何一个章节。但是如果来访用户的IP地址不在项目合作单位IP地址范围内，则该用户可以浏览该书目录，不能借阅。

2. 对于无版权图书，允许公众自由访问。

3. 系统为保护图书版权，实行图书借阅模式，只支持图书在线浏览，不提供全文下载。

4. 使用CADAL的用户需注册。系统实行图书借阅模式，要求认证读者身份，注册用户才允许借阅图书。注册用户可以享受系统提供的个性化服务，可以向系统管理员提交使用中遇到的问题。

（三）个性化服务

1. 浏览借阅历史，快速定位已读图书；

2. 评注阅读书页，浏览历史书页评注，查看及分享其他读者评注；

3. 对所感兴趣图书分门别类，快速定位图书；
4. 查看其他读者对自己评注的分享及回复；
5. 根据阅读历史等信息，推荐可能感兴趣的图书；
6. 与其他读者相互关注，方便知识的分享与交流；
7. 向系统提交使用过程中遇到的问题，及时得到系统管理员的解答。

第六节　在线学习平台

在线学习平台主要通过记录学员在线上参加的课程培训、考试竞赛、试题练习、调查问卷和培训交流等情况，实现对学员学习情况的全程跟踪管理。在线学习平台是基于互联网的，不同于传统的学校或培训机构的课堂教学。基于不同的目标，线上学习的方式也是多种多样的。一类是虚拟课堂，这是在网上模拟线下课堂的教学模式，特点是继承了课堂教学的生动活泼形式，对地域没有要求，但对时间有要求；另一类是录像点播平台，把教师的教学过程进行录像，把录像文件放在网上供学生点播，大多数在线学习平台使用这一模式。

一、新东方多媒体学习库

新东方多媒体学习库（http://www.koolearn.com）是新东方教育科技集团（NYSE:EDU）旗下专业的在线教育网站，是国内首批专业在线教育网站之一。新东方在线依托新东方强大师资力量与教学资源，拥有中国最先进的教学内容开发与制作团队，致力于为广大用户提供个性化、互动化、智能化的卓越在线学习体验。其课程涵盖留学考试、学历考试、职业教育、英语学习、多种语言学习、K12教育6大类，共计2,000多门课程。截至2018年7月，新东方在线网站个人注册用户已逾1,500万，移动学习用户超过5,280万。①

新东方多媒体英语学习库课程体系：零基础英语水平的可选择少儿英语；英语初级水平者可选择初中英语、高中英语、新概念；英语中级水平者可选择大学英语、四六级英语、考研英语、雅思、托福、在职英语、英语AB级；英语高级

① 新东方多媒体学习库：http://www.koolearn.com，2018年7月16日。

水平者可选择考博英语、商务语、金融英语、口语、口译、专四专八课程。

新东方多媒体学习库不仅有英语课程学习，还有其他课程的学习。如图 7-49 所示，我们从它的栏目看，其课程包括以下五类：

图 7-49　新东方多媒体学习库主页

国内考试类：大学英语四六级、考研英语、考研数学、考博英语、考研政治、专四、专八；

出国留学类：托福课程、GRE 课程、GMAT 课程、雅思课程；

小语种类：日语、韩语、法语、德语、西班牙语、意大利语、俄语；

应用外语类：新概念英语，商务英语、口译，实用英语，基础英语；

职业认证类：医学、司法、金融、公务员。

二、慕课

慕课（Massive Open Online Courses，MOOC），即大规模开放的在线课程，中文音译为“慕课”或“幕课”。有人把“慕课”或“幕课”理解为慕名前来学习的课程，或通过屏幕学习的课程。MOOC 是“互联网 + 教育”的产物，是新近涌现出来的一种在线课程开发模式。

MOOC 的内涵可以从课程形态、教育模式和知识创新三个维度诠释。从课程形态的角度看，MOOC 是一种将分布于全球各地的教学者和成千上万的学习者通过教与学联系起来的大规模线上虚拟开放课程。它既提供视频、教材、习题集等传统课程材料，又通过交互性论坛创建学习社区，将数以万计学习者在共同的学习兴趣和学习目标的驱动下组织起来开展课程学习。从教育模式的角度看，

MOOC是一种通过开放教育资源与学习服务而形成的新型教育模式，它通过网络实施教学全过程，允许全世界有学习需求的人通过互联网来学习。MOOC不单是教育技术的革新，更是一种全新的教育模式和学习方式，它带来教育观念、教育体制、教学方式和人才培养过程等方面的深刻变化，驱动着高等教育的变革与创新。从知识创新的角度看，MOOC是一种新型的知识创新平台，它引导学习者创造性地重组信息资源和自主探究知识，支持学习者在问题场域中通过协商对话激发灵感和生成新知。MOOC为人类创造知识、产生智慧搭建了新平台，大规模、多样性的学习者、教学者和研究者在此平台上相互启发、碰撞观点，使其演化为内容丰富的分布式知识库。

目前，国外典型MOOC平台主要有edX、Coursera、Udacity、P2PU、Udemy、可汗学院等。享誉全球的MOOC三巨头分别是edX、Coursera、Udacity。国内比较知名的是清华大学的“学堂在线”、果壳网旗下的“MOOC学院”、好大学在线、酷学习等。

（一）国外三大MOOC平台简介

1.edX（https://www.edx.org/）

edX是一个非营利性的MOOC开源平台。它是麻省理工学院和哈佛大学于2012年5月联合发布的一个网络在线教学计划。该计划基于麻省理工学院的MITX计划和哈佛大学的网络在线教学计划建立的，主要目的是配合校内教学，提高教学质量和推广网络在线教育。据介绍，该计划的目标是整合两所名校师资，推出一个版本使10亿人受益。其主页如图7-50所示。

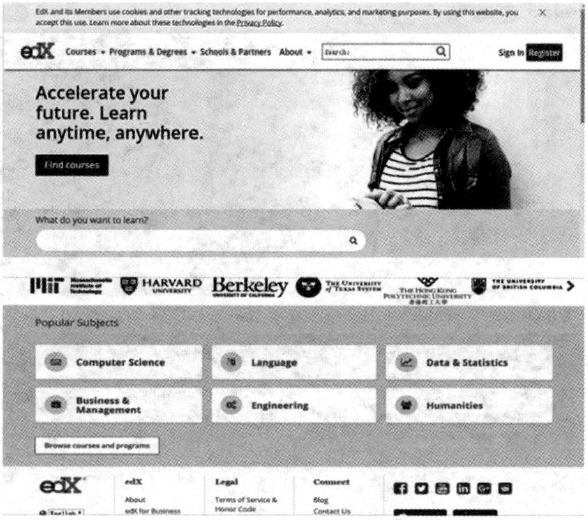

图 7-50　edX 主页

目前，edX 平台课程提供者有加州大学伯克利分校、哈佛大学、麻省理工学院、德州大学奥斯汀分校、康奈尔大学、多伦多大学、日本京都大学、乔治城大学等知名学府。edX 提供的开放课程，涵盖了物理、法律、医学、文学、伦理、经济、计算机科学、工程等多个学科及领域。来自世界任何地方的网络学习者，只要系统学习并按要求完成了相关的课程任务和作业，均能得到由 edX 与供应该门在线课程的大学提供的进修证书。这些证书在部分大学是被认可的。①

2.Coursera（https://www.coursera.org/）

Coursera 是由斯坦福大学的两名从事计算机科学研究的资深教授创设的一个以营利为目的的在线教育运营公司。Coursera 在线课程的设计和教学理念综合为“在线学习是有用的，掌握学习理论、常识的提取和考试是重要的，伙伴评价以及课堂中的积极学习”，其主页如图 7-51 所示。

① edX 平台：https://www.edx.org/，2018 年 7 月 16 日。

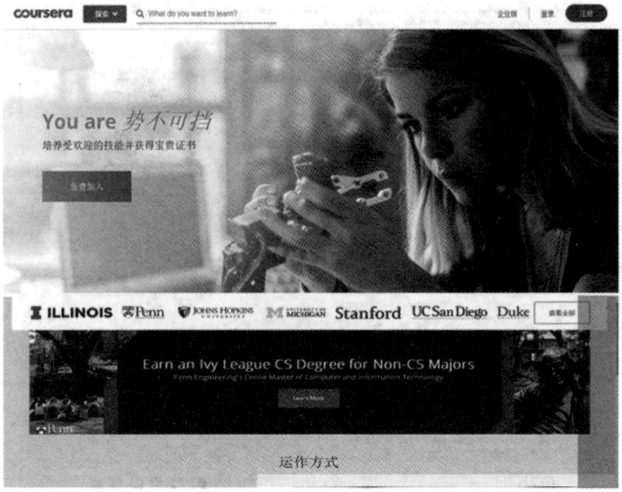

图 7-51 Coursera 主页

Coursera 的首批合作院校包括斯坦福大学、密歇根大学、普林斯顿大学、宾夕法尼亚大学等美国名校。目前，Coursera 的注册用户已经超过三百万。Coursera 在线平台的合作单位（包括高等院校和研究机构）同时也利用其为许多相关单位的大学生或者学习者提供混合教学。一种值得关注的情况是，一些院校（如杜克大学）为那些愿意而且有能力获取额外作业和考评而付出相应费用的大学生供应对应课程的学分。还有一些院校，只要在学校相关课程考核部门认可和核准的情况下，该校学生学习相应的 Coursera 课程得到的学分等同正常教学过程中的学分。①

3.Udacity（https://www.udacity.com）

Udacity 是由斯坦福大学教授 Sebastian Thrun 和 Peter Norvig 联手创建的营利性机构，与其他尝试普及高等教育的课程不同，Udacity 不只是提供课堂录像，Udacity 的课程描述得几乎和游戏一样，教授简单介绍主题后便由学生主动解决问题，这种模式类似于"翻转课堂"（Flipped Classroom），有些人认为这是教育的未来发展方向。

Udacity 平台不仅有视频，还有自己的学习管理系统，内置编程接口、论坛和社交元素。Udacity 设计了一个积分系统，主要是权衡课程进修情况和学生掌握水平，从而实现课程的审核和认证，当课程学习者积分到达 1 级时就能取得相应的

① Coursera 平台：https://www.coursera.org/，2018 年 7 月 27 日。

证书。另外，Udacity 的部分课程还提供相应的大学学分，但是这类课程需要学生有偿学习，会产生一定的费用支出。[①] 其主页如图 7-52 所示。

图 7-52　Udacity 主页

（二）国内 MOOC 平台简介

国内对于 MOOC 的平台建设相对较晚，目前具有代表性的分别为清华大学的“学堂在线”、台湾交通大学的 ewant 在线平台和以上海交通大学为主运营对象的“好大学在线”。

1. 学堂在线（http://www.xuetangx.com/）

学堂在线是清华大学于 2013 年 10 月发起建立的精品中文慕课平台，是清华大学面向未来的战略部署。这是国内首个由我国高校自己主导的 MOOC 在线学习平台。任何拥有上网条件的学生均可通过该平台，在网上学习课程视频。

学堂在线平台一直坚持教育资源的精品化和多元化。目前，平台的国内课程来自清华大学、北京大学、复旦大学、西安交通大学、中国科技大学、台湾清华大学、台湾交通大学等著名高校；国外课程则来自麻省理工学院、加州大学伯克利分校、斯坦福大学、荷兰代尔夫特理工学院、澳大利亚昆士兰大学等世界一流大学。课程涵盖计算机、经管创业、理学、工程、文学、历史、艺术等多个领域。所有课程均严格遵循 MOOC 的教学特点和规律进行设计和制作，以保证课程品质和教学效果。截至 2017 年 11 月，学堂在线注册用户超过 900 万，拥有平台课程 1,300 门，这些课程来自清华大学、北京大学、复旦大学、中国科技大学，以及麻

---

① Udacity 平台：https://www.udacity.com，2018 年 7 月 16 日。

省理工学院、斯坦福大学、加州大学伯克利分校等国内外一流大学，全面覆盖 12 大学科门类。[①] 其主页如图 7-53 所示。

图 7-53　学堂在线主页

2.ewant（http://www.ewant.org/）

ewant 是由以台湾交通大学为主体结合大陆四所交通大学，即西南交通大学、北京交通大学、上海交通大学、西安交通大学，于 2013 年共同合作推出的面向全球华人的大规模网络在线教育平台。它专门针对全球华人提供免费的课程及学习资源，是华文世界最重要的 MOOC 平台之一。

截至 2017 年 2 月，与该平台合作的院校已达 79 所。课程类别包括哲学宗教类、心理类、基础科学类、数学类、医疗类、工程类、资讯类、管理类、人文社会类、法政类、史地类、语言文学类、艺术创作类，共有 618 门课程上线。[②] 其主页如图 7-54 所示。

图 7-54　ewant 主页

① 学堂在线：http://www.xuetangx.com/，2018 年 7 月 20 日。

② ewant 在线平台：http://www.ewant.org/，2018 年 7 月 16 日。

3. 好大学在线（http://www.cnmooc.org/）

“好大学在线”——是中国高水平大学慕课联盟的官方网站。慕课联盟是部分中国高水平大学间自愿组建的开放式合作教育平台，为公益性、开放式、非官方、非法人的合作组织。它旨在通过交流、研讨、协商与协作等活动，建设具有中国特色的、高水平的大规模在线开放课程平台，向成员单位内部和社会提供高质量的慕课课程。

建设目标：建设中国高水平大规模在线教育平台；实现中国高水平大学之间的教学资源共享及学分互认；向中国其他大学提供优质课程，提高中国高等教育质量；向社会公众提供在线课程教学服务，提升公民的科学素养和文化素养；向全球华人和相关需求者开放、传播与弘扬优秀中华文化。[①] 其主页如图 7-55 所示。

图 7-55　好大学在线主页

三、公开课

（一）爱课程（http://www.icourses.cn/）

“爱课程”网是教育部、财政部“十二五”期间启动实施的“高等学校本科教学质量与教学改革工程”支持建设的高等教育课程资源共享平台。该网站集中展示“中国大学视频公开课”和“中国大学资源共享课”，并对课程资源进行运行、

① 好大学在线：http://www.cnmooc.org/，2018 年 7 月 20 日。

更新、维护和管理。网站利用现代信息技术和网络技术，面向高校师生和社会大众，提供优质教育资源共享和个性化教学资源服务，具有资源浏览、搜索、重组、评价，课程包的导入导出、发布，互动参与和“教”“学”兼备等功能。

“爱课程”网站是汇聚高等教育优质教学资源的平台，是拥有优质资源服务的网络平台，是教学资源可持续建设和运营的平台。网站致力于推动优质课程资源的广泛传播和共享，深化本科教育教学改革，提高高等教育质量，推动高等教育开放，并在一定程度上满足人民群众日趋强烈的学习需求，促进学习型社会建设。[①] 其主页如图 7-56 所示。

图 7-56　爱课程主页

“爱课程”网站不仅有公开课程学习，还有其他课程可以学习，我们从它的栏目看，网站包括以下课程：

在线开放课程：计算机、心理学、文学历史、外语、生命科学、工学等；

视频公开课：西文音乐、营养与健康、力学与生活、走进交响音乐的世界、园艺专业导论等；

资源共享课：大学语文、材料力学、中国工艺美术史、流体力学、中国诗歌艺术等；

中国大学 MOOC：大学计算机 CAP、信息化领导力、生活中的自制乐器与演奏等；

中国职教 MOOC：单片机应用技术、嗨翻艺术设计创业、高铁职场礼仪、高化学分析技术等。

① 爱课程：http://www.icourses.cn/，2018 年 7 月 20 日。

（二）网易公开课

网易是中国领先的互联网技术公司，于 2010 年 11 月 1 日推出“全球名校视频公开课项目”，首批 1，200 集课程上线，其中有 200 多集配有中文字幕。首批上线的公开课视频来自哈佛大学、牛津大学、耶鲁大学等世界知名学府以及可汗学院、TED 等教育性组织的精彩视频。内容涵盖人文、社会、艺术、金融等领域。①

网址：https://open.163.com/，主页如图 7-57 所示。

图 7-57　网易公开课主页

四、“知识视界”视频教育资源库

“知识视界”视频教育资源库（http://www.libvideo.com/）是武汉缘来文化传播有限责任公司从国外引进的，拥有合法版权的科学教育教学类专业综合视频资源，针对现代新型数字图书馆打造的集视、听、教、学为一体的多媒体网络平台。武汉缘来文化传播有限责任公司成立于 2001 年，是一家专业从事海外教育类电视节目代理、译制以及视频教育节目制作和发行的综合性文化传播公司。② 其主页如图 7-58 所示。

① 网易公开课：https://open.163.com/，2018 年 7 月 20 日。

② 知识视界视频教育资源库：http://www.libvideo.com/，2018 年 7 月 20 日。

图 7-58 “知识视界”主页

“知识视界”视频教育资源库根据全国高等学校专业设置，分类收录了理、工、农、医、历史、文学等学科的视频资源，并将其分为经济管理学、工学、理学、医药学、农学、文史哲学、政法学、社会科学、艺术学、体育学、军事学、公开课程等类别。如表 7-3 所示。

表 7-3 “知识视界”主页学科设置

学科类别	栏目
经济管理学	电子商务、工商管理及市场营销、公共管理与公共服务、旅游管理、金融、经济学及经济贸易与管理
工学	材料学、地质地矿地理及测绘、电子信息、化工及轻纺、水利水电水工、机械仪器电气及自动化、计算机、建筑土木及管理、能源动力、交通运输及管理、航空航天
理学	化学、生物学、数学、物理学
医药学	法医学、卫生药品管理与公共卫生、药学、医学、护理学
农学	动物生产与动物医学、植物生产与农业技术、环境及自然保护、农业工程、海洋科学、食品科学及工程
文史哲学	教育学、历史学、外国语言文学、新闻出版
政法学	法学、刑事侦探
社会科学	社会科学、心理学
艺术学	美术及摄影、设计学、戏剧与影视、音乐学
体育学	体育学
军事学	军事学
公开课程	自然科学、工程技术、人文历史、医学卫生、国内公开课

注：公开课程国内公开课链接到爱课程网（htpp://www.icourses.edu.cn）。爱课程网是中国大学精品开放课程的官方网站，由高等教育出版社负责网站的运行、更新、维护和管理。如图 7-59 所示。

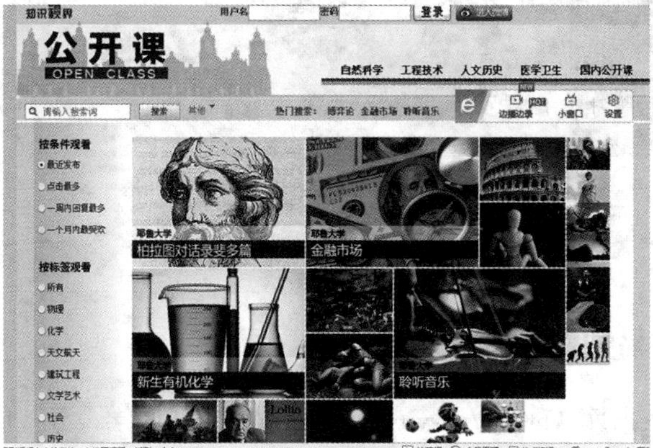

图 7-59 “知识视界”公开课主页

五、起点考试网

起点考试网（http://www.qdexam.com/）是由北京智联起点信息技术有限公司开发的。北京智联起点信息技术有限公司是一家专业从事软件开发、知识资源整合、信息加工、文化信息传播及增值服务的高科技公司。公司于 2005 年面向全国成功推出《就业拓展培训考试库》，在各高校 10 多年来的使用中，深受师生的好评，为教师的参考资源和考生的考级考证提供了极大的便利。起点考试网有英语类、司法类、财经类、工程类、计算机类、公务员类、考研类、资格类、医学类等科的学习培训资源，具体内容见其主页。[①] 主页如图 7-60 所示。

① 起点考试网：http://www.qdexam.com/，2018 年 7 月 20 日。

图 7-60　起点考试网主页

六、博学易知数据库

博学易知数据库（http://www.twbxyz.com/）是教、学、考一体化的综合学习平台，提供网络教学、网络学习、网络考试一站式服务。旨在把数字化教学和考试学习类数字资源进行有效结合，帮助老师教、学生学、共同考，提升教学水平和学习效果。

博学易知主要包含以下几块资源内容：

（一）考研数据库

博学易知考研数据库是国内最专业、最全面的考研资讯平台，囊括名师讲堂、名校宝典、考前辅导、小语种考研、英语四六级等考研视频资源。它是国内唯一提供从考研考前辅导、名校考研专业解析、考研公共课和专业课学习、行业顶尖名师辅导到考研复试全过程课程的考研数据库，并且是国内首家突破 2 万课时的考研专业学习库，可以满足考生各类考研学习需求。

除了提供考研政治、英语、数学基础课的名师课程视频外，它还提供约 30 门考研专业课的相关视频课程，提供导学、基础、强化、冲刺系列的考研课程，全面满足广大考研学生对考研基础课、专业课的需求。这些课程的主讲老师有李永乐、王式安、武忠祥、赵敏、徐之明、刘应科、梁琳等众多考研名师。

博学易知考研数据库还提供考研全流程的视频指导课程，从国内各大高校的报考指南讲解到考研基础班、强化班、冲刺班甚至复试的相关内容。

（二）考试数据库

博学易知考试数据库是专业的自主考试学习平台，提供各种等级考试、考研、考公务员、职业资格考试相关的试卷。学员可自主选择试卷在线答题，在线自测，辅助全学科各类学员通过相应的各种考试。试卷资源涉及300多种学科的近千种等级和职业资格类电子试卷，便于师生在线浏览、收藏、学习。数据库涵盖计算机、法律、学历、金融、医学、语言、外贸、水电、建筑工程、职业资格十大类的考试资源。学生可自主选择试卷在线答题，在线自测，考试数据库可辅助全学科各类学生通过相应的各种考试。教师自由利用平台资源用于教学活动中，提升教学水平和教学效果。

（三）职业技能库

博学易知职业技能库以职业技能的提升和职业考试的辅导为出发点，辅助学员全面提升专项职业能力。职业技能库有着近1，000课时的精品课程，其内容包含各阶段教师资格和执业医师职业视频课程。课程内容涉及笔试、操作、综合等，辅助用户职业技能的提升和职业考试的通过。职业技能库主要模块有幼儿教师资格、小学教师资格、中学教师资格、中医执业医师、中医执业助理医师、中西医结合执业医师、中西医结合执业助理医师、临床执业医师等。其视频课程贴近考试实际，全部为真人操作演示，涵盖大纲全部知识点，是提高考生各项考试知识技能与有效学习能力，快速通过职业技能考试的重要法宝。

博学易知不仅提供PC版使用模式，同时提供安卓版移动App和苹果版移动App，便于用户使用手机访问平台资源。它还提供博学易知微信公告号，推送各类考试、学习、就业、指导类资讯信息。[①] 主页如图7-61所示。

① 博学易知数据库：http://www.twbxyz.com/，2018年7月20日。

图 7-61　博学易知数据库主页

第七节　在线文库平台

文库一般指按照编辑计划，选择一定范围内已印行的或专门编写的作品成套出版的地方，也指网上的开放的供网友在线分享文档的平台。在线文库就是指在线互动式文档分享平台。在平台里用户可以和千万网友分享各类型文档，全文阅读其文档。在线文库各平台遵循网络资源安全机制，实现网络资源的安全、有效共享；同时，各平台都采取了文档加密及保护技术措施，全力保证用户上传文档的版权不被非法侵犯，为广大用户创造良好的网络安全环境。

一、百度文库

百度文库（https://wenku.baidu.com/）是百度发布的供网友在线分享文档的平台。百度文库的文档由百度用户上传，文档上传后需要经过百度的审核才能发布，百度自身不编辑或修改用户上传的文档内容。用户可以在线阅读和下载这些文档。百度文库的文档包括教学资料、考试题库、专业资料、公文写作、法律文件等多个领域。

百度用户上传文档可以得到一定的积分，下载有标价的文档则需要消耗积分。当前平台支持主流的 DOC、PPT、XLS、POT、PPS、VSD、WPS、PDF、TXT 等文件格式。

自 2009 年上线以来，百度文库至今已走过 10 年，内容涵盖基础教育、资格考试、人文社科、IT 计算机、自然科学等 53 个行业。[①] 其主页如图 7-62 所示。

图 7-62　百度文库主页

二、稻壳儿（Docer）

稻壳儿（Docer）——WPS 旗下明星产品，是 Office 文档资源分享平台。经过三年的成长，稻壳儿日活跃用户超过 2，000 万，日均 PV 超过 3，000 万，月下载量超过 8，000 万。稻壳儿与众多知名品牌开展了深度内容合作，在充实自身资源储备的同时，更为合作机构提供了向整个 WPS 用户群进行内容销售和品牌展示的平台。

稻壳儿开创了人工定制平台的服务模式，有超过 1，000 名的认证设计师资源，上线以来，深受用户的青睐，为校园和商务办公用户的求职和提高效率、精简办公提供了帮助。[②] 在稻壳儿（Docer）官网上有最新最全最优质的 PPT 模板、PPT 图表、图片素材下载。

稻壳儿网址：http://www.docer.com/，其主页如图 7-63 所示。

---

① 百度文库：https://wenku.baidu.com/，2018 年 7 月 20 日。

② 稻壳儿：http://www.docer.com/，2018 年 7 月 20 日。

图 7-63　稻壳儿主页面

三、道客巴巴

道客巴巴（http://www.doc88.com）作为国内知名在线文档分享平台，一直致力于为数亿互联网用户打造自由交流与平等学习的开放式互动平台，让更多用户在分享中提升自我。自 2008 年成立以来，道客巴巴一直践行着“我为人人，人人为我”的互联网分享精神，为广大网友提供了高效、安全的资料分享平台，让每一个用户享受更优质、更全面的互动式在线学习。①

其文档内容涵盖行业资料、教学课件、学术论文、教材教辅、考试资料、企业档案、技术资料、社会科学、研究报告、金融财经、法律文献、管理文献、经济文库、数字媒体、网络文学等十几个领域，支持 PDF、DOC、PPT、XLS、TXT 格式。其主页如图 7-64 所示。

图 7-64　道客巴巴主页

四、在线文库

在线文库（http://www.lddoc.cn）是由青海蓝顶电子商务有限公司创办的。此

① 道客巴巴：http://www.doc88.com，2018 年 7 月 20 日。

公司成立于 2015 年 9 月，主要从事商务咨询信息服务、电子商务、软件开发与应用等业务，正在全力打造国内唯一且具有较高影响力的“互联网 +”众包服务新业态、新模式。

在线文库平台的主要栏目包括：项目报告、研究报告、设计图文、行业标准、认证标准、资格考试、行业论文、学术论文、知识产权、管理文献、办事指南、办公文档等。

在线文库的文档内容主要包括项目可行性研究报告、行业研究报告、项目建议书、商业计划书、工程设计图文、行业标准、国家标准、技术规范、行业论文、学术论文、最新科技成果、技术专利信息、企业管理范例、最新政策汇编、管理体系认证标准、企业资质认定标准、个人资格证书考试、最新行业资讯等。[①] 其主页如图 7-65 所示。

图 7-65　在线文库主页

第八节　馆际互借与文献传递

在信息资源高速发展的今天，任何一所图书馆都不可能百分百地满足读者对文献信息资源的需求。当读者通过本馆的纸本和电子的馆藏资源仍然无法找到所需文献的原文时，可以使用图书馆的馆际互借服务。馆际互借与文献传递服务就是利用图书馆联盟的资源，来补充读者所在馆的文献资源，是实现文献资源共享的有效途径。馆际互借和文献传递是间接获取文献的两种主要的方式。

① 在线文库：http://www.lddoc.cn，2018 年 7 月 20 日。

一、概述

馆际互借（Interlibrary Loan）是基于馆际之间资源共享而提供的一种服务方式。馆际互借即图书馆之间根据互签的协议，相互出借馆藏文献，它是一种返还式的文献提供服务。

文献传递（Document Delivery）是将用户所需的文献复制品或电子文献以有效的方式和合理的费用，直接或间接地传递给用户的一种非返还式文献提供服务。

现阶段我国有很多可以进行馆际互借和文献传递的平台，比较著名的有CALIS、CASHL、NSTL、国家图书馆、上海图书馆、JSLIS所办的江苏省高等院校通用借书证等多家平台。

二、文献传递模式

文献传递服务的工作模式有两种：一是用户传递，即读者自行在文献传递服务系统中注册，经图书馆核实注册信息确认开通后，读者即可自行检索并传递文献全文；二是馆员传递，即读者将查找到的文献线索（题名、作者、来源文献等）提交到图书馆，由馆际互借员向文献收藏机构申请原文传递，馆际互借员得到文献后再传递给读者。传递的文献类型一般包括期刊论文、学位论文、会议论文、科技报告、专利、标准等。

在文献传递获取的过程中，一般情况下都要遵守“先电子后印刷”“先近后远”的原则。读者应自觉遵守版权协议规定和版权法，合理合法使用文献。

三、南京大学图书馆馆际互借服务

（一）服务方式

1. 馆际互借

南京大学图书馆为本校师生提供上海图书馆、国家图书馆的馆藏原版图书及“开世览文”收录的高校图书馆藏书的借阅服务；为其他高校读者提供本馆部分图书的借阅服务。

2. 文献传递

南京大学图书馆为本校师生提供本馆未入藏的期刊论文、学位论文、科技报告、图书部分章节的文献复制服务；为其他高校读者提供本馆馆藏的期刊论文、图书部分章节的文献复制服务。

（二）服务系统

服务对象：南京大学教职工；统招的各类硕博士研究生、本科生等。

首次使用的读者，必须进行网上注册，到图书馆完成确认后，才能使用馆际互借和文献传递服务系统。

以 CALIS 和 CASHL 服务系统为例，如表 7-4 所示。

表 7-4　CALIS 和 CASHL 服务系统

文献保障系统	CALIS	CASHL（开世览文）
文献类型	上海图书馆、国家图书馆原版图书 全国高校的期刊资源	人文社科的外文原版图书 人文社科的期刊资源 部分高校的民国刊及古文献资源
获取方式	到馆取书 文章及部分章节邮箱下载	到馆取书 文章及部分章节邮箱下载
权限	上限 4 本 / 次、借期 2 周	上限 4 本 / 次、借期 2 周

（三）收费政策

自 2015 年 10 月 30 日起，本馆读者使用馆际互借和文献传递系统，申请国内范围可获取的文献，图书馆全额补贴，本校读者可免费获取。

国家图书馆图书超期罚款 5 元 / 每本 / 每天，发往国图的快递一般需要 2 ～ 3 个工作日（不含周六日、节假日），如由于读者归还时间晚所致的国图罚款将由读者承担，因此请务必按时归还图书。

国家图书馆和上海图书馆原版图书借阅：20.00 元 / 册。

国际馆际互借涉及服务费和往返国际运费，费用较高，图书馆负责业务联系，酌情补贴，超出费用将由读者自行承担。文献提供图书多为原版图书，在图书使用过程中，如果出现图书损毁、缺页等情况，图书馆将根据对方馆的赔偿标准对使用读者进行图书赔付处理。

本章思考题：

1. 利用读秀检索一本感兴趣的书。

2. 利用读秀学术搜索系统检索：2016 ～ 2018 年，南京大学出版社出版的有关国际经济的图书。

3. CNKI 与万方数据库的检索方法有何不同？

4. 利用 SpringerLink 电子图书的检索功能查询与你专业相关的英语图书。

5. 简述国外某期刊数据库的特点、检索方式。

6. 选择一种检索方式从某期刊数据库查出本校某位老师发表的某篇论文，并写出检索过程。

7. 如何查找你所学专业的核心期刊目录？

8. 外文期刊全文数据库通常有哪些检索方式和方法？

9. 你知道哪些在线学习平台，列举并介绍它们的主要特点。

10. 简述馆际互借和文献传递的概念。

附章　学术论文写作要领

一、学术论文的概念

根据中华人民共和国国家标准 UDC 001.81，GB 7713—87 号文：“学术论文是某一学术课题在实验性、理论性或观测性上具有新的科学研究成果或创新见解和知识的科学记录；或是某种已知原理应用于实际中取得新进展的科学总结，用以提供学术会议上宣读、交流或讨论；或在学术刊物上发表；或作其他用途的书面文件。学术论文应提供新的科技信息，其内容应有所发现、有所发明、有所创造、有所前进，而不是重复、模仿、抄袭前人的工作。”

二、学术论文特征及类型

为了探讨和掌握论文的写作规律和特点，我们需要对论文进行分类。由于论文本身的内容和性质不同，研究领域、研究对象、研究方法、表现方式不同，因此，论文就有不同的分类方法。按内容性质和研究方法的不同，我们可以把论文分为理论性论文、实验性论文、描述性论文和设计性论文。另外还有一种综合型的分类方法，这一方法把论文分为专题型、论辩型、综述型和综合型四大类：

1. 专题型论文。这是在分析前人研究成果的基础上，以直接论述的形式发表见解，从正面提出某学科中某一学术问题的一种论文。

2. 论辩型论文。这是针对他人在某学科中某一学术问题的见解，凭借充分的论据，着重揭露其不足或错误之处，通过论辩形式来发表见解的一种论文。

3. 综述型论文。这是在归纳、总结前人或今人对某学科中某一学术问题已有研究成果的基础上，加以介绍或评论，从而发表自己见解的一种论文。

4. 综合型论文。这是一种将综述型论文和论辩型论文两种形式有机结合起来写成的一种论文。

三、学术论文的写作内容

（一）论文选题

论文选题是涉及论文范围与水平的第一个重要信息。选题在学术论文写作中具有重要意义。论文选题要注意以下原则：选题要有创新性；在理论上有创新见解；具有可行性；要是在自己力所能及的条件下，符合自己的经历和能力的课题；要有科学性；要有根据。

对选题的描述要求如下：

1. 准确得体。要求论文题目能准确表达论文内容，恰当反映所研究的范围和深度，题目要紧扣论文内容。常见的论文命题存在的问题是过于笼统，题不扣文。

2. 简短精练。力求题目的字数少，用词精选。一般一篇论文题目不要超出 20 个字，若简短题名不足以显示论文内容或反映出其所属系列研究的性质，则可利用正、副标题的方法解决。

3. 外延和内涵要恰如其分。外延，是指一个概念所反映的每一个对象；内涵，则是指对每一个概念对象特有属性的反映。命题时，若不考虑逻辑上有关外延和内涵的恰当运用，则有可能出现谬误，或者是不当，必须慎重。

4. 醒目。论文题目居于首先映入读者眼帘的醒目位置，但仍然存在题目是否醒目的问题，题目所用字句及其所表现的内容是否醒目，所产生的效果相距甚远。

（二）谋篇构思的思路与要求

1. 构思要围绕主题展开。论文想写得条理清晰、脉络分明，全文必须要有一条贯穿线，这就是论文的主题。主题是一篇学术论文的精髓，它要能体现作者的学术观点、学术见解。

2. 构思论文布局，要力求结构完整统一。在对一篇论文构思时，有时按时间顺序编写，有时按地域位置（空间）顺序编写，但更多的还是按逻辑关系编写，即要求符合客观事物的内在联系和规律，符合科学研究和认识事物的逻辑。但不管属于何种情形，都应做到合乎情理、连贯完整。

3. 要做读者分析。撰写并发表任何一篇科技文章，其最终目的是让别人读的，因此，构思时要求做到“心中装着读者”，多做读者分析。有了清晰的读者对象，才能有效地展开构思，才能顺利地确定立意、选材以及表达的角度。

（三）撰写论文提纲

写学术论文之前，先拟定提纲，可以极大地帮助作者锻炼思想，提高构思能力。

1. 写作提纲，可以帮助作者勾画出全篇论文的框架，体现自己经过对材料的消化与进行逻辑思维后形成的初步设想。提纲可计划先写什么、后写什么，前后如何表述一致，重点又放在哪里，哪里需要进行一些注释或解说。按此计划写作，可使论文层次清晰，前后照应，内容连贯，表达严谨。

2. 拟制写作提纲，只需要运用一些简单的句子甚至是词与词组加以提示，把材料单元与相应的论点有机组织编成顺序号，工作量并不大，也容易办到。提纲中用以提示写作的句子，有时即可用来做论文段落的标题。

（四）标明作者姓名和单位

作者是论文内容的主要完成者。标明作者一是为了文责自负；二是记录作者的劳动成果；三是便于读者与作者的联系及文献检索（作者索引）。多作者的论文必须按对论文撰写实际贡献大小排序。

（五）论文摘要

摘要内容一般包括：从事这一研究的目的和重要性；研究的主要内容，指明完成了哪些工作；获得的基本结论和研究成果，突出论文的新见解；结论或结果的意义。

摘要写作要求：结构严谨，表达简明，语义确切，文字简练，内容概括充分，其字数一般不超过论文字数的 5%。

论文摘要写作的注意事项：

1. 摘要中应排除本学科领域已成为常识的内容。

2. 切忌把应在引言中出现的内容写入摘要。

3. 一般也不要对论文内容做诠释和评论（尤其是自我评价）。

4. 不得简单重复题名中已有的信息。

5. 摘要先写什么，后写什么，要按逻辑顺序来安排。句子之间上下连贯，句型应力求简单，每句话要表意明白，无空泛、笼统、含混之词。摘要不分段。

6. 用第三人称。建议采用“对……进行了研究”“进行了……调查”等记述方法标明一次文献的性质和文献主题，不必使用“本文”“作者”等作为主语。

7. 要使用规范化的名词术语，不用非公知公用的符号和术语。新术语或尚无合适汉文术语的，可用原文或译出后加括号注明原文。

8. 除了实在无法变通以外，不要用数学公式和化学结构式，不出现插图、表格。

9. 不用引文，除非该文献证实或否定了他人已出版的著作。

10. 缩略语、略称、代号，除了相邻专业的读者也能清楚理解的以外，在首次出现时必须加以说明。

（六）拟定论文关键词

关键词是从论文的题名、提要和正文中选取出来的，是对表述论文的中心内容有实质意义的词汇；也是用作计算机系统标引论文内容特征的词语，便于信息系统汇集，以供读者检索。每篇论文一般选取 3 ～ 8 个词汇作为关键词，另起一行，排在“摘要”的左下方。

（七）撰写论文正文

1. 引言

引言又称前言、序言和导言，用在论文的开头。引言一般要概括地写出作者意图，说明选题的目的和意义，并指出论文写作的范围。引言要短小精悍、紧扣主题。引言属于整篇论文的引论部分。其写作内容包括：研究的理由、目的、背景，前人的工作和知识空白，理论依据和实验基础，预期的结果及其在相关领域里的地位、作用和意义。引言的文字不可冗长，内容选择不必过于分散、琐碎，措辞要精练，要吸引读者读下去。引言的篇幅大小，并无硬性的统一规定，需视整篇论文篇幅的大小及论文内容的需要来确定，长的可达 1000 字左右，短的不到 100 字。

2. 论文正文

正文是论文的主体，正文应包括论点、论据、论证过程和结论。主体部分包括以下内容：a. 提出问题——论点；b. 分析问题——论据和论证；c. 解决问题——论证方法与步骤；d. 结论。正文是一篇论文的本论，属于论文的主体，是其核心部分，占据主要篇幅。论文所体现的创造性成果或新的研究结果，都将在这一部分得到充分的反映。

（1）正文内容：调查与研究对象、实验和观测方法、仪器设备、材料原料、实验和观测结果、计算方法和编程原理、数据资料、经过加工整理的图表、形成的论点和导出的结论等。当然，其中的结论可以单独设一部分（或一节）展开叙述。

（2）段落划分：应视论文性质与内容而定，要把段作为一个相对独立的文章单位来看待，要善于疏通思路，以增强思维的条理性。

（3）构段要求：段意要明确，段意要统一，段意要完整，段的长度要适中。

（4）实验结果和分析：这一部分是论文的关键部分，正文应当阐述主要的、关键的和非一般常用的内容，凡属通用的、标准的和常见的仪器设备，只需提供型号、规格及主要性能指标。缺少论文写作经验与素养的人，容易将这一部分写成实验报告，将实验过程一一罗列无遗，但这样易使那些必须让人知道的重要内容淹没在一大片令人生厌的冗长文字中。

（5）结果和分析：全文的一切结论由此得出，一切议论由此引发，一切推理由此导出。这部分需要列出实验数据和观察所得，并对实验误差加以分析和讨论。要注意科学地、准确地表达必要的实验结果，扬弃不必要的部分。实验数据或结果，通常用表格、图或照片等予以表达，而且尽量用图，不用表格或少用表格。

（6）结果和讨论：对于“讨论”（或“分析”）这一部分与其他部分相比，则更难以确定所应写的内容，通常这也是最难写的一部分。写得好的“讨论”具有以下几个主要特征：① 要设法提出“结果”一节中证明的原理、相互关系以及归纳性的解释，但只对“结果”进行论述，而不应进行重述。② 要能指出你的结果和解释与以前发表的著作相一致或不一致的地方。③ 要论述你的研究工作的理论含义以及实际应用的各种可能性。④ 要能指出存在的例外情况或相互关系中有问题的地方，并且应明确提出尚未解决的问题及解决的方向。

论文的结论部分，应反映论文中通过实验、观察研究并经过理论分析后得到的学术见解。

3. 论文的结论

结论应是该论文的最终的、总体的结论。

（1）结论的写作内容：本文研究结果说明了什么问题；对前人有关的看法做了哪些修正、补充、发展、证实或否定。本文研究的不足之处或遗留未予解决的问题，以及对解决这些问题的可能的关键点和方向。

（2）结论的写作要求：措辞严谨，逻辑严密，文字具体。

4. 论文的致谢

一般在学位论文或者必须要加入致谢部分的论文中才需要写这部分内容。一般的学术论文由于期刊篇幅的限制，不需要专门撰写致谢部分。

如果需要撰写致谢部分，致谢语句放在正文后，应体现对下列方面的致谢：国家科学基金、合同单位、资助和支持的企业、组织或个人；协助完成研究工作和提供便利条件的组织或个人；在研究工作中提出建议和提供帮助的人；给予转载和引用权的资料、图片、文献、研究思想和设想的所有者；其他应感谢的组织和人。

5. 论文的参考文献

一篇论文的参考文献是将论文在研究和写作中可参考或引证的主要文献资料，列于论文的末尾。参考文献应另起一页，标注方式按 GB/T 7714—2015《信息与文献 参考文献著录规则》进行。

在学术论文后一般应列出参考文献，其目的有三：① 为了反映出真实的科学依据；② 为了体现严肃的科学态度，分清是自己的观点或成果还是别人的观点或成果；③ 为了对前人的科学成果表示尊重，同时也是为了指明引用资料出处，便于检索。

参考文献

[1] 鲍甬婵 . 信息素养论 [M]. 徐州：中国矿业大学出版社，2011.

[2] 陈泉，郭立伟，周妍，杨菲 . 信息素养与信息检索 [M]. 北京：清华大学出版社，2017.

[3] 雷红刚 . 大数据时代高校图书馆数据素养教育研究 [J]. 新世纪图书馆，2016(9)：41-43.

[4] 李贵成，张金刚 . 信息素养与信息检索教程 [M]. 武汉：华中科技大学出版社，2016.

[5] 李兴国 . 信息管理学：第二版 [M]. 北京：高等教育出版社，2007.

[6] 翁菊梅 . 大学生信息素养 [M]. 广州：华南理工大学出版社，2011.

[7] 吴建中 .21 世纪图书馆新论 [M]. 上海：上海科学技术文献出版社，2003.

[8] 邢燕丽 . 信息素质教育改革与大学生创新能力培养 [J]. 图书馆工作与研究，2009(3)：93-96.

[9] 张静波 . 大数据时代的数据素养教育 [J]. 科学，2013(4)：29-32.

[10] 周宏仁 . 信息化概论 [M]. 北京：电子工业出版社，2009.

[11] 周健，张静波 . 高校信息素养教学模式探讨 [J]. 情报杂志，2006(10)：133-135.

[12]《图书情报工作》杂志社 . 信息素养的研究与实践进展 [M]. 北京：海洋出版社，2014.

[13] 董璐 . 传播学核心理论与概念 [M]. 北京：北京大学出版社，2008.

[14] 杜骏飞 . 网络传播概论：第三版 [M]. 福州：福建人民出版社，2008.

[15] 杜骏飞 . 沸腾的冰点：2009 中国网络舆情报告 [M]. 杭州：浙江大学出版社，2010.

[16] 李幸，刘荃. 传播媒介的历史之光——广播电影电视史论 [M]. 南京：南京师范大学出版社，2004.

[17] 刘海龙. 大众传播理论：范式与流派 [M]. 北京：中国人民大学出版社，2008.

[18] 李明伟. 长幼无间：口头传播与口语社会的社会化 [J]. 北京理工大学学报（社会科学版），2007(3)：15-17，20.

[19] 柳旭东，李喜根，刘洋. 互联网传播环境下的选择性接触与偏轨接触 [J]. 学海，2017(2)：123-129.

[20] 王长潇，曾辉. 超越传统——电视影像传播的嬗变 [M]. 北京：中国传媒大学出版社，2014.

[21] 王佑镁. 数字融合与边缘重生：新时期侨乡留守儿童的媒介使用与满足 [J]. 远程教育杂志，2013(1)：86-92.

[22] 张咏华. 媒介分析：传播技术神话的解读 [M]. 上海：复旦大学出版社，2002.

[23] 尼古拉・尼葛洛庞帝. 数字化生存 [M]. 胡泳，范海燕，译. 海口：海南出版社，1997.

[24] 威尔伯・施拉姆，威廉・波特. 传播学概论 [M]. 陈亮，周立方，李启，译. 北京：新华出版社，1984.

[25] 格兰・斯帕克斯. 媒介效果研究概论：第二版 [M]. 何朝阳，王希华，译，北京：北京大学出版社，2008.

[26] 保罗・F. 拉扎斯菲尔德，伯纳德・贝雷尔森，黑兹尔・高德特. 人民的选择——选民如何在总统选战中做决定：第三版 [M]. 唐茜，译. 北京：中国人民大学出版社，2012.

[27] 戴维・克劳利，保罗・海尔. 传播的历史：技术、文化和社会：第五版 [M]. 董璐，何道宽，王树国，译. 北京：北京大学出版社，2011.

[28] 罗伯特・洛根. 理解新媒介——延伸麦克卢汉 [M]. 何道宽，译. 上海：复旦大学出版社，2012.

[29] 蔡骐，朱丹. 网络谣言场域中的话语协商——以 7・23 温州动车事故为例 [J]. 武汉科技大学学报（社会科学版），2013(2)：180-185.

[30] 靳琰，孔璐璐 . 新媒体语境下的网络泛娱乐化机理探究 [J]. 现代传播（中国传媒大学学报），2016，38(12)：129-132.

[31] 李东晓 .“真人秀”节目的文化范式解读 [J]. 当代传播，2008(5)：44-46.

[32] 殷乐 .“八卦新闻”之流变及传播解析 [J]. 新闻与传播研究，2011(4)：26-34.

[33] 张志安，汪凯 . 躲不起惹得起——提高你的媒体素质 [M]. 广州：南方日报出版社，2010.

[34] 柏木重秋 . 广告概论 [M]. 王建玉，李硕，郑太宽，译 . 北京：中国经济出版社，1991.

[35] 陈力丹，陈俊妮 . 松花江水污染事件中信息流障碍分析 [J]. 新闻界，2005(6)：19-22.

[36] 杜志红 . 传媒社会责任的缺失原因与实现路径 [J]. 中国广播电视学刊，2006(7)：10-12.

[37] 陈集泰，刘梅，贺忠，王首程 . 突发事件中新闻媒体的责任 [J]. 广州大学学报（社会科学版），2004(3)：1-7，39-92.

[38] 李兰 . 真人秀节日创新的伦理思考— 以《来吧孩子》为例 [J]. 传播与版权，2014(12)：72-73，75.

[39] 李腊花 . 新闻媒体语言中的性别歧视 [J]. 华中农业大学学报（社会科学版），2004(3)：75-78.

[40] 丰虹 . 媒介性别歧视的现状、成因及对策研究 [D]. 太原：山西大学，2011：7-8.

[41] 张晨阳 . 当代中国大众传媒中的性别图景 [M]. 北京：中国传媒大学出版社，2010.

[42] 茱莉亚 · T. 伍德 . 性别化的人生——传播、性别与文化 [M]. 徐俊，等，译，广州：暨南大学出版社，2005.

[43] 傅亦军 . 谈媒体社会责任的原则与对策 [J]. 新闻实践，2010(12)：25-27.

[44] 熊澄宇 . 西方新闻传播学经典名著选读 [M]. 北京：中国人民大学出版社，2004.

[45] 李良荣，等 . 当代西方新闻媒体：第二版 [M]. 上海：复旦大学出版社，2010.

[46] 吕杨 . 西方媒介社会责任观念及其流变探析 [D]. 南京：南京大学，2013.

[47] 刘金顺 . 再论赛伯特与《报刊的四种理论》[J]. 湖北社会科学，2005(2)：117-118.

[48] 南长森，屈雅利 . 媒介素养教程 [M]. 西安：陕西师范大学出版总社，2017.

[49] 张玲 . 媒介素养教育——一个亟待研究与发展的领域 [J]. 现代传播，2004(4)：101-102.

[50] 李舒东，等 . 新媒介素养教育 [M]. 北京：高等教育出版社，2015.

[51] 潘燕桃，李龙渊 . 信息素养通识教育的理论创新及其实践探索 [J]. 图书馆杂志，2017(12)：45-53.

[52] 黄楚新 . 新媒介素养 [M]. 北京：知识产权出版社，2012.

[53] 吴风 . 网络传播学：一种形而上的透视 [M]. 北京：中国广播电视出版社，2004.

[54] 王利芹，苗巧针 . "微时代"移动社交媒体微视频传播问题及对策研究——以快手和抖音为例 [J]. 新闻爱好者，2018(8)：81-83.

[55] 昂利 · 彭加勒 . 科学的价值 [M]. 李醒民，译 . 北京：光明日报出版社，1988.

[56] 王星拱 . 科学概论 [M]. 武汉：武汉大学出版社，2008.

[57] 小摩里斯 · N. 李克特 . 科学是一种文化过程 [M]. 顾昕，张小天，译 . 北京：生活 · 读书 · 新知三联书店，1989.

[58] 约翰 · 杜威 . 杜威全集 · 中期著作 . 第 6 卷：1910—1911《我们如何思维》[M]. 王路，马明辉，周小华，等，译 . 上海：华东师范大学出版社，2012.

[59] 钟义信 . 信息科学原理：第五版 [M]. 北京：北京邮电大学出版社，2013.

[60] 于清文，李振中 . 简明信息词典 [M]. 北京：经济科学出版社，1991.

[61] 沈固朝，施国良 . 信息源和信息采集 [M]. 北京：清华大学出版社，2012.

[62] 周宁，吴佳鑫 . 信息资源数据库：第三版 [M]. 武汉：武汉大学出版社，2010.

[63] 迈克尔 · 霍恩，希瑟 · 斯特克 . 混合式学习——用颠覆式创新推动教育革命 [M]. 聂风华，徐铁英，译 . 北京：机械工业出版社，2015.

[64] 代根兴，周晓燕 . 信息资源类型研究 [J]. 中国图书馆学报，2000(2)：76-79.

[65] 彭一中 . 网络信息资源检索 [M]. 长沙：湖南大学出版社，2002.

[66] 任红娟 . 我国图书评价方法研究述评 [J]. 图书情报知识，2016(5)：22-29.

[67] 白如江，杨京，王效岳 . 单篇学术论文评价研究现状与发展趋势 [J]. 情报理论与实践，2015(11)：11-17.

[68] 花芳 . 文献检索与利用：第二版 [M]. 北京：清华大学出版社，2014.

[69] 陈振标 . 文献信息检索、分析与应用 [M]. 北京：海洋出版社，2016.

[70] 张健 . 文献信息学概论 [M]. 成都：西南交通大学出版社，2008.

[71] 段雪香 . 信息检索与利用 [M]. 徐州：中国矿业大学出版社，2017.

[72] 王良超，高丽 . 文献检索与利用教程 [M]. 北京：化学工业出版社，2014.

[73] 王细荣 . 图书情报工作手册 [M]. 上海：上海交通大学出版社，2009.

[74] 韩冬，傅兵 . 文献信息检索与利用 [M]. 北京：清华大学出版社，2014.

[75] 张洋，张磊 . 网络信息资源评价研究综述 [J]. 中国图书馆学报，2010(5)：75-89.

[76] 杨一琼 . 文献资料检索策略分析 [J]. 图书馆学研究，2002(1)：96-97.

[77] 刘静 . 信息素质教育中的高校图书馆 [J]. 医学信息，2004，17(10)：631-633.

[78] 刘伟成 . 数字信息资源检索 [M]. 武汉：武汉大学出版社，2018.

[79] 杨云川，杨晶，王清晨，孙蔚 . 信息元素养与信息检索 [M]. 北京：电子工业出版社，2018.

[80] 陈荣，霍丽萍 . 信息检索与案例研究 [M]. 上海：华东理工大学出版社，2015.

[81] 谢朝颖，高万斌 . 信息检索与利用 [M]. 北京：电子工业出版社，2017.

[82] 陆和建，康媛媛，陈云光 . 信息检索与利用 [M]. 芜湖：安徽师范大学出版社，2017.

[83] 庞慧萍，罗惠 . 信息检索与利用 [M]. 北京：北京理工大学出版社，2017.

后记

现在的大学生本身就是信息社会的原住民，他们每天都在信息海洋中遨游，因此，信息素养课程要教会他们在信息社会中如何更好地生存。金陵学院图书馆的工作人员希望从大学生信息使用的实际出发，结合历年来开设信息素养课程的授课讲义，将关于信息素养零散的知识结集成册，编著一本更适合现代大学生使用的信息社会生存指南。

写作的最初体例、框架和编写大纲由赵文芳和李兰两位老师提出，并经过与任亚肃、沈奎林、薛春燕、马慧、蒋嫱等几位老师的反复讨论和大家的修改，形成了最后的编写大纲，可以说这本书是一个集思广益的产物。本教材重点培养大学生信息使用过程中的反思性发现能力，提升大学生对信息如何产生这一问题的理解，加强当代大学生的批判性思维能力，提高大学生对信息社会的快速适应能力，培养大学生能够理性使用媒介获取信息，并且利用信息创造新知识的能力，最终不负他们的大学时光，成为信息社会具有良好信息素养的合格公民。

本教材具体的写作分工如下：

前言　沈奎林执笔

引论　任亚肃执笔

上篇：媒介素养篇　李兰执笔

第一章　信息传播与媒介发展

第二章　大众媒介的传播内容

第三章　大众传播与媒介伦理

第四章　媒介素养教育

下篇：信息素养篇

第五章　专业学习的信息需求和获取　薛春燕执笔

第六章　文献资源的检索、评价与利用　马慧执笔

第七章　文献检索工具与文献资源数据库应用　赵文芳执笔

附章　学术论文写作要领　赵文芳执笔

在此，我们要特别感谢南京大学图书馆副馆长邵波教授，感谢他一直以来对金陵学院图书馆工作的关心和对年轻老师的培养。

我们还要感谢参加写作的每一位老师，在 2018 年的暑假中不畏天气炎热，于繁忙的家务劳动中挤出时间完成写作任务。

感谢所有在信息素养领域已做出贡献的研究者。我们在本书的写作中参考了大量的资料，尽可能地吸收了在这一领域已有的研究成果，对此我们也通过注释和参考文献的形式加以标注。

感谢湖北三新文化传媒有限公司出版部的张雅琪老师对本书顺利出版所付出的劳动。

本教材，作为南京大学金陵学院 2018 年度校级教学改革课题“大学生信息素养教育理论与实践”（项目编号 0010521844）和江苏高校哲学社会科学 2017 年度研究项目“公共议题建构与大学生网络集群行为研究”（项目编号 2017SJB2042）两个项目的阶段性成果，也获得了来自金陵学院的经费资助。在此我们也对南京大学金陵学院教务处的工作同仁表示由衷的感谢，感谢教务处潘柏处长对图书馆信息素养教学工作的大力支持。

本书由于时间仓促，加上编者水平有限，书中难免存在遗漏和不妥之处，敬请各位专家、同行及广大读者批评和指正。

任亚肃

2018 年 11 月 20 日于南京浦口龙王山下